王列生/著

闲云居
思想文化札记三编

中国文联出版社
http://www.clapnet.cn

图书在版编目（CIP）数据

困学居思想文化札记三编 / 王列生著.
北京：中国文联出版社，2018.2
ISBN 978-7-5190-2318-8

Ⅰ.①困… Ⅱ.①王… Ⅲ.①文化发展－研究－中国
Ⅳ.①G12

中国版本图书馆 CIP 数据核字(2018)第 288767 号

困学居思想文化札记三编

作　　者：王列生	
出 版 人：朱　庆	
终 审 人：奚耀华	复 审 人：曹艺凡
责任编辑：邓友女　张为	责任校对：朱为中
封面设计：肖华珍	责任印制：陈　晨

出版发行：中国文联出版社
地　　址：北京市朝阳区农展馆南里 10 号，100125
电　　话：010-85923078（咨询）85923000（编务）85923020（邮购）
传　　真：010-85923000（总编室），010-85923020（发行部）
网　　址：http://www.clapnet.cn　　http://www.claplus.cn
E - mail：clap@clapnet.cn　　dengyn@clapnet.cn
印　　刷：中煤（北京）印务有限公司
装　　订：中煤（北京）印务有限公司
法律顾问：北京天驰君泰律师事务所徐波律师
本书如有破损、缺页、装订错误，请与本社联系调换
开　　本：710×1000　　　　1/16
字　　数：341千字　　　　　印　张：21.5
版　　次：2018 年 2 月第 1 版　印　次：2018 年 2 月第 1 次印刷
书　　号：ISBN 978-7-5190-2318-8
定　　价：64.50 元

版权所有　翻印必究

目 录

第一编 公共文化政策札记　　1

科学发展观与公共文化服务体系建设　　3
让人民共享文化发展成果　　7
撬动文化建设的财政杠杆　　10
芬兰文化财政政策解读　　14
在文化制度创新中推进文化建设　　23
坚持体制改革　激发文化创造力　　25
开放性构建现代公共文化服务体系　　29
文化建设警惕"体制空转"　　33
扩大财政覆盖　助推文化强国　　37
文化机构的结构矛盾与改革取向　　42
探索中国特色社会主义文化理论体系　　45
文化创新理论的学术梳理　　48
文化研究与中国境遇
　　——"有中国特色社会主义文化理论建设丛书"读后　　50
文化财政政策研究的命题取向　　52
在文化制度创新中建构预算规范　　62

第二编 文坛琐事札记　　65

文学圈子与圈子文学　　67
文学写作的"可能性"及其他　　69
从作家想杀岳飞谈起　　72
我们与读者：谁抛弃了谁？　　74
批评标准与双重原则　　77
文化塌陷的世纪之悲
　　——写在20世纪中国文学即将终结之前　　79
人文重构的背景交代　　83
南方文学：涌动姿态的描述　　85
装神弄鬼　　88
略说南方文学状态　　90
南方正在思考
　　——八集电视片《南方的河》观后　　93
"主体缺席"与当代批评危机　　97
农歌会唱出农民心声　　100
文学就是文学：近年文学误区的检讨　　102
当下之思与广东定格
　　——《关于广东改革历程的对话》读后　　106
从"形而上"到"形而下"　　108
澳门文化人　　110
会议批评家　　114
简议特区文学的"特"　　116
体制松动与话语新构
　　——关于90年代的文艺批评　　122
贴块腐肉焉能体肥　　125

第三编　听不见脉动的心灵札记　　127

　笔名的味道　　129
　周易的味道　　131
　南窗听雨　　133
　南湖钓语　　135
　南方是否来点崇高　　137
　打工仔　打工妹　　139
　城市正在欺骗公民　　141
　后爱情时代的爱情游戏　　143
　"花园"晚茶　　145
　夜泊珠江　　147
　暮投西递村　　149
　北方的围城　　151
　药祀与神供　　153
　广州的塞车　　155
　野鸡河　　157
　西风谷　　159
　兰花嫂　　161
　龙湖岸边文南词　　163
　想念老师　　165

第四编　即兴与随感札记　　169

　先锋批评：需要校正的第三者　　171
　九十年代：日常迷恋与边缘落寞　　177
　文化的贫困与文化的解困　　183
　新流行状态：位置批评与商业批评　　188

电视广告与视觉骚乱	196
视觉文化时代的人本弱化	198
电视意味着什么	200
"使文化"抑或"使用"文化	203
光圈和色彩交织的文学画廊	205

第五编　有点学术味道的学术札记　　211

论文学观念的时代变异	213
论文化差异与谐同对文学母题的不同限制	221
文学与时代·历史·民族	232
论民族文学向世界文学转型的动态过程	240
希腊花朵与阿拉伯土壤	
——论民族精神个体性对文学母题选择的制约	252
桐城地域文化爬梳	262
"互阐指令系统"与比较神话学	273
"境界"与"卡塔西斯"	
——中西文学审美观念非恒值态实证互阐	283
农事诗与中国文人之农业心态	299
文学的消闲取向及其道德关涉	308

出版后记　　326

第一编

公共文化政策札记

科学发展观与公共文化服务体系建设

进入新世纪以来,科学发展观对社会主义文化建设产生了深刻影响,既体现为理论推进与观念创新,更凸显在文化惠民及文化强国的丰富实践之中。作为理论和实践影响的重要社会成果之一,高度自觉而且大规模进行的公共文化服务体系建设,正在经济建设、政治建设、文化建设和社会建设的同步态势中发挥其杠杆支撑功能,已经成为提高人民群众文化生存条件和保障公民基本文化权益的民生国策。科学发展观既是公共文化服务体系建设命题拟置的理论源泉,也是公共文化服务体系建设实践演绎的指导思想。从这个意义上说,认真反思科学发展观与公共文化服务体系建设的内在因果关系,对确保公共文化服务体系建设的有效性、长效性、高效性,对助推文化大发展大繁荣、掀起社会主义文化建设新高潮,是我们必须面对的重大课题。

一、按照科学发展观的要求,公共文化服务体系建设必须立足于制度建设,系统谋划顶层制度设计,全面安排层级互动响应机制,强制性配套政府绩效目标实现的保障与奖惩政策,创新设计基于时代文化诉求的文化服务工具并努力实现满负荷功能运转状态。

作为制度建设的公共文化服务体系,着力建设标志性文化基础设施与覆盖性文化服务网络只是其中的外在环节,热衷于象征性"送文化"活动或者符号性"摆文化"行为也只是权宜之计,只有制度目标、政策工具、运行程序及绩效反馈协调推进并在政府公权力框架下实现功能运转的规范化、长效化、制度化,才能使公共文化服务体系成为中国特色社会主义文化建设的重大创新成果,才能让人民群众日益增长的文化需求与时俱进地不断得到满足,才能有底气地说我们为人民群众做了好事、做了实事、做了可持续发展的大事。

党的十七大及十七届六中全会,以高度文化自觉对文化建设顶层制度设计提出了宏大战略部署，新近颁布的《国家"十二五"时期文化改革发展规划纲要》，更加具体地对公共文化服务体系建设拟定出阶段性目标。现在的问题是，我们如何在国家文化发展战略层面，将这些部署和目标转化为功能谱系完形的顶层制度设计方案；如何使功能谱系完形的顶层制度设计方案成为强制性的法律法规和其他政策文本，成为政府规范运行的日常行政行为及绩效考核标杆，成为各级各类文化服务机构运转正常、保障有力、服务规范的操作性技术规程；如何激活传统文化服务工具，创新适应时代要求的新型文化服务工具，确保公共文化服务体系具有人民群众有机会参与、愿意参与甚至创造性参与的能力与手段，让人民群众在共建共享热潮中成为公共文化服务体系的创造主体和利益主体。在这个重大问题上，我们一定要最大限度地避免"喊口号""走过场""摆形式"，甚至"一阵风"的负面社会效应，坚决站在文化执政能力和文化民生责任的高度，认识公共文化服务体系建设的迫切性、必要性和长期性，以强大的制度张力维护党的尊严，以公共文化服务的长期有效取信于民。

　　二、按照科学发展观要求，大规模增加财政投入是公共文化服务体系的基本条件，调动地方政府文化投入积极性，强化中央财政对中西部地区文化专项转移支付力度，迅速提升政府公共文化支出的国民人均水平，规范文化预算程序、文化预算方式、文化预算权力，增强国民文化福利与经济持续高速发展的匹配性，将直接制约我国公共文化服务体系在何种程度实现其制度目标、服务规模、功能有效性及文化民生社会后果。

　　必须看到，我国是一个人口多、底子薄而且地区之间经济与社会发展极不平衡的大国，在相当长的历史时期内，拿不出更多的钱投入文化建设，由此也就在十分无奈的发展条件下形成文化投入严重不足、文化基础设施建设欠账情况严重以及公益文化事业运转经费得不到有效保障的被动局面。但我们必须更加清醒地看到，经过改革开放三十多年的励精图治、矢志不渝和奋发努力，中国人民在中国共产党的领导下，坚定不移地沿着十一届三中全会确定的大政方针聚精会神搞建设、一心一意谋发展，取得了举世瞩目的经济与社会发展奇迹，一个国力强盛、综合实力迅速提升而且社会财富总量成为全球第二大经济体的强大中国已经崛起在世界的东方。在今天的形势下，愿不愿意在公共文化服务体系建设中迅速提高投入水平，落实不落实通过公共文化服务体系建设来有效满足人民群众日益增长的文化需求以及切实保障公民基本文化权益，已然不是投入能力本身的问题，而是观念和认识的问题，事关能否在科学发展观引领下深刻而准确判断中国社会发展现在所面临的内在矛盾以及这些矛盾的未来发展趋势，事关各级政府能否在文化自觉的高度真正具有理解人民群众文化关切的责任感和使命感，事关利益各方能否形成文化发展对于社会和谐稳定和中华民族伟大复兴乃是硬问题而不是软问题的共识。只要诸如此类的主观性症结能够解套，公共文化服务体系建设投入的所有客观性症结都会迎刃而解。

接下来的问题在于，一旦大规模文化投入在观念转变之后成为普遍现实，投入的公平性和效率性问题就会接踵而至。毋庸讳言，在公共文化服务体系建设实践中，有的人将个人认识缺位凌驾于所在地区文化发展事业之上，有的人热衷于搞文化形象工程或文化政绩工程，有的人在公权力私权化中形成种种显性抑或隐形的文化投入钳制力，有的人让人民的血汗钱成为具体文化单位事实上的自娱自乐经费。因此，在扩大公共文化服务体系建设投入力度问题上，我们既面临着能否让扩大投入成为各级政府现实抉择的现实困境，同时还面临着如何确保这些投入公开、透明、规范、有效等诸多不确定性中的预期焦虑，如何既走出困境又消除焦虑，使公共文化服务体系建设中基本建设经费、机构运转经费、专项转移支付经费以及其他种种经费支出落到实处，将一定程度上决定着我国公共文化服务体系能否建成以及能否有效运转的未来命运。

三、按照科学发展观要求，判断公共文化服务体系建设是否成功的唯一标准是人民群众满意不满意，提高各类文化服务机构的影响力、凝聚力、亲和力，创新公共文化服务工具及公共文化服务方式，激发人民群众公共文化参与的巨大热情和强烈主人翁精神，让一切公共文化服务空间成为诗意栖居的共有精神家园，是当前公共文化服务体系建设的急中之急。

随着转型社会日常文化生活方式日趋多元化，尤其是随着代际结构变化所带来的文化需求增量后果，公共文化服务对象、公共文化服务模式以及公共文化服务内容等正在发生深刻的时代变异。这种变异既突出地表现为城市文化供求关系矛盾，同样也突出表现为农村文化供求关系矛盾，所谓覆盖城乡、惠及全民的公共文化服务体系，如果不能在构建过程中直面这些矛盾并妥善地化解在功能运转有效之中，我们就只能获得一个与人民群众文化生活实际并不密切黏合的形式躯壳,而我们所付出的满腔热情和所投入的巨大公共财政资源,就会在社会响应严重缺位与人民群众冷漠拒斥中打水漂。类似情况,既存在于诸多民生领域的负面案例之中,同样也一定程度上存在于我们当前所开展的某些公共文化服务活动中,至少就局部地区或细节性事态而言,人民群众火热的文化生活,常常与我们的文化机构运转处在分离状态,现实正向全国广大文化工作者及文化服务机构提出严峻挑战。

在迎接挑战中,科学的态度是实事求是,认识差距,努力在以人为本的价值目标中始终把人民群众的文化实惠、文化热情、文化权利和文化参与建设作为出发点和落脚点。要迅速改变很多文化服务机构去功能化或者功能弱化的被动局面,要让大批在基层政府日常"打杂"的乡镇文化工作者全心全意地回到一线文化服务中去,要在模式创新和内容引领中激活各级各类文化服务机构对人民群众长盛不衰的聚集功能,使公共文化服务在国民生活结构中依存度和参与率大幅度攀升,从而确保我们的公共文化服务体系真正成为提升和谐生活与幸福指数的制度杠杆。

只要我们在公共文化服务体系建设中切实贯彻科学发展观,以高度的文化自觉和严谨的务实态度投身于这一时代创新成果的伟大文化工程,锐意进取,攻坚克难,长期不懈,就一定能在理论和实践中获得中国特色社会主义文化建设的又一历史性成果。

(原载《中国文化报》2012 年 8 月 21 日)

让人民共享文化发展成果

"让人民共享文化发展成果",这是胡锦涛总书记在"七一"重要讲话中所阐述的一个深刻命题,是我们党高度文化自觉和文化自信的集中反映,是中国特色社会主义建设尤其是文化建设快速推进的必然趋势,是坚定不移发展社会主义先进文化的价值目标,是满足人民群众日益增长的文化需求以及保障公民基本文化权益的内在动力,我们必须认真学习,深入领会,全面贯彻。

要使总书记的文化号召真正成为现实,首先要确立一个前提,那就是矢志不渝地把保障公民基本文化权益作为党和政府向人民的庄严承诺。兑现承诺的关键在于,推进社会主义文化大发展大繁荣,加大公共财政的文化投入,促进公共文化服务的社会全覆盖与公共文化品的丰富优质,在文化产业做大做强中扩大文化消费空间,缩小东中西"地区差"和城乡"剪刀差",把文化建设成果这块蛋糕迅速做大的同时努力实现利益公平分配。做大成果与分配公平是彼此互相制约的动态结构矛盾,是公平性与效率性在文化建设与文化发展中的具体体现,如果我们不能给予协调平衡和矛盾消解,那么文化建设的速度和质量就会受到严重制约,文化大发展大繁荣就会成为没有任何绩效标杆的空洞口号,人民群众就会在失去基本文化权益保障中得不到看得见摸得着的文化实惠。正是从这个意义上说,各级政府和广大文化工作者,务必把确立这一前提和兑现承诺作为其神圣的历史使命,否则我们就会在响应总书记号召中失去目标、动力和热情。

其次要调动两种积极性,即一方面要最大限度地调动政府和广大文化工作者在文化服务、文化生产和文化建设中的积极主动性,另一方面也要最大限度地调动广大人民群众成为文化参与主体的主人翁精神。各级政府和广大文化工作者,必须在经济建设、政治建设、文化建设和社会建设"四位一体"协调推进中保持旺盛的文化建设热情、一丝不能懈怠的文化发展使命以及全心全意的文化服务热情，必须在民族精神建构、社会文化理性弘扬、个体审美风尚培育以及大众娱乐满足等不同文化价值层面都能有我们这个时代的杰出作为。与此同时，还必须改变文化工作的单向行为模式和一厢情愿主张，通过卓有成效的政策激励和一系列操作性强的工作抓手，让不同形式的群众文化组织和不同方式的群众文化活动春潮涌动，使亿万人民群众自觉成为文化生活的参与主体、文化服务的志愿主流以及文化创造的自发主力。只有两个积极性同时涌动迸发，只有"使文化"和"文化使"同时功能互动，只有让文化大发展大繁荣成为全体人民共同努力也共同享有的文化大发展大繁荣，让人民共享文化发展成果才能成为历史长空中一道富有震撼力的精神闪电，否则就是一只飞不高的氢气球。

再次要坚守三条原则：一是以人为本，二是统筹兼顾，三是共同富裕。以人为本是科学发展观的根本要求，是社会主义文化建设能够不断地与时俱进的内在动力，是人民群众创造文化的同时又被文化所不断创造的基本规律，因而强调共享文化发展成果也就是共享人类社会文明进化的基本价值、中华民族生生不息的基本价值和社会主义蓬勃向上的基本价值，也就是共享人的全面文化诉求和文化的普遍人格塑造，使文化的人以及人的文化成为我们这个时代全体人民共同追求的美好愿景，成为中国特色社会主义建设中文化发展的出发点和落脚点，成为全面小康社会和中华民族伟大复兴的阿基米德杠杆。统筹兼顾是文化建设的有效途径，是正确处理文化领域内部矛盾和文化建设外部失衡关系中的科学思路，牵涉到文化建设和文化发展中文化事业与文化产业、文化服务与文化消费、发达地区与落后地区、文化精神与文化娱乐、公共投入与私人捐助、政府公共文化政策与部门文化利益贴现等纠结关系，这些不同层次、不同维度、不同语义指涉内的纠结，从不同角度直接抑或间接地影响到人民共享文化发展成果的命题现实性，只有按照统筹兼顾的原则，系统谋划，因势利导，分类调节，才能迎来共享文化成果的理想文化发展格局。共同富裕是社会主义体制的必然要求，是改革开放三十年文化建设硕果累累后人民群众文化利益诉求的强烈心声，是公平正义价值原则在现代社会文化利益分配中的集中体现。公共财政文化支出必须沉下去，沉到基层社区、广大农村以及经济欠发达地区；必须改变热衷于中心城市标志性文化设施建设和少数人文化意志支配的被动局面；必须形成社会文化调节的公共文化政策系统及其相应的工具功能发挥机制，实现全社会的公共文化政策功能覆盖，使文化资源、文化设施、文化成果和文化服务在全国范围获得更合理、更有效和更均衡的充分利用，让人民共享文化发展成果获得坚强的制度保障。

当然，这个命题的深刻内涵远非本文罗列所及，其理论魅力和实践张力，将一定会在未来文化建设和文化发展道路上得到不可估量的凸显。

（原载《中国文化报》2011年8月12日）

撬动文化建设的财政杠杆

面对国内国际的形势变化，党的十七届六中全会以高度的文化自信和文化自觉，充分肯定文化越来越成为民族凝聚力和创造力的重要源泉，成为综合国力竞争的重要因素，成为经济社会发展的重要支撑，旗帜鲜明地提出了建设社会主义文化强国的伟大战略目标，社会主义文化发展史进入到了崭新的历史阶段。

以刚性力度强调保证公共财政对文化建设投入的增长幅度高于财政经常性收入幅度，这是新形势下文化财政政策的总体要求。能否迅速而且可持续地落实这一总体要求，对各级政府而言，既有财政能力和支出矛盾的问题，更有认识是否到位、观念是否转变、文化自觉水平是否提高的问题。这就要求我们要充分认识到文化是民族的血脉、是人民的精神家园，充分认识到没有社会主义文化繁荣发展就没有社会主义现代化，充分认识到文化建设事关实现全面建设小康社会奋斗目标，事关坚持和发展中国特色社会主义，事关中华民族伟大复兴，只有这样才能理顺关系，化解矛盾，克服困难，在有限财力中不断寻找到推动文化强国的无限潜能。

一、扩大投入规模，提高支出比例，保证增长速度，调动中央财政和地方财政两个积极性，促进各类文化基金、专项资金和公益收入在公共文化事业中发挥更大作用，形成财政保障文化建设的强大合力。

提高文化支出占财政支出比例，是落实总体要求的技术化政策方案，必须统筹测算，细化到位。对中央财政而言，既要提高文化预算类目在年度预算中的量化刚性比例，也要提高文化转移支付在中央财政文化支出中的结构比例，还要提高转移支付中经常性安排的结构比例，从而既确保中央财政在文化支出中拥有更强保障能力、覆盖能力和调控能力，同时也更有利于调动地方各级政府尤其是财政部门和文化行政部门的投入积极性和响应热情。

扩大财政覆盖范围，是公共文化服务体系功能完善和运转有效的必然诉求，是文化事业全面推进和文化产业跨越式发展的必然诉求，是加快文化走出去步伐和增强国家文化软实力的必然诉求，是文化惠民和让人民群众共享文化发展成果的必然诉求。要努力打破体制内外界限，寻找更多惠及全民的文化福利方式和可操作性政策工具，让不同社会主体都能沐浴公共财政的阳光普照，让更多文化组织方式、文化生产方式、文化传播方式和文化接受方式在公共财政支持下蓬勃发展，让推动社会主义文化大发展大繁荣成为全民共建共享的浩荡春潮。

与此同时，还必须大力增强公共财政的杠杆调节功能，在发挥主渠道作用的同时，最大限度地吸纳社会资金投入公益文化事业。简化税前列支等激励政策的操作程序，促进更多社会组织、机构和个人加入文化捐赠的队伍，引导文化非营利机构提供公共文化产品和公共文化服务。设立国家文化基金，通过扩大影响力、凝聚力和辐射力，构建重点突出、导向明确的基金支撑平台，并形成梯次配置和专项服务并举的层级基金链。吸收发达国家文化财政成功经验，从立法环节给予条件限制，依法要求各级彩票公益金的较大比重用于文化事业。

二、完善投入方式，加强资金管理，规范预算制度，强化公共财政文化支出效率，使有限财力为文化强国发挥无限潜能。

完善投入方式，必须兼顾公共财政文化投入公平诉求与效率诉求，必须有利于平衡东、中、西地区差和城乡剪刀差，必须奖勤罚懒并有效激活优质文化产品与优质文化服务奖励机制、文化体制改革与文化科技创新扶持机制、农村与边疆少数民族地区文化建设倾斜机制等。要以完善文化投入为纽带，全面带动文化资源、行政资源、设施资源、人才资源和经济资源在政府平台的高效配置，提高政府公共文化服务号召力、执行力和调控能力。

加强资金管理，要与文化领域廉政制度建设紧密联系在一起，要与现代会计制度和管理技术紧密联系在一起，要与严格监管和财务公开透明紧密联系在一起，要与艰苦奋斗勤俭节约等思想教育紧密联系在一起。提高资金管理水平，重在制度建设，只有在资金使用中形成有效的权力约束机制与支出规范程序，减少一般性支出在文化支出中的份额，限制铺张浪费，打击贪污腐败，提倡阳光管理和透明支出，才能使有限的文化资金发挥更大的效能。

规范预算制度，最大限度地确保预算内文化支出的全面覆盖以及合法化、制度化、长效化、规范化，更加系统缜密地设计文化类目边际及内置科目项目谱系，更加专业严格地进行年度文化类目预算编制，更加程序合法、权力制约地进行文化类目预算审批，更加绩效量化、问责明确地对文化类目预算执行常态监管，这些是资金管理有效的坚实体制基础。要把每一分投在文化建设上的钱，真正用于文化建设，真正用于推动社会主义文化大发展大繁荣，而且要用好，用在刀刃上，用得有实效。

我国仍处于并将长期处于社会主义初级阶段，社会主义文化建设新高潮刚刚起步，文化强国之路任重道远。处在这样的历史条件下，我们不能有任何经济暴发户的浮躁思想，不能大手大脚、丧失自律，务必戒骄戒躁，勤俭节约，艰苦奋斗。

三、突出重点，保证一般，统筹谋划，为社会主义核心价值坚守提供保障，为文化事业全面推进和文化产业跨越式发展提供保障，为公民基本文化权益和人民群众日益增长的多元文化需求提供保障。

要大力支持发展公益性文化事业，保障人民群众基本文化权益，坚持政府主导，按照公益性、基本性、均等性和便利性的要求，加强文化基础设施建设，完善公共文化服务网络，让群众广泛享有免费或优惠的基本公共文化服务。支持构建覆盖城乡、结构合理、功能健全并且实用高效的公共文化服务体系，努力将财政支出力度与公共文化服务指标体系和绩效考核办法进行对接。支持发展充分体现社会主义先进文化辐射力和影响力的现代传播体系，努力使财政支出强度与党报党刊、通讯社、电台电视台和重要出版社的建设要求相协调。支持建设以物质文化遗产和非物质文化遗产为对象的优秀传统文化传承体系，努力把财政支出覆盖面扩大到一切维系中华民族文化血脉的具体领域。支持加快城乡一体化文化发展，努力实现财政支出重点向农村倾斜、向基层倾斜，在激活中央、省、市三级农村文化建设专项资金的同时，保证一定数量的中央转移支付资金用于乡镇文化建设。

要大力支持文化产业成为国民经济支柱性产业，在坚持社会主义先进文化前进方向、把社会效益放在首位以及社会效益和经济效益相统一的原则下，实施积极的财政政策，助推文化产业跨越式发展并使之成为新的经济增长点、经济结构战略性调整的重要支点和转变经济发展方式的重要着力点。要通过加大资金的引导作用，支持以重大项目为龙头的现代文化产业体系结构完形；通过投资核准、信用贷款、税收优惠、发行债券和申请专项资金等优惠手段促进公有制为主体、多种所有制共同发展的文化产业格局基本形成；通过研发资助和政府搭建一系列公共服务平台，加快科技创新成果向文化产业领域转移并形成新的文化生产力；通过扩大政府文化采购及为困难群众、农民工群体提供直接补贴，推动文化消费并进而推动文化产业增量推进。

要大力支持深化文化体制改革，立足当前，着眼长远，以高度的政治责任感和历史使命感为文化体制改革提供坚强的财政保障。重点保障文化管理体制创新所涉及到的搭建公共平台、完善市场体系、装备执法队伍及文化管理技术升级等。

要大力支持文化人才队伍建设，从经济待遇、收入分配和成果激励等方面充分体现尊重劳动、尊重知识、尊重人才、尊重创造的工作理念。奖励国家级杰出文化人才和有国内外重大影响的优秀文化成果，完善奖励办法，规范评奖程序，提高奖励标准，以财政杠杆助推文化强国道路上优秀成果迸发、杰出人才涌动局面的早日实现。要大规模投入基层文化人才队伍培训，创新培训方式，优化培训条件，对专业文化培训机构及社会教育资源给予专项资金支持。要提高补贴标准和待遇水平，吸引更多的高层次人才投身于基层文化事业，为文化惠民创造良好的人才保障条件。

新的历史大幕已经拉开，文化大发展大繁荣正进入最好的战略机遇期，我们要深入贯彻落实《决定》作出的一系列战略部署，撬动财政杠杆，助推文化强国，为社会主义文化建设新高潮作出应有的贡献。

（原载《人民日报》2011年11月18日）

芬兰文化财政政策解读

芬兰文化政策的发展是与其作为一个独立国家的形态联系在一起的，是与其作为一个福利国家的发展和不断拓展的国际性联系在一起的。在与欧洲工业化核心地区的关系中，其他北欧国家都处在接缘位置，唯独芬兰处在俄罗斯和瑞典的两种文化中间状态。

一、文化政策形成的历史背景

当瑞典在18世纪初失去其强大的帝国地位，俄罗斯对芬兰的压迫开始加强，并于1808年至1809年间的瑞俄之战后占领了芬兰。在瑞典统治时期，芬兰仅仅是瑞典的一些省份，接受斯德哥尔摩的统治，但是在1809年被俄罗斯强行占领后，它就变成了一个自治大公国。当时芬兰的最高统治机构是参议会，其成员皆为芬兰人，相关事务由芬兰国务大臣呈送给圣彼得堡的皇帝。

开明的俄国皇帝亚历山大一世，作为1809年至1825年统治芬兰的大公，给予芬兰广泛的自治，因而创立了芬兰国家。路德教会在芬兰保留了它的地位，瑞典人则留下这个国家的官方语言。由亚历山大二世在1863年颁布的语言法令，标志着一个新的历史进程的开始，从那时起，芬兰语成为官方行政语言。语言政策被认为是文化政策的一种本质性要素，是文化政策的催化剂，至今处于首要位置。

在中断半个多世纪以后，芬兰议会于1863年得以召开。那以后，议会定期举行会议，法律制定工作自此开始。此时的芬兰是国家中的国家，拥有自己的行政院、议会和地方行政机构，拥有法律、军队、货币以及邮票，专门用于艺术的公共基金也建立起来。行政院授权"芬兰艺术协会"

奖励艺术家，尤其是激励那些在其作品中显示出天才的艺术家，以建构艺术的民族化表达方式。公共基金则在维持艺术机构运行方面功不可没。在这段自治时期，芬兰艺术领域因政府资助的增长而增长，而在政府资助不足的情况下，用于发展艺术的社会基金也在19世纪中叶创设。

二、文化财政资助制的缘起

在自治的头十年，对艺术和文化的财政支付，主要流向数量较少的公立文化机构和文学组织。资助制的功能开始于1864年，行政院在其预算中预留出一部分经费，拨付给代表芬兰形象的优秀艺术形式。资助制启动以后，产生了艺术管理体系，通过民族文化协会的专门化技术运作，尤其是设立专门的领导小组，直接催生了后来的专门系统和艺术行业协会，许多组织如音乐、文学、表演和视觉艺术等方面的机构，都诞生于这一时期。政府通过规范化教育体系的宣传动员，大大激发了公民的参与积极性。

政府逐渐接管了民间支持图书馆和教育的任务，就在这一进程中，芬兰文化政策的核心得以确立，那就是认为支持艺术家以及支持公共文化生活乃是国家和地方政府的共同责任。对艺术家的支持由专门委员会的拨款来实现，这项制度在1918年得到了进一步巩固，作为独立部门，政府至今使其享有较大权力。

艺术是国家用来塑造民族共同体中公民感的一种工具。拨款、养老金以及职业保障等，有助于培养民族艺术家，而政府对各种功能艺术机构和组织的支持，亦有助于文化政策对语言少数民族与政治少数民族自觉意识的培育。纪念馆、节庆、电台以及继起的电视产品使人民更加团结，日益扩大的教育体系则确保着民族教育水准。

三、芬兰的文化福利原则

文化福利原则即艺术家的经济保障权利，是通过艺术委员会和艺术家授权制度来实现的。人们也许会问，这些改革以及相关的政策测定，究竟在何种程度上反映了福利国家的意识形态？它的出发点在于，通过对文化服务相关政策的改革，以促进文化生活中的公民参与。从这个角度而言，许多市政服务的立法性改革，例如图书馆、成人教育中心和青年工作等，充分表达了芬兰文化政策的福利国家意识形态立场。1980年通过的《促进地方政府文化行动》以法律的形式规定，地方政府必须设立专门委员会，并聘用一定数量的雇员。

议会在1974年提交的法律文本《文化行动促进法案》，阐明了芬兰文化政策新的宗旨。福利国家文化政策的目标是：通过政府来维护艺术家的经济保障权利，确保所有成员平等享有文化服务及参与业余艺术活动的机会，促进国际文化合作。

作为福利国家意识形态的一部分，文化政策进展迅速，因为它已经被包含在社会政策的讨论中，被包括在技术官员的计划和管理中，并通过工具化显形而成为一种文化政策体系。这在社会影响测评中效果明显，使民族文化和民族信息的个性化特征更加突出。至此，不同组织形态的公共服务体系得以建构，与其以服务对象为中心的初衷相一致，其目的在于确保公民在获得艺术品和参与文化活动时均具有平等机遇。作为福利体制的实施者，文化事业单位努力加强管理，力求平等目标实现，并追求公共财政对文化事业的支撑达到更高水准。

对福利国家的文化政策而言，艺术事务异常复杂。为了使公共支出更加具有适应性，一种艺术形式如艺术摄影，必须证明其非营利性。如想获得公共财政支持，必须提供特定艺术形式的艺术合法性，需要证明其符合现行文化政策领域，而且一旦得到公共财政支持，这一艺术形式就必须实现非消费化和非娱乐化。传统文化产业领域，如电影、摄影、摇滚音乐和某些艺术产业，在文化政策审查中只有部分合乎要求，结果也就只有合乎要求的部分被当作艺术并成为公共财政的支出对象。文化服务中包含两个艺术指向，一是高水平向度，二是大众向度，唯有它们成为艺术追求的一部分才能成为公共财政的服务目标。这一原则的要义在于，使所有的人都能进入艺术，都能参与到创造性的活动中去。

四、管理架构及预算法律依据

芬兰议会是芬兰至高无上的决策权力机关,其下,国务院具有两种职能:一是作为集体内阁行政运行,二是每一位部长在各自管辖范围内领导政策实施。由于芬兰的多党制度,内阁采取联合内阁权力结构,每一次新的国务院或者新内阁组成,所有政党都会要求参与施政谈判,以谋求其所认为最重要的政策目标。在这样的谈判基础上,他们会起草出其所承诺履行的书面纲领,其中就包括一份文化政策计划。

在制定国家预算以及总体性财政计划的过程中,财政部长显示出决定性作用,一般说来,财政部长较之其他部长更具协调和咨询角色意义。其次是教育部长,他在文化政策实施过程中居于核心位置。通常芬兰教育部有两个部长,一是教育和科技部长,负责涉及教育与科研方面的事务;二是文化部长,负责涉及文化、体育、青年、版权、学生财政援助及宗教事务方面的工作。政府对文化和艺术的资助比例相对较小,只占财政预算的5.6%,2002年总支出额为3.05亿欧元,不包括艺术院校和理工专科学校教育中的文化性开销,而该年度教育支出为15%,共计55亿欧元。

在文化和艺术领域,地方艺术委员会是最重要的区域性组织。每个省拥有一个或多个区域性艺术委员会,其成员由专业性最强的艺术组织或机构提名,并由省政府任命,任期3年。地方艺术委员会独立分配艺术促进资金,与政府支付给艺术组织一样,一年一次、三年一次或者五年一次。

在文化行政等级森严的组织架构里,芬兰的地方政府是最重要的层面,文化行政由此得以广泛的组织化。每一个地方政府拥有两个基本决策机构,一是按代表比例每四年一次直选出来的议会,二是由自治议会遴选产生的执行委员会。这两大决策机构负责拟定建设目标,也负责拟定自治文化政策。

政府支出体系中包括依据性的法规,政府按照法定责任为各种公共服务提供财政支付,对文化而言,就是地方政府按照其文化政策和文化项目从总额度中依法切割给艺术和文化,支出额测算则立足于适度开销原则。目前,覆盖芬兰文化行政的法规主要包括:《艺术促进法》(1967)、《作者与翻译者的权益与支付法》(1961)、《艺术展览政府保障法》(1986)、《出版法》(1961)、《博物馆法》(1992)、《戏剧与管弦乐法》(1992)、《公共图书馆法》(1928)、《地方文化事业法》(1981)、《艺术基础教育法》(1992)以及《建筑保护法》(1958)。按照这些法规，国家给地方政府确立相应的支付额度，地方政府则依法切块支付给艺术和文化项目，这种切块根据其自身的文化政策规划和文化项目需要依法进行。

五、文化财政的技术方案

在北欧国家，文化艺术部门主要依赖于公共基金支持。从财政支付的角度而言，各国对文化事业和文化部门的支付差异非常明显。同样，尽管联合国教科文组织、欧洲议会、欧盟这样的组织创立了不少项目来发展文化统计并努力在文化和艺术领域寻找公共计量单位，但在对统计资料的解读等方面显然还存在诸多争议。

文化支出基金的来源多有变数，总支出与国家总收入的比例尤其如此。对这一点的解读，可以从对文化支出概念的不同定义入手。关于文化支出的大小及其分解，因来源的变化而显得比较难以掌握。其困难就在于，究竟是把文化支出理解为承担艺术和文化遗产等，还是延伸至体育事业、艺术与文化的高等教育以及媒体等。

就芬兰而言，我们可以举出一些数据。例如1992年的支出量分别是23.75亿芬兰马克、28.79亿芬兰马克、31.41亿芬兰马克和45.36亿芬兰马克。这组数据的第一个数字不包括高等艺术教育的文化支出，也不包括用于地方文化管理的专项支出。表一提供了1997年狭义文化经费安排中艺术与文化公共财政支付的概况，包括艺术预算、博物馆与公共图书馆，但是不包括艺术高等教育、成人艺术教育、国际文化合作等部门。此外，虽然中央政府预算中文化份额只占0.84%，但这事实上已经不低。

显然，政府是艺术以及国有文化机构的最重要支持者。与此不同，表二则更清晰地呈现出芬兰文化事业政策性资金的基本面貌，而且中央政府和地方政府的艺术和遗产保护部门在支出中所占比重最大，甚至大到占用了国家彩票利润的72%，艺术家个体的直接补贴仅占支出的一小部分，估计在15亿欧元左右。

六、国家彩票与地方政府的重要作用

在芬兰，从国家彩票、足彩等获得的利润，要按法定比例以划拨形式使用，分别为：艺术59%、体育21%、科学研究19%、青年工作和青年活动5.5%。

多年以来，这一利润总额稳步增长，用于艺术的份额亦与之同步增长。截至上世纪90年代初，这些划拨资金一直是不断增加的对艺术进行公共支持的主要保证。当然，除了这些法定划拨以外，还有一些资金可以灵活使用。整个90年代，芬兰国家彩票公司利润中，用于艺术和文化的支出份额增长也非常迅速。正因为如此，尽管1991年后由于经济萎缩的影响而出现了政府支出总量的起伏，但对艺术和文化的公共支出影响却很轻微。按照时下的一种观点，国家彩票持续获益的上升势头正在趋于终结，如果这真的变成现实，那么芬兰的艺术与文化部门可能立刻就会出现很多问题。尽管90年代以来这些单位的创收收入有所增加，但就最近的报告显示，所有这些机构，包括剧院、管弦乐团和博物馆等，仅仅能够创收其运行所需资金的28%。

在芬兰，452个地方政府承担着庞大的公共服务，无论到芬兰的哪个地方，处处都可见形态相似的小学、健康中心、图书馆、成人教育中心以及市政办事机构。由于福利制度的发展，政府在目标和机构方面都有较大的增扩。而尽管大小各异，但这些机构对公民委托的基本任务都能各负其责，例如文化部门提供的图书馆服务、成人教育和艺术教育等。这些服务是国家、地方政府和公民之间互相影响的一种独特结果，它们产生和限定于国家议会起草的法律准则，由地方政府执行，公民可以提出服务要求并进行选择。如果细致认真地检查用于艺术和文化的公共资金，会发现中央政府和地方政府用在这些方面的钱几乎数量相当。

七、其他资助形式及新思维

截至1998年底，芬兰在艺术和文化领域大约有290个基金会运营。帕克·奥赛切按照目标对其进行分类，大约30%的基金会维持着某些具体的艺术机构、艺术中心或艺术团体，这个份额对艺术和文化的一般性支持大约为21%。在仅对某一种艺术形式提供具体支持时，资金通常不固定。总体而言，大约14%支持音乐，12%支持视觉艺术，其他艺术形式则往往只有1至2种基金，或者说一项基金支持一种艺术。文化基金给艺术家和艺术协会授予奖品、奖金和津贴，1993年支付总额为2050万芬兰马克（不包括艺术采购），1997年支付额则上升至3307万芬兰马克。文化基金对艺术的支持之所以增长迅速，是由于积极的经济增长趋势所致，但无论如何，他们在文化资助中的确扮演了一个重要角色。

在文化政策中，版权制度是极为重要的，特别像芬兰这样的小国家，唯有此才能保护国家的文化独立，才能让资金向创造性艺术倾斜。芬兰关于版权及相关权利的现代立法产生于1961年，以后又经常被修订，并且呈现出清晰的大陆模式，与更加"基于实用"的盎格鲁——美国模式相比较，版权理论家们称其为"基于人格"的模式。版权制度提供的资助额，明显超过了奖励艺术家的资助性公共基金，这在欧洲并不常见。其操控权利集中在"芬兰表演艺术家与录音工作者版权协会""芬兰作曲家版权协会""作家与出版者版权组织""视觉艺术家版权协会"和"芬兰视听工作者版权协会"5个社会组织手中。

芬兰版权制度拥有非常有效的私人复制税，其目的在于进行私人复制补偿。芬兰也是欧洲国家中第一个引入私人复制税的国家，1984年就开具了这种票据。1997年从私人复制税中收取的纯利润达到5.4亿芬兰马克，额度的大半用于支付版权持有人的直接补偿，而不到一半的额度，则通过不同艺术家公共创作项目的促进中心来给予间接性补偿分配。

文化工业以及内容产业代表着今天的文化政策的优先性，它们也许会被批评为"立足于市场或者商业化"的创造力，但我们必须接受的是，民族文化政策实施中必须资助变更，而传统上的芬兰文化政策总是政府充当最强有力的角色。在文化领域产生新的经济行为，激活公民欣赏文化并参与其中生产文化，无疑是今天所面临的挑战。

文化政策的重新定位，不仅有助于减少财政资源，还在于从文化政策重新定位之始就具有一种更广阔的视野。文化与经济之间的密切联系，城市和地方政府规划中的文化认同，艺术、文化与新技术的链接，文化在社会发展中的重要地位，以及对文化差异性的理解等，都意味着这些新的诉求必须站在芬兰国家文化政策的高度给予阐释。其基本理念就在于，与其建立新的等级制，倒不如重视横向联系，以确保最大限度地通向全体公民资助——商谈"大文化契约"。

表一：1997年芬兰公共支出额度

1. 公共支出总额	295.7亿芬兰马克（1芬兰马克约合1.51元人民币）
中央政府支出总额	187.4亿芬兰马克
地方政府支出总额	138.4亿芬兰马克
中央向地方转移支付	30.1亿芬兰马克
2. 艺术与文化公共支出总额	3.18亿芬兰马克
中央政府文化支出	1.57亿芬兰马克
地方政府文化支出	1.61亿芬兰马克
3. 关键数据	
国家支出总额中文化支出份额	0.84%
公共支出总额中文化支出份额	1.10%
公共文化支出总额中政府文化支出份额	49%
国民生产总值中艺术与文化公共支出份额	0.70%
艺术与文化公共支出的人均额度	600芬兰马克

表二：2002年芬兰教育部（文化部）艺术与文化支出额及其结构

（货币单位：欧元；计量单位：百万）	
教育部（文化部）支出总量	5478.415
占国家预算比例	14.1%
文化支出总额（100%）	304.608
占芬兰国家彩票公司利润份额	72%
主要文化机构支出（30%）：	
芬兰国家歌剧	36.908
国家古迹委员会	16.211
芬兰电影部门	10.543
芬兰国家戏剧	7.8896
芬兰国家画廊	16.731
斯沃梅林纳要塞管委会	3.637
视听残疾图书馆	4.669

续表

（货币单位：欧元；计量单位：百万）	
芬兰电影档案馆	2.833
国家电影审查委员会	0.504
芬兰艺术协会（合作经费）	2.516
对地方政府的中央转移支付（55%）：	
公共图书馆	95.330
博物馆	18.183
戏剧与管弦乐	41.803
地方非机构支出	6.682
艺术家权益与补偿（5%）：	
艺术家权益及作者著述补偿	10.050
视觉艺术家的地方支付	0.841
艺术与艺术家的地方支付	4.121
艺术与文化的机动支付（10%）	

（选译自《芬兰文化政策》，作者为安妮特·康杰丝，原载《中国文化报》2011年9月1日、2011年9月8日）

在文化制度创新中推进文化建设

在中国特色社会主义文化理论研究中,如何推进文化建设,如何在"四位一体"的总体布局中让人民共享文化发展成果,始终是摆在我们面前的一道难题。

在文化制度创新中推进文化建设,首先必须以"科学发展观"为引领,全面分析人的基本文化需求和人民群众日益增长的文化需求的动态变化,准确判断改革开放以来文化建设取得的成功经验和当前文化发展中遇到的突出矛盾,理性反思相关文化命题、方针政策甚至策略口号间的逻辑关系和真实社会后果,系统谋划科学化、长效化和规范化的宏观文化治理框架与微观文化管理手段。分析文化需求及其动态变化,要尊重文化规律和社会发展的普遍规律,认清个人文化需求的多样性及社会文化存在状况的价值分层结构,努力在制度层面形成文化精神、文化审美和文化娱乐等个人文化需求普遍得以满足的体制机制,协调推进文化价值意识形态性、公共性和民间性等社会意义向度全面激活的制度功能,确保文化制度功能目标与人民群众文化需求之间的最大一致。判断成功经验和突出矛盾,要始终坚持求真务实,以辩证唯物主义和历史唯物主义的态度好处说好,不足说不足,难处说难处,汇聚全党智慧和全国各族人民的聪明才智,群策群为,知难而上,使中国特色社会主义文化制度在全面创新中形成富有实践张力、客观效力和创新活力的制度风貌。

其次必须坚持"以人为本""统筹兼顾"的文化发展原则,努力把这些原则贯彻到文化制度创新和文化建设的每一个具体环节。坚持"以人为本",就是要从文化制度目标和文化建设方向上,坚定不移地把人的全面发展、人格的完整塑造和满足人民群众的丰富文化要求作为一切文化工作的出发点和落脚点,坚定不移地把保障公民基本文化权益和建设有效的公共文化服务体系作为当前文化工作的重中之重。坚持"统筹兼顾",就是要从文化制度功能和文化建设布局上，努力做到城乡之间、东中西不同地域之间、经济建设和文化遗产保护之间、局部利益和整体利益之间、当前工作重心和未来努力方向之间、基本文化设施配套和标志性文化设施建设之间等各种结构关系的均衡协调，努力做到政府对文化事业的庄严承诺、市场对文化产业的积极响应和社会对文化建设的共建共享，努力做到文化体制改革与经济体制改革的同步、文化体制改革中体制转型诉求与体制活力诉求的同步、体制转型过程中事改企与其他转制方式甚至逆向转制的同步。

再次必须立足于"聚精会神搞建设，一心一意谋发展"，力戒浮躁，切忌空谈，少呼口号，深入调查研究，找准困难问题，多出真招实招，在文化制度创新和文化建设中强化文化制度的规范化、文化政策的功能化、文化服务的标杆化，真正使我们的文化建设和文化发展有实效、见实惠、得民心。强化文化制度的规范化，必须在政府无缝隙性文化治理上做功课，必须从顶层设计到基层响应整个行政程序形成稳定的支出预算制、绩效监管制和赏罚追诉制，必须制定一套较为完善并且对政府和社会进行双向行为约束的社会主义文化法律法规体系。强化文化政策的功能化，就是要调动广大文化工作者的积极性，想点子，出主意，联系实际找抓手，努力促使我们制定的每一项文化政策具有现实针对性、每一位文化工作者有责任和能力将其落到实处、每一个实际环节都能确保政策设计的预期效果。强化文化服务的标杆化，务求制度理性与技术理性的有机统一、定性方法与定量方法的有机统一、绩效目标与监管手段的有机统一，务求政府的文化民生承诺让广大人民群众看得见、摸得着、可以管，务求文化建设在文化制度创新中更有效地满足人民群众日益增长的文化需求、更有效地在公共文化服务体系支撑下保障公民基本文化权益、更有效地在共同富裕目标追求中让人民共享文化发展成果。

（原载《光明日报》2011年10月27日）

坚持体制改革　激发文化创造力

刚刚闭幕的中国共产党第十八次全国代表大会，庄严承诺到2020年实现全面建成小康社会宏伟目标，并号召全党必须自觉将文化建设与经济建设、政治建设、社会建设和生态文明建设同步推进。

要使文化强国战略的理想蓝图真正成为现实，必须继续坚持文化体制改革，使中国特色社会主义文化制度充分激发文化创造力。要抛弃一切因循守旧的落后观念和改旗易帜的错误主张，抛弃那些阻碍"二为方向""双百方针""三贴近原则"真正得到贯彻落实的体制机制，抛弃形式主义、形象工程和浮夸作风，变革与文化强国战略严重不相适应的文化发展方式。要以高度的制度自觉和制度自信，使社会主义核心价值观深入人心，发扬学术民主和艺术民主，让一切文化创造源泉充分涌流，为维护公民基本文化权益和社会文化生活更加丰富多彩，亿万人民群众思想道德素质和科学文化素质全面提高，文化事业规范化、长效化、法制化，文化产业规模化、集约化、专业化，高素质文化人才大量涌现，名家大师辈出和中华文化国际影响力不断增强等等，提供科学的制度保障。

要有高度的制度自觉和制度自信。文化体制改革既涉及一系列深层次的利益关系调整，更涉及这些利益关系调整后的制度安排，是否有利于克服文化治理中严重存在的多头政府行为、缝隙政府行为和不作为政府行为，是否有利于使不断增加的文化投入实现公平性支出与效率性支出有机统一，是否有利于激活各类文化政策工具、文化服务机构、文化生产企业以及广大文化工作者的无限潜力和巨大热情，是否有利于奖勤罚懒、优胜劣汰、扶正祛邪并努力使一切文化创造者其情奋奋、其乐融融，是否有利于全社会文化资源有效配置并努力使全体人民成为文化建设主人和文化利益主体。社会不断发展，情况不断变化，文化建设和发展中的新问题、新变化、新要求总是不断出现，因此，文化体制改革也不应该一劳永逸，而是要与时俱进地面对新问题、看清新变化、满足新要求。要在中国特色社会主义总体制度框架下，不断根据新要求强化顶层制度设计的体制张力，不断根据新变化强化政策工具在促进文化事业、文化产业发展中的功能匹配，不断根据新问题强化体制目标在系统响应和结构运行中的有效性。

要努力使文化体制改革成果在社会主义核心价值体系建设中发挥独特的杠杆支撑作用。文化是民族的血脉，是人民的精神家园，坚持在文化精神引领和文化规律支配下深化文化体制改革，就能使文化体制改革成果更加有利于牢牢掌握意识形态工作领导权和主导权，更加有利于爱国主义、集体主义、社会主义价值观成为人民群众的普遍精神取向，更加有利于富强、民主、文明、和谐、自由、平等、公正、法治、爱国、敬业、诚信、友善等不同层面、不同维度的价值尺度成为社会生活的基本行为准则，更加有利于民族文化精神建构和人民群众精神生活丰富。在坚持文化体制改革的具体实践中，我们同样必须清醒地意识到，道路关乎党的命脉，关乎国家前途、民族命运、人民幸福，关乎亿万人民的共有精神家园。在这个大是大非问题上，思想恍惚不行，行动软弱涣散不行，一切急功近利或不切实际的短期行为更不行。

要充分认识文化制度建设对发扬学术民主和艺术民主的重要性。五千年中华文明史一再向世人昭示，没有学术的内在精神驱动就没有文化的高度繁荣，学术堕落极易导致社会失信与生活失序，而失去民主氛围和科学品格的学术，必然失去学术发展所必须具备的学术理性、学术良知、学术伦理和学术秩序，必然失去民族学术建构成果对现实社会的精神承载、道德担当、价值参照以及智慧引领，必然失去和谐社会所应具有的崇高理想信念、温馨人文关怀、健康人生追求和客观价值准则。五千年中华文明史一再向世人昭示，什么时候艺术民主，什么时候就会呈现民族想象力的勃勃生机，什么时候艺术民主氛围有利于不同审美价值取向的高度融汇与不同艺术形态的全面解放，什么时候中华民族就在丰沃的大地家园和精神意识的不息河流中阔步走向诗意的栖居。毫无疑问，中华民族伟大复兴最终体现在文化复兴。因此，坚持文化体制改革，激发文化创造活力，比以往任何时候都迫切需要高起点、深层次和新思维的文化制度创新，使其为学术民主与艺术民主提供坚强有力的法制保障与体制支持，使其为学术创造力和艺术创造力提供源源不断的激活动力，使其为学术繁荣和艺术繁荣提供既符合人类社会普遍规律又维系中华民族传统血脉的价值导向。

要在科学发展观的引领下全面、深刻把握文化大发展大繁荣对文化制度有效性的强烈要求和迫切愿望。要着力推进文化事业发展，切实保障公民基本文化权益，努力加大文化投入，逐步缩小城乡之间和地区之间在人才、资金和基础设施等方面的实际差距，扩大公共文化服务体系的规模、功能、运行有效性，尤其要在农村文化建设中强化资金、资源、人才配置，因地制宜，分类实施，让亿万人民得到更多参与机遇和实惠，全面提高公民道德素质，形成社会风清气正与个人幸福快乐的日常生活秩序。要着力推进文化产业发展，鼓励不同经营主体和资本形态进入文化产业，强化文化企业法人治理结构、现代企业管理方式以及与科学技术高度融合基础上的创意研发能力，规范国内市场，在"走出去"过程中增强中国文化企业和中国文化产品在国际市场的核心竞争力，在满足不同消费人群的多元文化消费诉求中将文化产业打造成国民经济支柱性产业。要着力研究文化大发展大繁荣的命题内涵和复杂逻辑关系，清醒地意识到文化大发展大繁荣不直接等同于发展文化事业或做强文化产业，因而也就必须清醒地意识到文化体制改革不是简单地将体制功能限制在对文化事业与文化产业的有效匹配。在这个问题上，一定要有全局视野、精神高度、终极指向和长远目标，要上升到民族形象塑造、人类心灵净化、精神家园建构、价值尺度刻画和社会风尚培育的高度来审视文化发展的要义，要从文化理性、文化秩序、文化观念、文化心理、文化习俗、文化风尚等方面的现实社会状况来判断文化发展的实际水平，要用辩证的观点从形而上和形而下两个层面来评价我们的文化体制改革究竟取得了哪些进展，究竟还存在哪些盲区甚至误区。改革不能满足于细节和表层的机制转换，而要追求制度安排有效性前提下的大胆制度创新，是努力使创新形态的文化制度具有全面激活文化创造力的体制能力和体制活性。

要把文化体制改革不断深化的梦想、文化大发展大繁荣的梦想、文化强国的梦想嵌入中华民族伟大复兴的"中国梦"雄壮豪迈情怀之中。作为世界四大古文明中唯一没有血脉中断的中华文明，无论经历过多少朝代更迭、诸侯争霸、自然灾难和社会祸害，民族文化创新、主流文化价值播撒以及民间文化习俗传承始终呈现克远克长的递进姿态，不断地为人类文化发展史奉献我们这个伟大民族特有的思潮、大师和范本。近代以来，积贫积弱的中华民族，在西方列强的船坚炮利中不仅政治昏暗、军事屡弱、经济落后，而且也陷入深深的文化焦虑、彷徨和怀疑之中。在人类文化的现代性建构现场常常处于缺席、失落、模仿和"被文化"的尴尬境遇，因而也就在文化地印证"落后就要挨打"这一朴素真理过程中，引发无数民族知识精英在"中西之争""体用之争""古今之争"中前赴后继地奉献出他们的智慧和青春。我们终于在牺牲和摸索中，找到了一条从来没有这样逼近"中国梦"圆的康庄大道以及"五位一体"的国家总体布局，我们也一定要找到与此相一致并切实有效助推文化强国的文化体制。必须在制度理性和文化理性高度统一的基础上，确保文化体制改革沿着中国特色社会主义正确道路走下去，确保文化体制改革成果符合文化发展规律、符合民族文化利益、符合人类文明的普遍价值诉求、以人民的文化意愿为根本目标。

空谈误国，实干兴邦。在推进文化大发展大繁荣的历史征程中，在完成文化体制改革的神圣使命过程中，能否真正实现制度完善和制度创新，能否真正激发文化创造力，能否以文化制度有效性为文化大发展大繁荣、全面建成小康社会和中华民族伟大复兴提供强大文化软实力，不在于喊几句响亮口号，而是要虚心向人民群众学习，倾听社会各方意见，汇聚民智，把事实和真相看清楚，把宏观制度框架和微观功能匹配设计完善，把现实需要和未来发展尽可能周密地考虑到位，把人民群众在文化实践中创造的鲜活经验和世界各国人民共同享有的成功范例广泛加以吸纳。夙夜在公，求真求实，惟此我们才能在文化体制改革道路上不走弯路，才能高度激发文化创造力并早日实现文化强国，才能在中国特色社会主义文化建设中无愧于党的执政信念，无愧于人民群众的文化期待，无愧于民族和历史的责任重托！

（原载《人民日报》2012年12月11日）

开放性构建现代公共文化服务体系

中国共产党第十八届中央委员会第三次会议通过的《中共中央关于全面深化改革若干重大问题的决定》，是我们党带领全国各族人民进行新的伟大革命、谱写改革开放伟大事业历史新篇章的宣言书。《决定》旗帜鲜明地要求当前以及未来较长时期的文化建设，要紧紧围绕建设社会主义文化强国、增强国家文化软实力，深化文化体制改革，加快完善文化管理体制和文化生产经营机制，建立健全现代公共文化服务体系、现代文化市场体系，推动社会主义文化大发展大繁荣。具体到构建现代公共文化服务体系，需要"建立公共文化服务体系建设协调机制，统筹服务设施网络建设，促进基本公共文化服务标准化、均等化。建立群众评价和反馈机制，推动文化惠民项目与群众文化需求有效对接。整合基层宣传文化、党员教育、科学普及、体育健身等设施，建设综合性文化服务中心"，可以说，这是在完善和发展中国特色社会主义制度、推进国家治理体系和治理能力现代化的总目标下的具体制度安排，命题清晰，认识深刻，立意宏大，必将推进中国特色社会主义条件下公共文化服务体系建设迈向新的时代高度和新的历史阶段。

一、将构建完善现代公共文化服务体系放到制度建设总目标下进行具体安排，逻辑严密地确立了这一事业命题的制度建设属性。

作为框架结构完整且运行有效的文化制度，现代公共文化服务体系的制度功能在于宪法权威下保障公民基本文化权益，社会主义核心价值目标下促进社会文化和谐，人民主体地位下建设民族精神家园以及公平正义原则下实现城乡公共文化服务均等化与全覆盖。要使这些基本功能获得有效支撑，必须在统筹服务设施网络建设的基础上，实现总体结构系统中一系列子系统的逐步完善，诸如投入与财政保障系统、规划与运行保障系统、人力资源保障系统、绩效评估与政策工具配置保障系统等，都是现代公共文化服务体系功能完备且运行有效的体制条件。此外，还必须有较为完善的法律法规、较为规范的运行秩序、较为科学的决策方式和较为先进的技术条件，否则就会使现代公共文化服务体系的长期性、公平性、效率性、规范性等大打折扣。

二、在全面深化改革的战略部署中将构建现代公共文化服务体系作为一项重要内容，是推进国家治理体系和治理能力现代化的需要，是改革本身系统性、整体性和协同性全面推进的需要，是建设服务型政府的需要。

我们必须深刻地认识到，国家治理体系和治理能力必然包括文化治理体系和文化治理能力。因此，在推进国家治理体系和治理能力的现代化过程中，必须同步实现文化治理体系和治理能力的现代化，必须在制度理性与技术理性高度统一的基础上强化现代公共文化服务体系的公平正义与运行有效，必须以制度保障力量让亿万人民群众在公共文化服务中获得文化实惠、共享改革开放文化成果并以更大的热情和主人翁精神积极投身中华民族伟大复兴的事业中来。

改革是一项复杂而全面的系统工程，始终坚持改革的系统性、整体性和协同性极为重要。要想在文化改革和文化建设中进一步解放思想、解放和发展文化生产力并坚决破除制约文化发展的体制机制弊端，就不能不从制度建设的高度把握构建完善现代公共文化服务体系的重要性、迫切性和艰巨性，就不能不努力促进现代公共文化服务体系功能完备以满足人民群众日益增长的文化期待，就不能不充分考虑很大程度上存在着的文化服务机构失效、文化服务工具失灵以及失效失灵倒逼力量给全面深化改革和实现小康社会目标所带来的巨大隐患。

建设服务型政府是我们党审时度势、反思历史和着眼长远的科学决策，是我们充分发挥社会主义制度优越性以规避韦伯式官僚制社会结构中贪腐、投机、个体利益膨胀、潜规则、低效率、政策贴现等体制宿命的英勇壮举，是道路自信、理论自信、制度自信基础上中国特色社会主义制度自我完善的重大改革。公共文化服务是公共服务的重要组成部分，服务型政府转型的重要维度之一就是政府的文化福利承诺与文化责任担当，建设完善现代公共文化服务体系对于建设服务型政府具有不可或缺的绩效标杆意义，甚至是考察文化大发展大繁荣的最直接也最基本的体制形态参照。

三、要使现代公共文化服务体系切实成为功能完备的文化服务制度，同样要从"顶层设计"与"摸着石头过河"相结合的大胆探索中开拓前行。

解放思想、更新观念、锐意创新，充分认识改革开放是决定当代中国命运的关键抉择，是党和人民事业大踏步向前的重要法宝，是党的十一届三中全会召开35年来文化建设与文化发展的强大助推杠杆，是实现中华民族伟大复兴尤其是文化复兴的不竭力量源泉。牢记"空谈误国，实干兴邦"，在建设完善现代公共文化服务体系中积极探索行之有效的体制方案，最大限度地寻求制度建设中文化资源配置、行政资源配置、经济资源配置、人力资源配置以及这些配置之间二次耦合配置的作用和效率，最大限度地解决工具失灵顽症中服务内容老化、服务效率低下、群众参与热情不高、公共文化服务对人民群众的亲和力与影响力下降等迫在眉睫的现实问题，重视体制模式与政策工具的功能协调、政策工具与技术支撑的功能整合、工具操作与社会效果的功能匹配，尽快走出目前公共文化服务行业性、封闭性、自在性以及随机性的被动局面，调动广大文化工作者和全社会力量以极大的责任感、使命感和奉献精神投入到公共文化服务事业中来，甚至在制度运行技术层面强化财政杠杆在公共文化服务中的支撑功能、提高文化预算类目及内置谱系编制的科学性与真实性、提高各类公共文化服务机构预算执行力以及第三方乃至全社会对公共文化服务体系预算支出的监管强度等。

四、现代公共文化服务体系是功能完备的开放性文化制度，需要现代观念的引领、科技手段的创新、结构末梢的延伸。

要在全面深化改革的时代征程中实现这一制度目标，迫切需要政府、社会、知识界乃至广大文化工作者用现代意识和现代观念引领公共文化服务体系建设实践，破除条条框框，大胆探索实践，不断创新解放文化生产力的文化制度条件；迫切需要寻找到更多文化服务的现代工具，密切关注科技与文化深度融合所带来的积极社会后果与文化发展机遇，充分调动大数据时代前沿科技成果向公共文化服务手段功能转换，形成各种有效工具竞相迸发活力的蓬勃局面；迫切需要一切有效工具功能链接于现代公共文化服务体系的开放结构，积极引导各种社会力量投身于公共文化事业，大力提倡各地各相关涉事部门根据具体情况和实际需要确立其服务领域、服务重点、服务方式和服务途径，最大限度地使现代公共文化服务体系的制度末梢与人民群众的文化生活实际和文化需求意愿紧密联系在一起，做到接地气、送实惠、有活力、能持久、受欢迎。

面对全面深化改革的机遇和挑战，面对建设完善现代公共文化服务体系的制度召唤，只有始终牢记以人民群众的文化需要、文化意愿和文化权益为出发点与落脚点，持之以恒地为功能完备的开放性文化制度创新体制机制、提高服务水平服务效率、搭建更多更有效的公共文化服务平台，具有中国特色社会主义制度活力的现代公共文化服务体系才能早日成为重要领域和关键环节的改革开放决定性成果。

（原载《人民日报》2013年11月22日）

文化建设警惕"体制空转"

从文化建设维度反思国家文化治理，直接且重要的是探索如何在要素构成位置尽快形成文化治理体系与治理能力的现代化升级版。这一诉求的必要性、迫切性和合法性依据，在于当下文化体制运行的现状及其困境，这些困境所带来的负面后果不仅与我们正在进行的全面深化改革的时代征程反向抵牾，也与人民群众日益增长的文化需要和"五位一体"的发展战略形成强烈的价值反差。在所有的负面因素中，"体制空转"与"工具去功能化"最具消解力量，很长时间内对文化治理体系与治理能力现代化建设构成威胁，对全面深化文化体制改革而言，几乎是难以逾越而又不能不逾越的"硬骨头"式的运行障碍。

一

所谓"体制空转"，是指现行文化体制在实际运行过程中，较大程度上存在着以"运行效率低"和"运行利益自满足"为特征的体制耗损结构。一方面体制运转繁忙，另一方面细究起来，不过是参与者及其运转进程的自我繁忙，是一种空转式的繁忙。对整个社会文化生活现场和文化发展而言，这种空转中的繁忙实际上根本无法实现保障、激活、助推和引领等价值取向意义上的预期文化体制目标，尤其无法满足文化大繁荣大发展这一战略背景下的社会诉求与人民群众的意愿期待。在这里，"空转"不能作绝对主义或极端主义理解，我们不能抹杀实转与实效的客观存在，只是在价值比较维度上，空转与实转、无效与有效的实际比重严重失衡，不仅导致通常我们所归纳的那些"不相适应"愈加严峻，而且使得人民群众对大规模增加文化投入后的文化体制运行状况依然有不满情绪，其后果将会伤及文化建设的政治利益，而不仅仅局限于文化利益本身。一切致力于统筹谋划"五位一体"整体推进的远见卓识者，都不能回避文化体制运行的这些复杂表现和深层次问题。

文化体制空转的表现之一，在于体制运行的预设标杆以政绩为取向。也就是说，文化行政者从一开始就没有面对社会基本文化诉求并以其为逻辑起点和靶向，而是在形式主义和官僚主义的支配下热衷于各种形象工程、政绩工程、标志工程、速效过程，热衷于文化建设中由权力意志所决定的随机性虚拟指标以及对这些指标的政绩验收，至于它们是否与当前社会文化需求构成真实的因果关系，则是那些持消极文化政绩观的非"谋事要实"者基本不予考量的，进而也就必然产生文化体制运行投入增量后普遍缺乏社会效应的被动局面。

文化体制空转的表现之二，在于体制运行过程中政策功能匹配与公众文化期待之间缺乏有效的"对位效应"。许多正在执行中的公共文化政策还程度不同地局限于行政部门、行业系统、直属单位，一方面是高成本的"管理文化""打造文化""建设文化"乃至"送文化"，另一方面却是作为文化主体的人民群众漠然于那些"管理""打造""建设"和"送"。于是就有"剃头挑子一头热"，就有文化体制运行"自娱自乐"与社会大众日常文化生活现场"自娱自乐"互相隔岸观景的现状。

文化体制空转的表现之三，在于体制运行过程中运行绩效的评价、测值、监管和奖惩缺乏由社会意志和人民群众心愿所根本制约的刚性制度。一方面我们还不能严格按照法制思维的要求，促使文化体制运行的各个实践环节嵌位于依法行政而非权力操作的现代文化治理框架之内，另一方面我们也还不能严格按照"群众路线"与"人民利益至上"的要求，促使文化体制运行总体吻合于人民的文化意愿并始终处于社会和公众的有效监督之下。由此带来的结果，就是有关文化建设成就的那些总结、报告，与广大人民群众的实际感受相悖，当然这也是促使我们走向文化治理体系与治理能力现代化的强大倒逼力量。总之，所有这些体制空转的表现，实际上从不同角度向我们表明，文化体制运行与社会文化需求和人民文化期待之间，还存在着较为严重的"两张皮"现象。在全面深化改革的时代条件下，消除这一现象已经到了刻不容缓的时候。

二

当然，如果从公共管理的角度进行更深入的审视，可以看到，体制空转中所使用的那些宏观政策工具与微观平台工具等，往往呈现较大程度的去功能化状态，从而在操作层面"助推"着文化体制一步步深陷于体制空转而难以自拔。工具去功能化和体制空转，既是内在外在的一体关系，亦是互为因果的生成结构，还是宏观微观的相映参照。此处所谓"工具去功能化"，是指包括政策工具和平台工具等在内的文化体制运行过程中所使用的各种型制的工具形态，在实际使用过程中或则有效功能匹配不足，或则功能匹配与功能指向缺乏一致性、协调性，或则这些工具面对操作实践出现较为严重的功能失效，工具使用效果与预期功能目标相去甚远，文化体制运行的"软件"或"硬件"处于难有作为抑或作为不大的窘迫状态，出现与社会预期成反比关系的工具运行轨迹。

毫无疑问，各级政府在加大文化投入之际，总是希望其所依托和支撑的这些软件工具抑或硬件工具充分实现助推文化增长的功能或拓展文化增量的效果，例如殷殷期待于"国家舞台艺术精品工程"能不断催生我们这个时代的梅兰芳、《西厢记》或者中国版《胡桃夹子》等艺术大师或文化经典，殷殷期待于"农家书屋"能让亿万计中国农民在劳动之余的热情阅读中实现文化脱贫甚至文化解放，殷殷期待于数亿元之巨建起来的城市美术馆能像巴黎现代美术馆一样每年有近千万群众的审美参与，殷殷期待于馆舍面积、人员编制和年度运行经费按标准配置的乡镇文化站成为农民日常生活中开展文化活动的重要场所。我们在各种各样的工作汇报中，似乎看到和听到了"大师"和"经典"的名字，看到和听到了文化脱贫甚至文化解放，看到和听到了审美参与和文化聚集，于是工具的功能有效性被放大、提升甚至超越。跟进的尖锐问题就在于，谁可以在承担法律责任的前提下精密而准确地呈现这些工具使用效果的详尽统计数据？谁可以在国家使命、社会良知和人民利益的拷问面前，将那些放大、提升甚至超越的工具绩效向国家、社会和人民再一次申明其辉煌？

进一步的问题还在于，工具功能不仅远非体制预期所愿，而且在不同程度的去功能化中与这一预期往往相去甚远。君不见县城图书馆的读者稀稀落落；君不见乡镇文化站站长日复一日忙勤杂；君不见村里空巢，白发老妇独守书屋；君不见美术馆里把酒言欢、共商文化盛事、共谋利益交往，只可惜美术馆外的芸芸众生，竟不知美术何术、平尺何尺。当然，如果我们改变这样的情绪宣泄叙事方式，就应该以更加负责任的态度对工具去功能化给予社会统计学意义上的充分采样和系统分析，而这首先要求政府在学者、社会和公众之先担当起这样的责任，只要我们坚持实事求是的原则，工具去功能化以及宏大背景上的文化体制空转问题，其真实、准确、全面和深入的事态评估就一定能做到，进而才能寻找到切实解决问题的有效方案。

在谋划文化治理体系与治理能力现代化过程中，我们既要充分吸纳和总结我国文化建设的巨大成就与丰富经验，同时更要以清醒的姿态和直面的勇气正视文化建设中的种种被动和不足，尤其要正视一定程度上存在的体制空转和工具去功能化现象，从全面深化改革中谋出路，在国家治理体系和治理能力现代化中寻找解决问题的制度张力与工具活力。由此，才能使国家文化治理走上科学化、法制化、规范化和长效化的良性发展道路。

（原载《人民日报》2014年8月1日）

扩大财政覆盖　助推文化强国

党的十七届六中全会，面对国际国内形势变化，以高度的文化自信和文化自觉，充分认识文化越来越成为民族凝聚力和创造力的重要源泉、越来越成为综合国力竞争的重要因素、越来越成为经济社会发展的重要支撑，旗帜鲜明地提出了文化强国的伟大战略目标，社会主义文化发展史进入崭新历史阶段。

会议作出的《中共中央关于深化文化体制改革推动社会主义文化大发展大繁荣若干重大问题的决定》，立意高远，论述精辟，通篇闪烁着中国特色社会主义文化理论精神火花，我们必须认真学习，深刻领会。

一、扩大投入规模，提高支出比例，保证增长速度，调动中央财政和地方财政两个积极性，促进各类文化基金、专项资金和彩票公益收入在公共文化事业中发挥更大作用，形成文化强国财政保障的强大合力。

从刚性力度强调保证公共财政对文化建设投入的增长幅度高于财政经常性收入幅度，是新形势下文化财政政策的总体要求。能否迅速而且可持续地落实这一总体要求，对各级政府而言，既有财政能力和支出矛盾的问题，更有认识是否到位、观念是否转变、文化自觉水平是否提高的问题。只要我们充分认识到文化是民族的血脉、是人民的精神家园，充分认识到没有社会主义文化繁荣发展就没有社会主义现代化，充分认识到文化建设事关实现全面建设小康社会奋斗目标、事关坚持和发展中国特色社会主义、事关中华民族伟大复兴，就一定能理顺关系、化解矛盾、克服困难，在有限财力中不断寻找到推动文化强国的无限潜能。

提高文化支出占财政支出比例，是落实总体要求的技术化政策方案，必须精准测算、统筹谋划、细化分解。对中央财政而言，既要提高文化事业支出在国民经济总量高速递增中的存在地位，也要提高文化预算类目在年度预算中的量化刚性比例，既要提高文化转移支付在中央财政文化支出中的结构比例，也要提高转移支付中经常性安排的结构比例，从而既确保中央财政在文化支出中拥有更强保障能力、覆盖能力和调控能力，同时也更有利于调动地方各级政府尤其是财政部门和文化行政部门的投入积极性和配套响应热情。对地方政府而言，必须克服"等、靠、要"消极文化支出理念，必须立足实际、量入为出、善待文化，必须使地方财政文化支出比例在安排上规范化、制度化、长效化甚至问责化，必须尽力对中央财政文化转移支付进行配套支持并坚决杜绝挪转或者截留。

扩大财政覆盖范围，是公共文化服务体系功能完善和运转有效的必然诉求，是文化事业全面推进和文化产业跨越式发展的必然诉求，是加快文化"走出去"步伐和增强国家文化"软实力"的必然诉求，是文化惠民和让人民群众共享文化发展成果的必然诉求。要努力打破体制内外界限，寻找更多惠及全民文化福利方式和可操作性政策工具，让不同成份和不同身份的社会主体都能沐浴公共财政的阳光，让更多文化组织方式、文化生产方式、文化传播方式和文化接受方式都能在公共财政支持下蓬勃发展，让推动社会主义文化大发展大繁荣成为全民共建共享的浩荡春潮。

与此同时，还必须大力增强公共财政的杠杆调节功能，在发挥主渠道作用的同时，最大限度地吸纳社会资金投入公益文化事业。简化税前列支等激励政策的操作程序，促进更多社会组织、机构和个人加入文化捐赠光荣行列，引导文化非营利机构提供公共文化产品和公共文化服务。设立国家文化基金，通过扩大影响力、凝聚力和辐射力，构建重点突出、导向明确的基金支撑平台，并形成梯次配置和专项服务的层级基金链。吸收发达国家文化财政成功经验，从立法环节给予条件限制，依法要求各级彩票公益金的较大比重用于文化事业。

二、完善投入方式，加强资金管理，规范预算制度，强化公共财政文化支出效率，使有限财力为文化强国发挥无限潜能。

完善投入方式，必须兼顾公共财政文化投入公平诉求与效率诉求，必须有利于平衡东、中、西地区差和城乡剪刀差，必须奖勤罚懒并有效激活优质文化品与优质文化服务奖励机制、文化体制改革与文化科技创新扶持机制、农村与边疆少数民族地区文化建设倾斜机制等。要以完善文化投入为纽带，全面带动文化资源、行政资源、设施资源、人才资源和经济资源在政府平台的高效配置，提高政府公共文化服务号召力、执行力和调控能力。

加强资金管理，要与文化领域廉政制度建设紧密联系在一起，要与现代会计制度和管理技术紧密联系在一起，要与艰苦奋斗勤俭节约等思想教育紧密联系在一起，要与严格监管和财务公开透明紧密联系在一起。提高资金管理水平，重在制度建设，只要在资金使用中形成有效的权力约束机制与支出规范程序，减少一般性支出在文化支出中的份额，限制铺张浪费，打击贪污腐败，提倡阳光管理和透明支出，就一定能使有限投入的文化资金发挥更大的效能。

规范预算制度，最大限度地确保预算内文化支出的全面覆盖以及合法化、制度化、长效化、规范化，更加系统、缜密、完善地设计文化类目边际及内置科目项目谱系，更加细密、专业、严格地进行年度文化类目预算编制，更加程序合法、权力制约、意志博弈地进行文化类目预算审批，更加绩效量化、审计深入、问责明确地强化对文化类目预算执行的常态监管，是资金管理有效的坚实体制基础。要把人民给予的每一分用在文化建设上的钱，真正用于文化建设，真正用于推动社会主义文化大发展大繁荣，而且要用好，用在刀刃上，用得有实效。

全党同志，尤其是广大文化工作者，必须深刻而清醒地认识到，我国仍处于并将长期处于社会主义初级阶段，人民日益增长的物质文化需要同落后的社会生产之间的矛盾仍然是社会主要矛盾，迅速扩大的文化投入规模同中国特色社会主义文化建设的繁重任务和极大资金需求之间还存在强烈反差，文化大发展大繁荣形势逼人，社会主义文化建设新高潮刚刚起步，文化强国之路任重道远。处在这样的历史条件下，我们不能有任何经济暴发户的浮躁思想，不能有丝毫大手大脚花钱的情绪，不能有一刻放松支出自律的时候，务必戒骄戒躁，谨思谨行，勤俭节约，艰苦奋斗。

三、突出重点，保证一般，统筹谋划，为社会主义核心价值坚守提供保障，为文化事业全面推进和文化产业跨越式发展提供保障，为公民基本文化权益和人民群众日益增长的多元文化需求提供保障，为伟大的文化强国征程提供保障。

新中国尤其是改革开放以来，我们党始终把文化建设放在党和国家全局工作重要战略地位，坚持推进社会主义核心价值体系建设，为发展中国特色社会主义提供了强大精神力量。在贯彻落实党的十七届六中全会精神和《决定》战略部署的今天，公共财政对文化建设的最重要支撑就是围绕社会主义核心价值精神构建，推进兴国之魂和先进文化精髓深入人心，努力在全党全社会形成统一思想、共同理想信念、强大精神力量和基本道德规范，发挥财政杠杆作用，助推文化强国建设，助推文化大发展大繁荣。

要大力支持发展公益性文化事业，保障人民群众基本文化权益，坚持政府主导，按照公益性、基本性、均等性和便利性的要求，加强文化基础设施建设，完善公共文化服务网络，让群众广泛享有免费或优惠的基本公共文化服务。支持构建覆盖城乡、结构合理、功能健全并且实用高效的公共文化服务体系，努力将财政支出力度与公共文化服务指标体系和绩效考核办法进行对接。支持发展充分体现社会主义先进文化辐射力和影响力的现代传播体系，努力使财政支出强度与党报党刊、通讯社、电台电视台和重要出版社的建设要求相协调。支持建设以物质文化遗产和非物质文化遗产为对象的优秀传统文化传承体系，努力把财政支出覆盖面扩大到一切维系中华民族文化血脉的所在空间和具体领域。支持加快城乡一体化文化发展，努力实现财政支出重点向农村倾斜、向基层倾斜，在激活中央、省、市三级农村文化建设专项资金的同时，切实保证一定数量的中央转移支付资金用于乡镇和村文化建设。

要大力支持文化产业成为国民经济支柱性产业，在坚持社会主义先进文化前进方向、把社会效益放在首位以及社会效益和经济效益相统一的原则下，实施积极的财政政策，助推文化产业跨越式发展并使之成为新的经济增长点、经济结构战略性调整的重要支点和转变经济发展方式的重要着力点。要通过加大引导资金的牵引作用支持以重大项目为龙头的现代文化产业体系结构完形，通过投资核准、信用贷款、税收优惠、发行债券和申请专项资金等优惠手段促进公有制为主体、多种所有制共同发展的文化产业格局基本形成，通过强化研发资助和政府搭建一系列相关公共服务平台加快科技创新成果向文化产业领域转移并形成新的文化生产力，通过扩大政府文化采购及为困难群众、农民工群体提供直接补贴推动文化消费并进而推动文化产业增量推进。

要大力支持深化文化体制改革，立足当前，着眼长远，以高度的政治责任感和历史使命感为文化体制改革提供坚强的财政保障条件。要毫不犹豫地为历史遗留问题和改革中所必然遭遇的利益结构变化买单，毫不犹豫地为事转企先行先试单位"扶上马，送一程"以及职工养老、医保、社保等福利待遇买单，毫不犹豫地为文化管理体制创新所涉及到的搭建公共平台、完善市场体系、装备执法队伍及文化管理技术升级等买单，毫不犹豫地为扩大对外文化交流、加快中华文化"走出去"步伐以及提高民族文化品牌国际竞争力买单。

要大力支持宏大文化人才队伍建设，从经济待遇、收入分配和成果激励等方面充分体现尊重劳动、尊重知识、尊重人才、尊重创造。要大手笔奖励国家级杰出文化人才和国内外有重大影响的优秀文化成果，完善奖励办法，规范评奖程序，提高奖励标准，形成强大的文化人才和优秀文化成果凝聚力、影响力、辐射力，以财政杠杆助推文化强国道路上优秀成果迸发、杰出人才涌动局面的早日实现。要大规模投入基层文化人才队伍培训，创新培训方式，优化培训条件，完善培训计划，对专业文化培训机构及社会教育资源给予基层文化人才培训专项资金支持。要提高补贴标准，提供优惠待遇，吸引更多的高层次人才投身于基层文化事业，为文化惠民创造良好的人才保障条件。

新的历史帷幕已经拉开，文化大发展大繁荣正进入最好的战略机遇期，我们一定要以六中全会精神为指引，深入贯彻落实《决定》作出的一系列重大文化发展战略部署，为社会主义文化建设新高潮做出我们应有的贡献。

（原载《中国文化报》2011年11月4日）

文化机构的结构矛盾与改革取向

就中国文化机构的体制状况而言，整体上存在着一系列结构性矛盾，正在全面推进的文化体制改革，除了人们较为关注的"事改企"和产业化导向外，还更多地体现在通过体制创新来全面缓释这些结构性矛盾。深层的机构改革乃是文化体制改革的基本取向之一。

如果从制度分析上入手，就不难发现，几乎所有体制内的文化机构，其层级、型制和类别不管多么复杂，都可以纳入中国单位制度的命题统辖之中，而且都是中国语境中集多种功能于一身的特殊行政编制或治理建制。其特殊性可以粗线条地归结为：一、权力身份与服务身份的混存。特定文化机构一方面或隐或显地获得一定比例的公权力分置，另一方面又或多或少地承担公民社会政府公共职责的社会履约。这意味着文化机构的价值取向既显示为权力向度也显示为服务向度。当两个向度处在一致性的位置，机构的运行效率就会因功能内聚而发挥到极大值；而当两个向度处在非一致性位置，机构的运行效率就会因内在裂变而趋于滞缓。二、公共利益与机构利益的混杂。特定文化机构一方面不得不在公共财政的稳定支撑下最大限度地追求绩效指标的公共利益系数，另一方面又不得不在职工福利动机的驱使下追求机构福利的政策允许值。当同一机构的运行注意力同时被混杂状态的公共利益与机构利益所吸引时，至少会存在注意力不集中的状况，也不排除在极端情况下机构利益会占据核心位置。一旦形成这种局面，文化机构就演变为个体之间利益结盟的制度保障平台，人们由此获得的将远不止是一个所谓养尊处优的铁饭碗，而是在服务公共利益的幌子下直接将公共资源转换为利益结盟后实现机构利益的无成本甚至无风险趋利工具。三、履约职责与就业职责的混置。一方面绩效标杆主要绑缚于特定的履约职责刻度，另一方面本身又成为政府解决就业问题的重要平台。一支庞大的文化从业大军使得千千万万的具体文化机构背负着缓释就业压力的使命,至少在国家宏观层面,诸如机构网络编序、机构总量成本效益控制、机构功能的绩效规范、机构设置与撤销的社会动力学机制以及机构内部的岗位目的分置等,都因就业平台的无条件设置而难以动态调控。

这种特殊性所带来的跟进事态还在于,所谓"单位人"或曰"机构人"的中国式身份,以各种社会优先性渗进文化体制的不同环节。单位人特权首先体现为就业非风险性。就业非风险性化单位获得法律允诺以外的几乎一切允诺条件,使其与文化机构间建立了一种非雇佣性就业关系,这种关系不是彼此间的双向选择,而是一种暧昧的互为依存关系。其次体现为甄选的非公平性。非程序化的随意性进岗,不仅不能确保个体的素质,而且在宏大背景上更是对线上的从业资格拥有者社会公正性的践踏。甄选非公平性造成某种制度性庇护,使单位人在获得岗位准入的同时,也就获得一种排他性的社会选择优势与专属权利收益。其三体现为绩效非标杆性。绩效非标杆性使单位人成为机构设定中最基本同时也最稳固的编制单元。处在因人设岗的体制妥协状态里,制度设计被迫嵌入一种逆向力学结构,流程为:单位人利益诉求—随机岗位拟设—机构负重与膨胀—宏观结构松散无力—体制目标消解。这种逆向流程不仅悖谬于行政科学动力学流程的:制度目标—机构功能配置—职位责任指标分解—从业者归位,而且会在深层结构形成文化制度目标不得不受制于来自单位人庞大利益集团的逆向压力那样一种被动局面。

诸如此类的结构性矛盾,使得大量文化机构走向不同程度的去功能化体制失灵状态,结果是文化生产力受到不合理生产关系的极大桎梏,政府的文化履约和公民文化权益保障等都显示出功能衰减的负面特征,甚至会影响到社会主义文化建设和中华民族的文化复兴事业。因此,文化体制改革必须在机构改革环节做足文章,将机构改革取向定位于正义性诉求与效率性诉求的高度统一。虽然效率诉求与正义诉求分异明显,但在深层制度结构中却是彼此紧密相连,在文化机构改革中必须做到两者兼顾,否则在随后的机构运营中就会或迟或早地产生不协调的后果。

从文化体制改革的技术操作层面而言,至少有三条无法绕开的路径:1.身份与岗位的剥离;2.就业与福利的剥离;3.机构运转与权力统置的剥离。问题在于,每一种剥离都会牵动敏感的利益神经并深刻地影响到更为复杂的利益关系。这些神经和关系结构,会以强大的阵痛力量形成对体制改革的社会排斥与个人抵抗。我们实际上已经走到文化制度建设的命运十字路口，不是目标和取向不明确，而是究竟有没有能力沿着明确的向度迈出坚实而稳妥的步伐。

（原载《人民政协报》2010年9月6日）

探索中国特色社会主义文化理论体系

党的十七大将经济建设、政治建设、文化建设和社会建设统筹思考，号召推进文化大发展大繁荣，兴起社会主义文化建设新高潮，为社会主义文化发展提供了崭新的机遇。广大文化工作者理当乘势而上，以高度的历史责任感和积极进取的精神风貌，投身到火热的当代文化实践中去，分析新情况，研究新问题，提出新对策，以高度的文化自觉，积极探索中国特色社会主义文化理论体系，为文化大发展大繁荣提供应有的理论支撑。

中国特色社会主义文化理论体系是中国特色社会主义理论体系的重要组成部分，其理论基础是马克思主义、毛泽东思想、邓小平理论、"三个代表"重要思想和科学发展观，其现实基础是马克思主义基本原理与当代中国实际相结合的当代中国文化实践。中国特色社会主义文化理论体系的形成，是社会主义文化实践历史过程的产物，是一系列经验与教训、成功与失败、胜利与挫折价值博弈的结果，是我们党不断地认识和把握文化发展规律、不断提升文化自觉水平的智慧结晶。对于这些来之不易的宝贵理论成果，我们必须要加以认真的梳理和全面的总结，必须要在面对新的时代条件下努力加以完善使之更加系统化。在这个问题上，一定要对文化问题的特殊性、复杂性和深层性认识到位，不能简单地用中国特色社会主义理论体系研究涵盖中国特色社会主义文化理论体系研究，尤其要克服对中国特色社会主义文化理论体系作简单化和直接政治诠释的处置方式。要坚持科学发展观，以科学的、严谨的、实事求是的态度对待这一重大理论课题，只有这样，才能确保中国特色社会主义文化理论体系客观化、科学化以及系统化，才能确保我们在这一重大课题研究中力避形式主义、教条主义和本本主义，才能确保研究成果在文化大发展大繁荣中发挥理论先导作用。

中国特色社会主义文化理论体系是改革开放30年的理论创新成果。

30年来，我们党领导全国人民进行了一场史无前例的历史大变革，在向贫困宣战中毫不犹豫地转入以经济建设为中心，毫不犹豫地由计划经济体制向社会主义市场经济体制进行体制转移，毫不犹豫地打开封闭的国门迎接经济全球化的挑战。30年风雨兼程，30年奋斗拼搏，国家综合实力显著增强，国民经济持续高速稳健增长，人民生活水平大幅度提高。在经济体制创新的同时，我们也适应形势变化不断地进行文化体制创新，针对广大人民群众日益增长的文化需求，我们提出了一系列新的文化主张，采取了一系列行之有效的文化建设措施，文化事业投入逐年递增。迅速发展的文化产业极大地提高了公共文化产品的社会供给能力，文化市场健康繁荣，公共文化服务体系日臻完善，所有这些文化建设成果，都是我们党在改革开放形势下不断创新文化理论和文化实践的结果。尤其是文化产业发展理论和公共文化服务体系命题的提出，更是改革开放不断深化的产物，是文化观念创新和文化体制改革全面推进的产物，是中国特色社会主义文化理论体系一步步科学和完善的产物。正是由于这些改革开放所带来的文化理论创新成果，极大地解放了我国的文化生产力，极大地提高了广大人民群众的文化生活水平，极大地缓解了一度出现的经济高速增长和文化相对滞后的突出矛盾，从而奠定了和谐社会建设的理论基础与实践条件。可以这样说，如果没有改革开放，没有改革开放中大胆的文化理论创新和文化实践探索，就不会有充满活力的中国特色社会主义文化理论体系，同时也应该更深刻地认识到，中国特色社会主义文化理论体系是对马克思主义文化学说的丰富和发展，是对中国特色社会主义理论体系的充实和深化，是我们必须认真加以总结的改革开放的理论创新成果。

中国特色社会主义文化理论体系是一个卓具当代活力的开放性完整知识谱系。其着力点首先集中在对社会主义核心价值观和主流文化观的建构，努力从"以人为本"的本体论、"科学发展观"的发展论和"和谐社会"的价值论等基本理论维度入手，阐释一系列基于改革开放和中国特色社会主义条件下的基本文化命题，逐渐确立我们的文化主体性和富有理论凝聚力的关键词；其次在于以博大的胸襟吸纳民族传统和世界各国的优秀文化成果和先进文化营养，深刻认识和有效把握人类文化发展的普遍规律和具体经验，积极探索和前瞻评估文化发展的当前变化和未来走向，大胆尝试新的体制、新的对策、新的举措，从而确保中国特色社会主义文化理论体系的科学属性和理论活力；其三，在于以务实的态度认真研究当前亟待我们解决的诸多文化问题和文化矛盾，诸如如何切实提高国家的文化软实力以应对全球化浪潮所带来的文化挑战，如何切实建立国家公共文化服务体系使改革开放的文化成果惠及全民，如何切实提高文化产业规模和公共文化产品的质量，促进文化市场的进一步繁荣，如何切实把"四位一体"的统筹建设落到实处并弥合经济与文化之间的社会落差，如何切实解决文化发展中严重不平衡的城乡剪刀差和东、中、西地区差，如何切实通过文化创新全面推进文化大发展大繁荣，如何切实做好文化体制改革工作从而通过体制活力极大地解放文化生产力。诸如此类的现实文化问题。虽然总体上统辖于供给与需求的非平衡性、生产力与生产关系的非协调性、经济高速发展与文化相对滞后的非同步性等总体性矛盾结构之中，但每一种具体文化问题或者文化矛盾都有其个性特征和复杂境况，只有通过深入缜密的针对性研究才能获得科学的理论解读，才能真正使我们的文化自觉不致成为无源之水、无本之木式的空谈。时代总是在发展，问题总是在变化，文化总是在创新，而中国特色社会主义文化理论体系也就始终必须保持发展的姿态、开放的姿态、与时俱进的姿态，因而我们的研究也就必须坚决摒弃机械的方法、静止的方法以及作茧自缚的方法。

很显然，积极探索中国特色社会主义文化理论体系，对于我们广大文化工作者尤其是文化理论工作者而言，乃是一项长期而艰巨的任务，任重而道远。把这个议题作为一个有针对性和可操作性的重大文化建设工程，组织一批专家学者和有实践经验的文化工作者进行项目攻关，将不仅是积极探索中国特色社会主义文化理论体系的良好开端，而且更在于形成理论焦点和社会凝聚力，从而在更大范围内吸引人才、汇聚智慧、形成合力，使中国特色社会主义文化理论体系研究在社会主义文化新高潮中更加成就卓著。

（原载《人民日报》2008 年 6 月 12 日）

文化创新理论的学术梳理

韩永进的《新的文化自觉》(文化艺术出版社出版)一书作为"马克思主义文化理论中国化研究"课题的第一项研究成果,不仅向社会显示了文化建设重大工程项目的追求主旨和学术姿态,而且也表明作者对问题的长期关注、对事态的深入思考、对资料的细心收集。单从作者对精心编序的"资料卡片"以及这些卡片之间的背景时间表和意义路线图来看,如果不是下过一番真功夫和苦功夫,如果不是对中国文化建设的责任感和使命感,如果不是把马克思主义当作科学而非教条甚至机会主义符码,那么就一定不会像现在这样井然有序并且丝丝入扣。

正如本书所论,我们决不能认为马克思主义文化理论中国化就是摆放在那里而且耳熟能详的一系列概念、命题和不同的文化问题陈述方式,恰恰相反,马克思主义文化理论中国化是一个深刻而漫长的历史过程,在这一历史过程中,体验过社会主义进程中诸多事关国计民生的文化矛盾,遭遇过社会转型使其不可回避的历史阵痛和考验,由此才一步步深化对于文化矛盾的理解,凝聚更多文化建设的智慧,提出更加丰富的回答中国当代文化问题的思想口号,也就是说,马克思主义文化理论中国化有其内在的历史意义演绎,而对于这种演绎的所有外在化语言形态,都必须进行时间生成律制约下的时序定位和境遇嵌合,否则就会作庸俗主义或者表面主义的理解,就不能准确把握马克思主义文化理论中国化及其所有创新成果形态对整个当代中国文化史的深刻影响和坐标价值。

进一步的梳理还在于,诸如"文化软实力论""和谐文化论""文化权益论""先进文化论""三贴近论"等基本范畴,或者"公共文化服务体系"和"文化产业"发展中的诸多战略性主张,它们除了进程时间维系外,还有较为复杂的意义结构层面的逻辑关系,而且逻辑维系较之时间维系更容易造成运用实践中的理解模糊,导致范畴和主张的创新性在误读中的意义减值甚至学理性缺位，所以，对于我们研究马克思主义文化理论中国化及其成果形态来说，有效厘清意义的逻辑结构关系，洞察不同命题的问题解读倾向性及其所具有的知识增长点，是使这种研究能够具有科学性和知识性的关键所在。

新的文化自觉既是马克思主义文化理论中国化过程中的一种理论创新要求，也是我们研究马克思主义文化理论中国化及其成果形态时对事态的一种判断。在把文化批判转向文化建设的文化战略转移中，马克思主义文化理论中国化的确取得了理论和实践两个层面长足的进展。这种自觉和进展的直接后果是，一方面使马克思主义文化理论在中国问题境遇和中国知识背景得到知识增长意义上的丰富和发展，另一方面是中国人民在这种发展中得到了更多看得见摸得着的文化实惠。文化自觉大大改善了中国经济持续高速增长中的文化存在状况，使转型中的中国社会更加富于协调性和国民的日常生活质量保障，并且由于中国文化发展战略的整体推进而导致我们在中华文化复兴之路上大踏步迈进。

（原载《人民日报》2008年2月14日）

文化研究与中国境遇

——"有中国特色社会主义文化理论建设丛书"读后

以全国文化系统部分作者为创作主体的"有中国特色社会主义文化理论建设丛书"(宁夏人民出版社出版),依次是:《论有中国特色社会主义文化理论建设》《中国传统艺术的继承和弘扬》《论表演艺术团体体制改革》《企业文化与企业现代化》《文化市场的培育与管理》《农村文化的建设与管理》《少数民族地区文化建设研究》《中国经济特区文化研究》《文化建设与苏区文化传统》《乡镇图书馆建设的实践与理论》。

从八十年代"文化热"席卷中国学界以来,虽然我们在这一领域无疑取得了不可轻视的成果,但除了对异域经典文本的引进似乎无可争议外,大多还停留在所谓"两空"的议论水准。其一是"西倾空谈",即站在西方文化理论语境之外,很投入地进行西方文化理论语词的游戏,非西之西谓之"西倾";其二是"左倾空谈",即对马克思主义意识形态理论非准确性地夸夸其谈,貌似对社会主义文化负责,实则残留着文革极左的遗韵,非"马"之"左"谓之"左倾",小平同志一再批评的教条主义就是这种不良风气。"丛书"在总序中明确指出:"理论是实践经验的总结,从实际出发,对人民群众在实践活动中所积累的经验加以总结,得出符合实际情况的认识,上升为理论,指导新的实践,这就是理论工作的任务",这意味着他们在寻求现实社会效应的"实践—理性"的过程中,最为关注的乃是解读中国境遇以及这一解读的切入点。

农村文化问题通过本丛书的关注而变得更加突出。中国作为一个几千年农业文化背景的农业主体国家,在相当长的历史时期内,农村问题和农民问题都将是社会基本问题,而农业文化矛盾也将是基本社会矛盾之一。《农村文化的建设与管理》一书告诉我们:"不发达地区和老、少、边、山区农村文化仍处于贫困状态，甚至有些地方农民看戏难、看书难、看电影难的问题还得不到解决"，而据文化部1993年统计的权威数字，全国二千一百八十三个县中，尚有四百一十三个县没有图书馆，大规模县级图书馆实际上仍然属于广义城市范畴。这些事实，使我产生两个相关的联想，第一是农村与城市的文化权益公正性问题，意即我们究竟有没有权利在消费着文化高投入的过程中，继续让农民维持文化贫困的不合理现状；第二是中国现代化的远大目标问题，意即如果我们不能完成广大农村的现代文化转型，农业现代化乃至国家现代化究竟有没有可能性。我相信这些写作将会在社会各阶层唤起拥抱乡村的责任感和社会良知。

少数民族问题得到凸现，充分表明丛书构思者对当前中国文化境遇理解的深刻性。在国家即将实施的西部大开发战略中，民族生活方式（他们的历史、宗教信念、文化习俗、审美心理结构、日常文化精神、终极价值观和现实价值原则等）将直接成为实际进程中的决策参照系。为了确保民族地区的可持续发展原则的有效贯彻，文化协同方案也将居于举足轻重的地位。《少数民族地区文化建设研究》认为："中国这个五十六个民族的大家庭能经历数千年的沧桑而浑然一体，靠的是中华民族文化的凝聚力。可以说，少数民族的社会主义文化建设对于增强中华民族的凝聚力功在千秋"，这不仅是一个历史判断，而更是一个现实性和未来指向性判断。

特区文化问题非常富有活力和当下性，作为一个"中国式猜想"，本丛书的顾及表明一种前瞻性的存在。就像"港式文化"较大程度地改变了中国人的日常性一样，"特区文化"实际上更深刻地改变过中国人的内在文化方式，最基本处是"人群分布"，其次如体制文化转换、两性文化均衡性改观、个人价值自律参数和社会调节系统的离位等，一系列的文化原则都因特区的出现而在中国获得重新诠释，并且以强大的冲击波构成对中国社会文化转型的敦促力量。尽管这种冲击主要发生在八十年代中期到九十年代后期，但对民族文化方式和社会文化结构的影响将是久远而意味深长的，虽然世界语境通行的"新移民方式"在这里被表述为"移民会聚"，但其语义指向比较接近。这一课题到目前为止可以说还只是现象罗列，深层次的文化意义和对这些意义的深刻性解读，还有待将来的进一步努力，但是这已经非常难能可贵，可贵处就在于问题本身没有被物化氛围所遮蔽。

（原载《人民日报》2000年2月19日）

文化财政政策研究的命题取向

随着"文化大发展大繁荣"国家文化战略全面提速,随着文化体制改革全面推进和深化,随着公共文化服务体系全面建构和功能运转,财政保障效率性和可持续性等问题更加凸显,公共文化支出规模、目标、运行模式、绩效标杆及其配置性工具设计等问题更加复杂,文化预算编制、审批、执行和监管等制度建设更加迫切,一句话,文化事业与财政支出间的因果关联已经成为制约性结构关系。在此背景下,文化财政政策研究演绎为社会科学版图中一个具有极强现实针对性的应用知识命题,这个命题携带着自我定位的问题域及其知识立场分异的不同学理解读方案,进一步则命题对问题的有效穿越程度将直接影响到政府公共文化服务的正义性与效率性。因此,我们也就有必要在知识实践起点位置,相对清晰地梳理文化财政政策研究的命题取向。

一

中国问题背景的文化财政政策研究,是对中国特色社会主义体制条件下公共文化的财政保障探讨,目的在于深入分析总结国内外公共财政文化支出的经验教训,充分运用现代社会科学乃至自然科学的知识成果以形成科学化、规范化、长效化的文化财政体制机制,努力寻求各种操作性强且实践效果明显的财政支出政策工具及其功能化技术方案,从而最大限度地提高公共财政对公共文化的杠杆支撑作用,为保障公民基本文化权益乃至推进中华民族文化复兴提供稳固的制度支持。

科学化、规范化、长效化的文化财政体制机制,对中国特色社会主义文化建设的可持续性须臾不可或缺。在我国还将长期处于社会主义初级阶段的历史条件下,无限扩大公共财政的文化投入既不现实也无能为力,因而也就迫使我们更有效地对有限财政资源进行合理的支出配置,更何况即使支出水平未来获得大幅度的提升,也依然要在公平性和效率性的绩效标杆约束下形成合法化支出方案。一当文化财政政策充分显示其正义性和效率性调控能力,则无论是公共文化设施的规划、建设、运行和维护,还是公共文化服务的范围、义项、功能和绩效;无论是着力建构民族文化精神支柱,还是着力营造大众文化娱乐氛围;无论是逆向性文化遗产记忆传承,还是跨域性文化交往国际合作,就都能在预算规则的呵护中循序渐进地进行,进而也就能以稳定的财政保障支撑文化大发展大繁荣宏伟目标的可预期实现。

问题的关键在于,一种具有杠杆支撑功能的文化财政体制,其现实建构依赖于一系列有效政策工具的无缝隙链接。诸如公共文化支出的零基预算方法、绩效预算方法、成本价格预算方法等,就以不同的存在形态共同作用于特定文化预算目标,就以不同的存在形态共同实现其预算政策工具的功能完形,并共同诉求着以程序合法为体制核心的文化预算制度结构、以测值精准为技术核心的文化预算评价方式和以执行充分为绩效核心的文化预算评价方式,由此我们才能获得文化预算工具的体制张力,所以,必须从一开始就能形成可操作性的工具设计效果和工具功能谱系,从一开始就自觉进行具有现实针对性和问题穿越性的学理研究和工具设计,否则就不可能在制度理性与技术理性合谋中寻找到有效政策工具。在复杂的公共财政文化支出谱系中,值得我们关注的远不止于文化预算一项,解决支出矛盾和理顺支出结构有待更多的政策工具功能显现,因而所谓有效政策工具的无缝隙链接,乃是远远超出文化预算手段的工具集合空间及其隐显不一的内外制度接口。唯其如此,我们才有可能在科学发展观引领下,努力实现政府文化行政作为中公平文化治理与效率文化治理的有机统一。

进一步的追问还在于,即使我们找到了一批这样的工具并且最大限度地实现其功能链接,但对于幅员辽阔而且发展极不平衡的转型中国而言,其功能嵌位和政策复杂指涉的适应性等都会遇到严峻的现实挑战。例如,近些年普遍推行的专项支出扩张模式,由于缺乏经常性支出转移支付的政策安排,所以也就不仅降低了各种文化专项支出的政策工具效率,而且还大大降低了层级文化行政的政策响应热情和政策调控能力,而这也就要求我们必须深入研究中央财政文化支出转移支付中经常性安排与专项安排的动态结构关系，测算出更有普遍执行力的稳态支付效果的科学比例，从而提高公共财政文化支出的政策适应性与支出有效性。

二

从学理定位角度而言，文化财政政策研究既不属于种属学科概念也不限定在层级学科领域，而是对特定对象空间和问题领域的知识聚焦，目的在于获得理论层面学术解读和实践层面对策设计，由此形成不同知识身份共同介入的叠合问题空间及其关联性问题拟置。知识叙事形态具有极为明显的现实针对性、问题复合性、学科交叉性和所议前沿性。既代表了公共财政对文化事业的深层使命思考，亦代表了文化事业对政府公共支出的全面责任诉求。

就逻辑起点而言，文化财政政策研究的知识合法性来源于公共财政事业与公共文化事业的叠合问题空间与结构对位效应，来源于经济理性与文化理性对叠合问题空间的共同焦虑，来源于共同焦虑后果的知识解读路线和对策处置方案，来源于解读路线和处置方案的认同、分异及其相关各方的意志博弈，来源于制度理性和技术理性融汇合谋中正义目标与效率目标的社会诉求。因此，文化财政政策研究是冷静理性的社会科学探索行为，一切涉身者都应该具有面对真理的勇气、面对社会的责任、面对科学的准入条件以及面对良知的道德底线，必须坚决摒弃应声虫作风、喊大街语调和私人写作方式，从而最大限度地追求普遍知识和公共文化利益旨趣，并最大限度地使我们的研究成果有益于"让人民共享文化发展成果"。

就历史起点而言，从公共财政制度诞生的那一天起，它就必然包含力度不等的文化支出，因而也就必然产生与制度输出相匹配的文化支出政策安排和知识反应后果的文化财政政策研究。由于成熟的公共财政制度与现代政府形态相辅相成，又由于世界各国现代政府形态的形成和识别都存在着非常大的时间定位差异，固而寻找到文化财政政策研究的精确时点就变得十分困难。站在我们的现实立场，更具参照的关注坐标无疑是改革开放的历史和中国特色社会主义建设的自觉史，因为中国问题背景的文化财政政策研究，无论是知识萌芽还是知识合法性认同基础上的丰富成果，都是与这样的时域定位紧密联系在一起的。改革开放和中国特色社会主义建设不仅推动了文化财政政策研究的形成和深入，而且在服务性政府转型和"四位一体"协调发展的道路上对文化财政政策研究提出了更高要求和更加急切的期待，这实际上也就意味着将有一大批涉身者热情投入到文化财政政策研究行列中来，议题本身将会在中国事态条件下迎来其厚重知识积累时期。

处在这一特定时期的中国文化财政政策研究，一定会在多个维度显示其理论穿透力和实践张力。首先是现实针对性使相关各方从自发走向自觉，从随机处置走向系统谋划，从权力运作走向科学安排，从而达到行政能力与行政效率的统一、政策权威性与政策合理性的统一、预算标杆与绩效测值的统一、中央财政转移支付与地方财政配套安排的统一、文化建设可持续性与财政保障稳定性的统一，形成文化大发展大繁荣中"看得见、测得准、握得牢、走得稳"的良好态势。其次是问题复合性使纠缠不清的"呆账""乱账""欠账"甚至"账中账"获得超越模糊数学原则的清理，公共财政的文化支出在台阶跃升中从静止僵化走向动态激活、从部门线性关系走向全局弹性结构、从被动的微观补偿走向主动的宏观调控，从而达到顶层制度输出与基层政策响应的统一、财政部门积极性与文化部门积极性的统一、政府文化支出透明与社会监管评价清晰的统一，形成阳光财政尤其是阳光文化预算常态化、程序化和规范化的健康格局。其三是学科交叉性使知识自在走向知识自为、从学理描述走向智慧聚集、从文本传统走向新知增长，从而达到制度设计中制度理性与技术理性的统一、事态揭敝中本体性进入与相关性进入的统一、知识进展中元始建基与符号拼贴的统一、在场交往中多样化身份介入与临时身份限定的统一，形成知识经验与经验知识双向互动并推动边际增长效应的知识景观。

作为公共文化政策研究界面新的知识增长极，文化财政政策研究的所议几乎全部置身于前沿性话题状态，无论言说还是倾听，都将在话题诱引中经历由少数人闲谈到社会化热议的演变过程，一旦社会化热议发展至今日的CPI举国关注的地步，则中国特色社会主义条件下科学而规范的文化财政制度框架就指日可待。

三

作为实践理性层面的文化财政政策研究，无疑是以知识支持方式对文化财政政策本体的功能编序、义项配置、框架建构、适应性修复、评价系测准乃至信息预测与反馈等进行背景支撑，因而仍然只能是文化财政政策功能实现进程中各种博弈力量的一个影响因子，即便它是从前被政策本体持有者漠视但如今颇受青睐的重要影响因子。因此，这一研究行为理所当然属于公共知识领域，一切社会成员都与文化事业从业者一样拥有共同的权利和义务，任何将文化财政政策研究限制在顶层设计当事人狭小圈子的想法和做法无不是作茧自缚之举。可以想象，对于社会化知识行动的文化财政政策研究而言，将至少在如下4个方面大范围聚集研究成果。

其一，调查研究成果聚集。无论命题涉身者携带何种知识身份，在其介入文化财政政策研究之际，都必须全身心深入基层，深入公共文化服务实际，深入群众文化生活和各级各类文化机构运行进程，大量获取文化财政政策研究迫切需要的第一手材料，在关注文化事业、关切基本文化权益和关心文化民情、文化民意中提高对公共财政文化支出规模、结构、方式、程序和绩效等的深度认识，在不同议事层级形成指涉力匹配的专题研究报告、专项研究报告乃至总体情况分析，形成民智融汇并深刻反映人民群众文化意愿的财政支撑建议、对策和改革导向意见，形成对已然事态的评价和对或然事态的研判，最大限度地提高文化财政政策研究的问题真实性、指涉现实性和影响社会性。

其二，比较研究成果聚集。在现代政府建构之途，各国人民选择了各自适应性强的功能框架，由此形成不同的治理目标及其治理方式。尽管方式各异，但在集合状态下能梳理切分出一些功能趋近的基本模式，例如所谓"北欧模式"（The Nordic Model），其文化财政基本理念就是纳入"福利支出"的列支框架，由此也就有与之一致的文化预算原则、文化支出计量和文化财政绩效评测方法等，并且所有这些都与北美"消费补贴"理念下的文化财政政策义项和功能实现方式相去殊远。因此，我们就有必要站在国际视野下，从不同的比较关系中寻找文化财政政策的成功经验与失败教训，总结每一种模式的存在个性、体制优势和工具先进性，最终在中国问题立场和中国轴心结构中获得比较研究成果，最大限度地为中国特色社会主义文化财政政策建构和文化预算全面推进寻找全球性知识资源。

其三，设计研究成果聚集。对中国文化财政政策系统建构而言，当前所急切呼唤的，就是诸如体制设计、机制设计、工具设计、标杆设计、模型设计以及时间表与路线图设计等。设计的困境在于，要么因袭计划经济模式遗存的已有老路，要么就在市场经济治理框架下对文化政策进行简单的并轨比附，其结果往往是既与经济规律相冲突亦与文化规律相摩擦，操作层面到处可见两头不靠谱的尴尬。走出困境的出路在于，汇聚民智，吸引各种知识背景和知识身份进入设计现场，建立开放性的文化财政政策公共设计研究空间，最大限度地烘托从宏观设计到微观设计方案叠出各逞其能的文化财政政策研究创新氛围。

其四，基础研究成果汇集。就像忽视应用研究就会断送文化政策研究的生命，忽视基础研究同样会让文化政策研究成为没有尺度和价值参照的以贸易货，成为知识返祖的本能行为。宏大背景的基础理论之所以在具议命题背景仍然十分重要，不仅在于宏议与具议之间存在着深刻知识深化和理论精密化的意义拓值，而且还在于文化财政的叠合问题空间存在着单一学科理论本体非完全覆盖的存在性追问元始，所以我们要想在文化财政政策系统建构中的想法、做法和技术化拟置方案有效，首先就得确保其符合道理，尤其是符合大道理，而此议最先照面的大道理就在于那些存在性追问元始，就在于系统深入地对文化财政的叠合问题空间进行基础理论研究，最大限度地确保文化财政政策内置谱系的知识合法性。

四

对文化财政政策命题拟设而言，无论选择何种知识路线或学术方案，无论以什么样的背景身份进入叙议现场，无论是致力于顶层制度设计还是致力于基层政策工具功能激活，归结起来，不过是以博弈状态集合性回答4个基本问题，那就是：什么是文化财政政策？为什么要拟设文化财政政策研究命题？中国的文化财政政策曾经是、现在是和将来应该是的存在状态何在？围绕这些存在状态应该有、必须有或可能有的技术方案何为？

文化财政政策是公共财政文化事业支出政策的简称，作为公共财政政策的一个有机组成部分，由于文化事业支出牵系要素的特殊性、复杂性和诸多不确定性，同时也由于文化事业间接受到意义、价值和精神等形而上终极性维度的内在制约与影响，所以其公共支出的正义性诉求和效率性诉求就有与其他支出范围不相一致的地方，进而也就能够形成相对稳定同时也相对独立的系统边际给定。从这个意义上说，字面意义地回答什么是文化财政政策并不困难，困难的是按照学理逻辑清晰地描述这一边际系统的内置义项和知识谱系，而且尤为困难的是如何在一种有效而规范的预算制度下确立财政对文化事业支出的基本原则、基本尺度、基本测算模型、基本操作程序和基本政策工具等。其中的复杂性、纠结性甚至利益冲突性，将长久而且深层次地拷问命题拟置者和议题涉身者，并且最终决定着这一命题的未来命运。

拟设文化财政政策研究命题，目的在于解决文化建设和文化事业发展中财政保障不相适应的现实矛盾，在于从科学而规范的政策系统建构层面寻找文化大发展大繁荣的可持续性支撑杠杆，在于从诸如社会学、管理学、统计学、艺术学、文化人类学、系统科学等一大批不同层级知识领域中吸纳化解这些矛盾的智慧养分，在于努力促使公共问题政府治理的公权化、透明化和社会化，在于追求每一分花在文化事业上的钱务求必须、有效、公平正义和符合人民心声的理想境界。要想回答清楚这些问题，单凭态度、立场、热情远远不够，还得有大量的学理探索和技术跟进，就如同给定博物馆免费开放政策必须以支出计量中云计算过程和探索性数据分析为前提条件一般，所以要动员更多的专家进入现场，对更多的知识背景进行以问题针对性为纽带的技术链接，对核心问题、基本问题和相关性问题进行全面系统的研究。

"何在"之议不可能抵达时间、空间和事态的全称覆盖，即便如此，站在科学研究和知识行动的立场，我们仍然要以全部热情投身于对文化财政政策曾经是、现在是和将来应该是的存在状态作无限追问，并且努力使这些追问发生在细节处、遮蔽处和模糊处，从而使命题域内的研判和规划背景清晰、情况透明、资料详实、定位精准。文化自觉从哪里来，说到底就是从无限追问中来，从对于经验与教训、有效与无效、积极主动与消极被动、模糊治理与清晰治理、权力意志与科学安排等一系列对称范畴的系统总结中来，只有历时性地清晰回答出文化财政政策从哪里来到哪里去以及现在在哪里，才能最终寻找到中国特色社会主义文化建设中文化财政政策的康庄坦途。

"何为"之议不可能抵达制度、工具和技术方案的非穷尽性呈现，即便如此，为了让人民群众更好地从文化财政政策的功能实现中得到优质文化服务和更多公共文化利益，我们仍然要以须臾不可懈怠的求索精神投身于文化财政政策应该有、必须有或可能有的技术方案论证设计中去，并且努力使这些论证设计标杆清晰、功能配套、测值精准、适应性强且具有可操作性。可以想象，如果我们的文化财政政策研究停留在宣传化、口号化甚至"大词化"，如果所有的论证设计技术方案都是简易阅读的讲话体、公文体甚至海报体，如果我们的研究成果只是表达的深度秀而不是解决问题的深刻有效，那么所谓文化财政政策研究的命题创新就不过是知识现场又一次游戏化的语言狂欢，而不无可悲的是，我们实际上常常在这样的语言狂欢中沉溺和陶醉。文化自信不是盲目自信，是我们认识规律、尊重规律并且驾驭规律之后的理性升华，是前提条件充分满足之后的逻辑推论结果，而这一切又都取决于究竟能不能以实证态度给定条件并且进入规律依托之上的自由境界，具体到文化财政政策系统建构而言，这样的自信有待一切当事人和涉身者兢兢业业并且长期不懈的理论开掘和实践探索。

文化财政政策研究命题召唤和国家文化财政政策研究基地的设立，只不过是问题进入的开始，关键在于后续知识行动及这些行动的实践张力。但是我们坚信，只要我们在科学发展观的引领下求真务实、勇于探索、理论联系实际，就一定能使我们的研究有益于公共文化服务体系建设，有益于公民基本文化权益保障，有益于中国特色社会主义文化财政政策系统建构，有益于让人民共享文化发展成果。

表1:"十一五"以来文化事业费总量和增长速度

年份	文化事业费（亿元）	增长速度（%）
2006年	158.03	18.1
2007年	198.96	25.9
2008年	248.04	24.7
2009年	292.32	17.9

表2:"十一五"以来文化事业费分区域投入情况

		2006年	2007年	2008年	2009年	"十一五"前四年
总量（亿元）	全国	158.03	198.96	248.04	292.32	897.35
	西部地区	34.30	42.70	58.76	70.15	205.91
	中东部地区	123.73	156.26	189.28	222.17	691.44
增长速度（%）	全国	18.1	25.9	24.7	17.9	21.6
	西部地区	22.1	24.5	37.6	19.4	25.7
	中东部地区	17.0	26.3	21.1	17.4	20.4
比重（%）	全国	100.0	100.0	100.0	100.0	100.0
	西部地区	21.7	21.5	23.7	24.0	22.9
	中东部地区	78.3	78.5	76.3	76.0	77.1

表3:"十一五"以来文化事业费分农村和城市投入情况

		2006年	2007年	2008年	2009年	"十一五"前四年
总量（亿元）	全国	158.03	198.96	248.04	292.32	897.35
	农村投入	44.60	56.13	66.59	86.03	253.35
	城市投入	113.43	142.83	181.45	206.29	644.00
增长速度（%）	全国	18.1	25.9	24.7	17.9	21.6
	农村投入	24.9	25.9	18.6	29.2	24.6
	城市投入	15.6	25.9	27.0	13.7	20.4

续表

		2006年	2007年	2008年	2009年	"十一五"前四年
比重（%）	全国	100.0	100.0	100.0	100.0	100.0
	农村投入	28.2	28.2	26.8	29.4	28.2
	城市投入	71.8	71.8	73.2	70.6	71.8

（数据来源：据2011年1月文化部财务司发布的《"十一五"以来我国文化事业费投入情况分析》）

（原载《中国文化报》2011年8月19日）

在文化制度创新中建构预算规范

随着文化体制改革的逐步深化,一系列呼唤文化制度创新的体制诉求更加强烈,寻找新形势下消解文化矛盾与提高公共文化服务水平的任务,已经成为考验我们文化自觉水平以及文化执政能力的现实压力。为此,我们必须全方位推进社会主义文化制度建设,在制度创新中有效解决公平正义和效率问题,从而为文化大发展大繁荣提供更加有力的制度条件。其中,建构适合中国国情的文化预算制,在文化建设中逐步实现预算规范,就是迫在眉睫的有效措施之一。

之所以如此,是因为在目前的体制条件下,存在着公共文化财政支出的诸多结构性矛盾,这些矛盾在非规范性预算中具体体现为:

一、支出的非预算性,也就是预算不能实现对公共文化支出的完全覆盖,大量的预算外文化支出被权力操作所钳制,进而也就会以不同的表现形态解构公共文化支出的公正性、秩序性和规范性。

二、执行的非清晰性,一方面呈现为执行主体的身份模糊,预算主体与执行主体不能在制度安排上获得清晰识别;另一方面呈现为执行程序的配置模糊,预算执行在文化行政架构本身缺乏规范的体制程序和监管维度。

三、程序的非约束性,包括缺乏稳定的程序设计、连动的介入环节以及透明的执行公开。总而言之,如果这样的被动局面不能得到扭转,那么公共文化建设的公正性和效率性就不能实现,满足人民群众日益增长的文化需要也就困难重重。

与此相反,一旦预算规范的制度建构得以实现,那么就会在公共文化支出中充分体现其预算的广度和深度。其努力的要点在于:以程序合法为体制核心的文化预算制度结构,以测值精准为技术核心的文化预算操作路线,以执行充分为绩效核心的文化预算评价方式。

就制度结构而言，其所强调的是在平行方向和垂直方向的功能链接中，各接口机构既表现出对年度预算目标的意志博弈，同时也表现出对该目标的最终积极认同，从而使所有相关机构既充分表达了对分工位置立场和视点的最大尊重，同时也能够确保这些分工位置立场和试点不致陷入单位利益和其他形形色色利益共同体的泥潭。这样，也就最大限度地调动了预算所带来的介入要素积极性。文化预算制度结构所追求的体制效果，就是努力使所有的文化预算环节都能在合法化的制度安排下，组成一个完整功能序列的程序框架。

就操作路线而言，其重心在于回答技术支撑何以在条件性满足中为制度目标提供操作方案。这意味着只有从制度设计开始就自觉地寻找到一整套去意识化或者去情绪化的运作方案，才有可能确保操作路线与制度目标的一致性及其自在延展的功能稳定性。同时也意味着只有使文化预算的涉身者，以较为成熟的技术姿态介入不同基本环节和具体细节，才能确保年度预算的注入基本目标、基本数据、基本换算以及基本信息等，切实转化到操作程序中去并获得功能指会意义。

就评价方式而言，显然是一种逆向效果跟踪的政策思路，其要旨在于，最大限度地防止文化预算成为约束力不强或执行力得不到保障的体制内程序游戏。评价以执行充分为要点，涉及到执行强度、执行效率、执行稳定性三个关键的义项。执行强度遇到的体制挑战将会最大，因为这一义项所涉及到的诸如预算执行力、预算执行幅度、预算执行排他性以及预算执行中的问责机制等，几乎每一项具体功能诉求都会遭遇体制障碍。执行效率在充分的文化预算命题中具有核心价值。因为这一义项分置所涉及的，将不仅是对政府文化治理成本的测度，而且更是对公共文化投入绩效后果的评价参照。从某种意义上说，任何不计公共文化服务成本的文化治理理念，都是不负责任的非公共性利益取向、非普惠性的价值态度以及非持续性的管理模式。这意味着在政府公共文化支出中，对国家及纳税人负责的态度，就是必须细密地计算成本价格并将总量支出牢牢控制在理性的成本限度之内，否则就会根本颠覆文化预算的执行效率。执行稳定性则属于附加条件拟设，其思路主要包括政策目标稳定性、项目标准稳定性和检测频率稳定性。

一旦规范化的文化预算制度满足了如上的体制条件，那么其制度功能就能获得充分的实践张力，就能以强有力的制度力量形态源源不断地为社会主义文化建设提供驱动能量。当然，所有这一切都体现为技术性的思考，这些思考要想真正成为制度性现实，则必须从制度理性的角度给予充实和升华，有待于完整的立法成果来予以现实支撑。

（原载《人民政协报》2011年8月8日）

第二编

文坛琐事札记

文学圈子与圈子文学

形成文学圈子，可能是再自然不过的事情。"巴黎沙龙"的神秘诱惑，其实只不过是文学圈子的极端状态而已。

圈子的形成，志趣可谓关键，即：走到一起的大都是志同道合者。走到一起之后，或则文宗八代，或则诗趋三百。在当今，更有豪侃的话题，诸如诗情之求取、叙事的策略、轰动效应的夸张，如此等等。

各地都有各地的文学圈子，而且一地未必只有一个两个。同一个圈子的同志聚集到一起，把文学的话题反反复复说了几遍之后，热情和兴趣往往就会有所转移，而渐渐转到纯粹的文学中心话题之外，转到世事百态，儿女情长。于是，就有把酒言欢之乐，开怀叙友之幸。当文学被别人挤到边缘的时候，文学圈子或许会是人格自尊的庇护所，或许是远离俗世杂念的精神家园，或许干脆就是老婆或丈夫没完没了埋怨呵责之无奈后的一种自由放逐。总之，有文学圈子比没有要好。

但是，凡事皆不可一概而论，一概而论即谓之极端。文学圈子圈得久了，也会滋生狭隘，滋生自我错觉和自我膨胀，大家会在彼此"关照""相帮""抬举"之吾尔奉迎中，渐渐变成追求文外利益的文学策略主义者。于是，我们就可以看到斜风中飘动着的面面"旗帜"，听到那温情小屋里不时传出来的"声称"和"口号"，并且知道某某又在鼓吹同类，某某则在鼓吹同类的时候不失时机地作自我鼓吹。事情发展到这一步，文学圈子则已经陷入到了圈子文学。

当代的圈子文学，切不可与传统形态的流派文学作等量观。两者之间有天壤之别，而究其百条十条之要，乃在于前者追求的是"文学一番"之后的利益，而后者则完全倾情于文学过程之本身。所谓"文学一番"之后，在我们这个时代，那真是妙不可言，玩味不尽，与别的行当之"政治一番""经济一番"绝对是一股道上跑的车。无论是作家还是批评家，他们在以圈子的力量支撑着进入玩纸牌者的角色时，效果必然比个体的硬性加入要强烈得多。我们可以举一个不太文雅的例子，那就是各地火车站广场随处可见的"赌扑克牌"玩法，总是配合的人越多成果越显著，如果一个人单枪匹马去"玩"，恐怕就只有既赔夫人又折兵一条路了。

所以，如今的文坛，越来越没有普遍性或客观性可言。人们想进入文学批评和文学创作，总得先投靠这样或那样的圈子，依附于各地大大小小的"大师""巨人""名家""闻士"们的大纛之下。何以我们如今到处都见"卖狗皮膏药"和"骂娘"？好像文坛到处都在"打仗"，又好像文坛天天都在出"大师"？一个很重要的原因，就是到处都在策划圈子文学，策划自己的文学利益。

那么，如此策划下去，我们的文学岂不要"哎呀呀"呜呼哀哉了么？对此，我是不以为然的，即"哎呀呀"必不可免，而"呜呼哀哉"倒未必见得。鲁迅先生曾经有言，捣鬼有术，有效，然而亦很有限。何以会"很有限"？按照埃及批评家"筛式批评"之创见，那便是社会始终会有价值淘汰机制，当文学策略主义者们扩张了个人或小团体的利益空间之后，其社会生存空间的三维体积亦相应会萎缩。这意味着他们将会变成砂粒，尽管在筛面上也会虚荣一些时日，实惠那么几项，但最终总会被无情地淘汰的。很多名噪一时的所谓"名人"之所以会"失落"、"虚脱"和"接受不了"，原因就在于他们在无限"夸张"的时候，便已为自己掘下了坟墓。所以，对一个健全的社会来说，"呜呼哀哉"的，将只是某个人或某个圈子，而绝不可能是文学本身。

从文学圈子到圈子文学，这其中有魅力，有正面效应，有其不可替代的人生之恋，然而亦有陷阱，有危机，有聪明反被聪明误的历史法则。其关键在"度"，在于我们的自我把握，在于我们个人究竟想选择一种怎样面对历史和遭遇现世的生存状态。

不知道正在"热火"中的圈子大师们，是否愿意同我们这些入不了"圈"的普通人一道，来思考这个话题，或者说思考真诚的中国文学。

（原载《南方日报》）

文学写作的"可能性"及其他

"可能性"研究，在法兰克福学派那里已经有所重视，并且具体落实到作家的"能为"、文学的"能为"、民族乃至人类的"能为"上来。中国有句成语，叫作"自知之明"。其中就蕴含有可能性关注的要义。作家写作品，要写什么样的作品，写何种价值层次的作品，得先扪心自问：究竟有多大的可能？

我们的文艺理论，从教科书到专家论著，其实都是"必然性"研究的产物，满满地写着"应该……"，"只要……"。所有的立论都吻合着静态的逻辑法则，所以也就"如此如此"或"这般这般"。竟然就没有人去追问，这些设定真理的根据到底在哪里？由于没有追问和怀疑，文学创作从来就是与"努力"、"发奋"、"追求"这样一些关键词连接着，事实上还迈步在"人有多大胆，地有多高产"的路子上。其结果是，不少缺乏写作准备和文化积累的一批批文学青年，挤到不停行驶的"作家"专列上来，再结果就是全国各地有不少滥竽充数的文学期刊和作家组织，就是成群结队的作家从作协秘书长握着的大印下哗啦啦地流淌出来。那么，再结果呢？

闲来读报，知道某作家又要揽大活，某作家要写划时代的巨著了……时时有类似的消息袭来。如果没记错的话，从"文革"结束到今天，声称要赶超《红楼梦》的已经有好几回了，评论家宣告作品已经"划了时代"的，也有了好几回。这些声音，以错觉的形态使文化主管机构的决策者们为之激动和亢奋，于是就有随之而来的"奖励"或"激励"措施。这些措施其实皆从F·W·泰罗模式那里移植而来。杜拉克曾经称赞这样做的人都是"有效的管理者"。

一些中国文学的"有效的管理者"们，因此而兴致勃勃地实施文学创作的"丰收计划"，建立"试验田"，贯彻"重赏之下，必有勇夫"的策略。于是，我们就欣喜地见到了报端公布出来的、那些在大白天也让人吓一大跳的优秀作品选题,甚至长篇小说运动也在读者公众未及经意之间潮起潮落。勇夫自然会有。秦皇汉武,唐宗宋祖,只要有长生不老的念头,天下就有炼丹术士携秘招绝技蜂拥而至,何况这区区文学制作的雕虫小技?只可惜"勇夫"虽勇,终究解决不了问题。当十亿内地读者连武侠小说也只读香港金庸的时候,"丰收计划"就不得不重蹈"大跃进"全民炼钢的覆辙。

管理者们的行为显然无可厚非。问题还出在作家个人身上。一个作家的创作"能力",是属于他自己的"可能性"背景结构支撑和制约的,而且每个人的"可能性"总会不同。当作家个人选定自己的创作计划和目标时,得按俗话说的去做,"多大的脚穿多大的鞋",严格限制在"允许程度"之内。"允许程度"不是外界的语境压力,而是自身的生存约束力——作家自在而且自为地权衡和盘算后的自我约束。如果谁想超越自我可能性的极限值,那么,不管其动机如何,结果都是一样,那就是对文学有所伤害。可叹的正是这种文学的耕耘者正在使文学陷于窘境。

看样子,"可能性自省"得作为一个问题来研究,我们得研究出一整套测定创作可能性的"规则"和"尺度",找出"可能性结构"中的定量元素与度量元素。比这些更重要的是,我们必须培养作家们的可能性意识,既懂得如何去规范自己的当下行为,又懂得如何去拓展自己创作的"可能界面",从而使自己的创作轨迹呈现动态发展的趋势,而且整个发展态势都在"客观性原则"的制约之下。否则,就会孕育"泡沫文学"——景观固然很美丽,却终究经受不住历史风雨的吹打。

这个道理,现今被霍克海默、哈贝马斯和阿尔多诺者流讲得烂熟。其实,中国古代的先贤们又何尝没有想到?袁随园训导弟子:太白不可学而杜工部可学,原因在于"悟"之不可"能";而李合肥竟告诫其后嗣:杜工部尔等亦不可学,却别人可学,原因在于"力"之不可"能"。胡应麟聚精会神地研究"才、胆、识、力",要求作者务必以此四把标尺去权衡和规导自己的"写作能为"和"写作所为",其实也都是一个"可能性"的范畴话题。只是这些年,客观性态度被吹牛皮情绪吹得无影无踪。所以,才很少有作家去管什么才呀胆呀识呀力呀之类的玩艺,就像鲁迅先生所说的那样:"抢得天下便是王,抢不到天下便是贼。"因此到处就都有文学"草头王",到处都有一哄而上拚命去抢的"文学土匪"。这当然是顺着鲁迅先生的话去讲。

所以，如今的文学，在文学圈外看来几乎什么都不是，按照理论家的书面语称做"边缘退处"，于此情势之下，一些人要重整旗鼓重建"中心"价值地位，一些人则自视清高似乎想谋取历史评估的"退隐神秘"。两者其实都是野心，都流露着深层的不甘心情绪。然而，照如今这样的"搞"法，可能吗？

（原载《南方日报》1996 年 11 月 20 日）

从作家想杀岳飞谈起

中国当代文学在读者面前的尴尬，近些年来已经到了被人懒得谈起的地步。对于作家为读者所抛弃的缘由，由主观到客观，由政治到经济，由文化到遗传，我写了一系列的文章，然而拢起来一看，却大多是隔靴搔痒之论，真可谓以其昏昏使人昭昭。不过今夜看了一段电视节目，茅塞顿开，一下子可以离开那些玩腻了的"词儿"，把个中的道理给老百姓讲个明白。

四川电视台放了一段知识竞赛节目，一边是所谓"红星队"，另一方则是所谓"名家队"。名家队组成人员有三，主持人说都是某省城有影响的人物，分别为作家音乐家和制片人。在回答岳飞是否可以避免遭受杀身之祸这道题时，我清晰地听到那位女作家站起来说，岳飞真是该杀。理由呢？她说一个大臣应该帮助皇帝守家卫国，不应该跑去挑起战争，跑去"平定中原"，站在世界的角度看，和平与和谈才是应该的态度。千万别给这位作家扣帽子，因为如此则未免有无聊之嫌。不过话得说清楚，这位作家陈说所犯错误，我想一个合格的高中生是绝对罗列得出来的。

当以普通市民为主体的"红星队"最终以绝对优势击败"名家队"时，我就得到明确的启示，使困扰我数年却又总是说不明白的问题得到了一个答案。这个答案就是，一些中国作家的知识状况，已经明显低于约一亿人口基本阅读能力的平均值，也就是说出现了"文化倒挂"现象。仿佛拥有五六斤水的人，硬要送给有七八斤的人些水喝，喝不喝由你，送不送在我。窘迫的局面于是就出现了，送的人送得一腔热情，辛辛苦苦，到头来却连一声感谢的回报都得不到，岂不是咄咄怪事。

我这样说是不是想犯众怒，平白无故地剥夺作家们的写作权利呢，当然不敢。我想，我们这个社会，已经给了作家们的政治和道德权利，也号召由工农兵写工农兵，培养业余写作力量，如此等等。但是，这并不是写作权利的全部，更大程度上还得依靠知识权利和文化背景权利，否则你仍然无权写作。作者必须有与读者的对话能力，方能赋予主人公以一些"说法"，由此构筑起文本的对话结构。所以假如我们真的要像学者们那样较起真来，只怕有些作家们还真的应该自动放弃写作权利，至少想杀岳飞或者与此仿佛的作家们必须如此。

在中国作家的诸多不足中，以知识准备和文化背景的不足为最。这些年来，我也在作家圈里凑热闹折腾了一些日子，弄得你啼笑皆非的事情"装也装不完"。但他们仍然顽强地写作着，这一点，既让人们不得不打心眼里佩服，又不得不打心眼里为之感到凡丝凄凉。古人扯蛋，劝人去"何意百炼钢，化为绕指柔"，这哪里是硬来就能成的好事，要不世界上的标准就只有一个"倔"劲。中国当代文学"倔"了这么些日子，怎么样，还是年年都有"想杀岳飞"的作品冒出来。

"想杀岳飞"当然只是个案现象，问题恰恰在于，它又可以作通理引申，不杀岳飞杀别人，总之在知识盲区里，或者在文化荒凉地带，什么样的人都有，什么样的事情都干得出来。幸运的是，如今的读者和观众，已非昨日之追"星"盲流，他们不愿参与这种强盗行径般的谋杀。如果说这不过是游戏之为，那你们作家自己玩去，玩自娱之玩。作家们若要问，那你们玩什么或者说到哪里玩去呢？读者们说，到你们没玩过的地方玩你们玩不来的东西。

（原载《南方日报》）

我们与读者：谁抛弃了谁？

我们这些吃批评饭的，如今真的很窘迫，要么是到了垓下之围，要么是不得不黯然神伤。

不管句子写得通还是不通，只要从作协里得到了作家的名号，就会态度蛮横地告诉世人，什么批评家不批评家的，跟创作有何干系，该说啥说啥去，才不理那一套呢。作家尚且如此，局外的大众自然更加冷漠一筹，这年头连看电视的空都没有，哪有闲暇与批评家一道去论斤称两，没有作家地球转得更欢，何况云里雾里的操刀者。于是，文学批评就成了一种孤独的旅行，孤芳自赏，文绉绉地说成是批评的独立系统或判断的超前意识，其实就是三个一群五个一伙的圈内人，你说给我听或者我说给你听，有时互相之间也还听不懂，盖因外国进口的概念不是同一个产地，所以也就常常有些争论。

起先，读者的范围是很广泛的，批评的文字，往往被社会公众引以为权衡作家作品的尺度。但是作家们越来越不符合公众的要求，人们宁愿去读多少年前的"三国"或"红楼"，读很远很远的别人的故事诸如马尔克斯或者劳伦斯，也不愿读当代作家干炖之后的当代生活。落木之灾，殃及禽鸟，作品都不要了，还要尺度干什么，批评家们这才意识到了问题的严重。

于是批评家就哄着作家一道策划各种效应，阳谋阴谋一齐出手。刹时间潮起潮落，喧哗叠起。鲁迅先生早就说过，捣鬼有术，也有效，然而亦很有限。策划中皇帝轮流做地各自走红了一阵之后，四肢乏力的末日情绪就已经来到，大众似乎以一种鄙夷的神情，轻轻扫了一眼赚名誉赚稿费的文坛以后，再也不愿理睬作家和批评家们的合伙把戏。这使文学除了性话题之外，就一点诱惑和弹性也没有了。

不过某一天早晨起来，批评家们忽然普遍亢奋起来，在报纸杂志上奔走相告，声称发现了读者。原来有好事者，引黔驴入川，从德国二十多年前的文献里发现了一个康斯坦茨学派，那里面的中坚人物如姚斯和伊瑟尔，还有更早的哲学祖师爷萨特尔和伽达默尔，尽在大谈特谈"读者"，说文学的全部价值就在于读者，除了显态外，还有每部作品中神秘存生的所谓"隐含的读者"。中国历来就处在凡事一窝蜂的历史情境之中，现在忽然发现了一个直接就是读者的奇迹，无疑是汪洋中巧遇一叶救命的扁舟，读者关注就这样成为批评家们的中心话题，真是满纸"读者"言，一把欣喜泪，都云学者痴，不解其中味。

消息传到作家们那里，亦是暗暗地走俏。作家对于批评家们的"读者"玄论和"隐性读者定位"妙言，似懂非懂，若恍若惚。读了几本小册子之后，干脆跑去找来"读者理论"著作中剖析过的成名作家作品，一番揣摩之后，立即东施效颦；模仿人家的"痛苦"，模仿人家的"嬉戏"，模仿人家亦"神经错乱"亦"歇斯底里"的样子，模仿人家"叙事机巧"里那些似通顺又似不通顺的句子，这就是作家们引以为自娱的先锋文学。先锋文学里写的都是中国人的生存状况，不过按照外国人的阅读要求去写，这使得中国读者不能进入，外国读者更无法进入。没有消化的模仿，迫使先锋文学只有先锋的样子，而失却先锋的精神蕴涵和叙事成熟。

然而批评家们不愿意把真相说白，说白了大家都没有好果子吃。急切中，又生一计，给窘困的状态找说法。这就开始埋怨现实的读者，大骂其低俗、崇欲、缺乏文化承载兴趣与能力，号召作家们不要去媚俗和迎合，而要把眼光放到"理想的读者"，格调高雅、知识前卫、观念超前、热爱文学的审美意义上的读者。于是街上买书的读者就划上了"消费者"的成份，几乎成了我们不屑一顾的对象，而在本不存在的设定空间，在哲学家方式的吞云吐雾中，我们欣喜地拥抱到了一个伟大的精神读者。就在我们的拥抱和热恋中，千千万万的读者大众被迫失恋。

公众腻烦了，作家退出与批评家的合伙关系，当然也就是腻烦了。批评家毕竟是批评家，两片利唇，一杆蛮笔，这点风浪算得了什么。危澜中有力挽一族出，先锋批评家一身英姿，毫不客气在向世界宣布，批评话语是批评家自己的言说欲望结果，与别人无关，与无法读懂者更加无关。我们不能不惋惜地对包括作家在内的所有读者说，只好抛弃你们了。抛弃后的结果,当然就是目前众所周知的样子。

批评话语的阅读圈子,正在日渐萎缩,到底是我们抛弃了读者,还是读者抛弃了我们,让上帝去说罢。

(原载《羊城晚报》1995年4月21日)

批评标准与双重原则

刘斯奋同志在《岭南文报》撰文，提出审时度势的新批评标准话题，不乏拓新思维空间的创意。时空视角的转换移位，当然导致标准的变更，内在的复杂机理，使得我们一下子还无法确定出一个衡定的尺度。但是我想，不管拿出什么样的标尺，都得从根本上具备双重原则，即读者效应原则与时间效应原则。也就是说，批评家应该首先真实地同其所在时代的读者一道面对文本，从读者接受状态本身恰当地估价文本的当代价值地位。而这还不够，因为当代只是漫长历史延续过程中的一个短暂阶段，作品的价值还得放在整个历史的经纬上比较才能见出。

当代作品对于当代读者，最具有阅读诱感力。这个事实取决于生存空间对于读者和作者的双重直接关联。人作为思想着的文化个体，总要把过去、现在和未来连接起来加以通盘考虑。在因循连绵的历史栈道中，存在着无数共同话题、共同利益观念，以及共通的喜怒哀乐。但过去的经验终究缺少鲜活品格，现实生存困惑因其不可逃避，必然更与当代人的生息相关，一旦以文学的形态得以显现，必然产生与之相应的情绪共振。从接受美学角度看，轰动效应是文学作品时代价值的标志。

批评家生活在大众的圈子之内，感受大众热情的渲染，由此而躁动不安，进而思考，进而挥笔疾书。一大批评论性文字就伴随作品接踵而至，或步其前，或尾其后，洋洋洒洒蔚为大观。高潮既有，跌落也难免。随着阅读兴趣的转移，社会审美期望域的更变，新的作家作品就要应运而生。这时的批评家才有暇对此前轰动效应的作品作冷处理。冷处理的程度，取决于历史拉开距离的程度。

这种生存位置制约的共时亲近，无论对作家还是批评家，都是获得成功的时代机遇。问题在于，当代不是时间概念上的位置定点，而是滑动前行的相对坐标。历史甚至不需要一个轮回就会变作京华春梦过眼烟云。历时冷漠也是一个文学发展的基本事实,是面对当代作家作品的文化标尺。当代毕竟太短暂了,以至勃兰克斯写《十九世纪文学主潮》时,反复强调,如果作家站在共时位置上,享受当代读者的宠爱,而不懂得从历时的角度去想想未来被唾弃的窘迫,那就不能成为真正的作家,至多只是一个文学投机商。

当代文学作品,由于与当代人的现实生存纽结在一起,对当代人和当代生活最有切实的介入。共时亲近的结果,便是阅读意义上的感觉良好,便是价值的社会化累积。批评家生活在大众的精神氛围之内,受着不可逃脱的耳濡目染,其价值评估不免盲目,常会把现实的普遍价值反应汇聚于他的笔下。然而一当时间更移之后,接受反应将会相对疏落,当代文学作品开始进入一个更为广阔的人类文化格局之中。在这种情势下,批评家面对的再也不是现实的读者感受,而是中国文学乃至世界文学史上一个个伟大的作家,一部部不朽的作品。参照系转移的结果往往要对作品作新的价值判断。

对当代作品作评价,往往会遇到两种情况:其一,从感情上来说,若对正处热情氛围中的作品缺乏足够的捧场,会在不同程度上伤害作家的自尊心和创作热情,并因此不太容易为当事作家所乐于接受,因为并非所有的作家都纯情地视文学事业为促进人类文明的圣餐,也并非所有作家都瞄准世界文学意义和文学史意义。其二,这将很容易使批评家自己陷入孤立困境,被人们误解为狂妄或贵族化的傲慢,不仅批评家们有可能群起而攻之,甚至耽溺于热情浪潮的读者大众也会不予理解。

新批评标准无疑应该出现,所谓"若无新变,不能代雄",关键在于以什么为发生动机和建构着眼点。如果仅仅为了迎合当代热情或者地域尊严,以标准的调节作为当代文学价值的杠杆性调节,那么很有可能陷落某种误区。要想新批评标准具备先锋意味,核心在于寻找共时与历时、读者效应与时间效应之间的均衡控制,而非偏颇于某一方面,否则,我们将事与愿违。

(原载《南方日报》1994年11月15日)

文化塌陷的世纪之悲
——写在20世纪中国文学即将终结之前

对一个滞重已久的农业之疆来说，在大清闭关锁国的窒息氛围熏呛以后，中国文学经过将近一个世纪的磨难，能达到现今的世界文学接轨层面水准，便足以在庆幸之余写下百万言的辉煌史卷，标示一切可以标示的作家和作品、创作流派和批评流派。但是掩卷静思，将20世纪中国文学放在与世界文学平行参照位置，或者放在与传统文学因沿比较位置，情形便不容乐观，无论愿意接受与否，我们都得承受文化塌陷的世纪之悲。依我之见，文化塌陷或者说低文化困扰，是制约20世纪中国文学良性发展的致命根由。

历史曾经拥有一个亢奋的世纪之初，那时候，厚重的古典民族文化张开了自觉寻求的眼睛，文艺复兴以来积淀凝聚的西方生存活力，也在支那人付出血的代价之后渗透进龙文化躯体。在中西文化的交流、融汇和撞击过程中，熔炼了一批贴近"正常人类"（马克思语）文化梯级和价值指向的优秀作家，这就是新文学崛起之初的五四前后一代，诸如胡适与陈独秀的文学诱导，徐志摩和郭沫若的新诗创意，鲁迅和叶绍钧的小说实绩，林语堂和周作人的散文成就，连偶尔来华的杜威和泰戈尔都点头称是，足见价值之不可低估。那是一个庞大的新文学创造群体，尽管他们在风格或创作取向等方面，存在着逻辑合理历史合情的种种分别或分歧，然而有一点却为共同，几乎所有个体均已实现其文学参与的厚重文化作准备，或则谙于国学熟读经史子集，或则饱于西学阅遍美英德日，更甚者则中西兼通，浑然不同民族文化血脉精华流注一身。新文学发轫之时，时间仓促且空间隔膜，又需在巨大的文化落差下达到接受一方的均衡之态，倘若不是这样一批博闻强记的锐敏精英，我们无疑会失去20世纪的中国文学传统，这个传统粘连但却迥异于绵亘数千年的中国文学传统，它具有更明显的人类文明同步轨迹和更强烈的世界文学价值取向。

这个传统在以巴、老、曹为代表的三十年代作家身上，得到了比较充分的继承和拓展，而且明晰地意识到，文学的人生功能发挥必须以作家文化铺垫确保其有效发挥为必然性前提。朱自清崇尚"神、妙、能、逸"四品，后来成为艺术批评的通用标准，也是一种古典的标准[①]，执教中国历代文学于大学讲坛，这才有其《荷塘月色》或者《绿》。巴金在1929年的《小说月报》发表作品时，稍后有人撰文疑问"巴金是谁"，那时他已翻译或撰述过许多政论和哲学著作，这才有《家》《春》《秋》的脱俗表现与阅读魅力。一大批文学成功者，也就是一大批文化崇奉者，彼此亲切地称呼为"文化圈人"。但是，这个传统在20世纪的文学流变历程中，也在自觉不自觉地流失和沦丧。

当徐懋庸动辄"安那其"指斥文化精英们的时候，当左联的首领们号召作家以上街游行和散发传单为己任的时候，20世纪中国文学的文化误导趋势便已暴露无遗。后来，王实味和丁玲者流坠入"小资产阶级情调"，《好样儿》《王九诉苦》《漳河水》成为维系唐诗宋词元曲以来中国诗歌之链的重要环节。再后来，政治风波迭起，文化人接受非文化的改造，作家们把位置腾挪给刚刚脱盲的"成长起来的作家们"，从五十年代中期滥觞滋生的作家培训班，一直到八十年代九十年代引以为时尚的作家学历班，一代又一代的低文化作家，承担着中国文学承先启后的责任，也承担着走向世界的所谓"诺贝尔情结"之梦的心理压迫。这中间，更有大跃进时代的"民歌文学思潮"和文革时期的"快板文学思潮"，甚至产生过名字尚且难识的小说家和诗人，今天大多数人认为可笑，其实再拉开一些时间距离或者空间距离，喜剧味挺足的又何止这些无辜的文学殉道者，五十步与百步的量之分别而已。

从文化抗争发展到悖反文化，既深深浸透于观念意识，亦牢牢控制于实践体系，浓重的文学消解阴影缠绕20世纪中国文学凡数十春秋。作协或文联，已非作家艺术家的友谊桥梁，退而功能转型为培养业余作者或文艺爱好者的社会温床。成就当然不可低估，社会积极意义更加不容

[①] 《朱自清全集》第三卷，第236页。

抹杀，然而兑换的代价同样令人心颤。姑且不论我们是否产生过20世纪应该产生的乔伊斯或福克纳，也不必强示是否接受"诺贝尔文学奖"或写出像《辛德勒的名单》一类的人类警省之作，单是迫使千千万万的读者公众于无奈中捧读香港的武侠和台湾的言情，就足以尴尬得中国文学为之汗颜。尤为严重的是，它不仅不汗颜，反而还逗乐，因而就有理论层面的一系列怪诞命题。譬如让作家毋需接受系统的文学教育和文化熏陶，托词是大多数当代作家都没进过大学或者高中；就是一个约定俗成的普遍性命题失误，将负面效果转换为正面支撑，终于成为阉割中国文学生命的利刃。

　　德国慕尼黑大学的一位汉学家，研习中国当代文学，认为其最为惊讶之处，是一大批中学教育尚且不全的作家，在向以知识分子为阅读主体的读者公众，阐述其人生理解或描述其所理解的历史深度和世界底蕴。在项目合作过程中，我就坦诚地告诉他，如果连这样的倒文化结构或者说落差文化形态都把握不住，那么实际上也就无法把握住20世纪的中国文学。

　　导致20世纪中国文学的文化塌陷，原因很多也很复杂，迫切需要国内外专家会诊号脉，方给出比较圆满而且大家都能接受的成熟答案。在我看来，择其要者大约有三：

　　一、国势潮起潮落，价值重心转移导致文学价值移位，结果是，我们对于文学的普遍规律和特殊规律，对于文学的本质属性和功能特征，对于文学的民族文化传统和人类文化传统等，缺乏真理性的宏观认识和客观的价值判断，把物质生产的普通方式和精神生产的具体方式淆乱混杂。

　　二、五·四文学先驱的自身孱弱，把握到了世纪机遇却并未充分实现这个机遇，那种文艺复兴时代的蜀江春水之势，也没能够发生于20世纪的中国历史。孱弱主要表现在两个方面，其一缺乏对传统和现代科学而客观的认识，过于幼稚地打倒一切、崇拜一切或自信一切，割断了文化发展在纵向抑或横向的整体联系。"打倒孔家店"膨胀为否定传统，批判"甲寅""学衡"却不知不觉中缠绕起低文化情结，甚至将全部中国历史文化进程过分简单地用"吃人"两个字统辖，与此同时，又表现出对域外文化的刻意模仿的倾向。于是，母语文化之链被强制性地绷断。其二，失却厚重母语文化依托的文学，不管弄潮者拥有怎样的方法论利器或先进价值取向，都无法使母语表现的民族文学获得最后的成功。正因为五·四的一代文化精英也因偏执而程度不同地存在着悖反文化的情绪，所以表现在文学实绩，也就没有产生出引起世界注意和认可的文学思潮，以及与此相适应的一大批民族文学大师和世界文学意义名作。浮躁与稚嫩，妨碍了五·四文学传统的远进深入，否则它将对20世纪具有更强大的历史牵引力。

三、过于滞重的农业文化氛围，沉重地压伏于每一个新文化运动投入者的肩头，生存欲望的原始追求，教育滞后引起的国民素质低文化综合症，使现代启蒙和新文化建设的积极举措遇到障碍而步履维艰。泛农民问题，历来就是中国政治、经济和法律等的症结所在，同样，泛农业困惑历来也制约着中国文学的母题展开和审美表现力深化。20世纪的中国，虽然在螺旋状折腾中坚韧地迈开工业化步伐，但是在世纪后半叶之前，历史本身的农业崇拜倾向仍然异常突出，甚至发展到变形状态的知识青年上山下乡，似乎城市文化只有接受乡村文化的洗礼，才能确保其体魄的机质健康。这种价值思路，不可能不反映到文学领域中来，直接结果就是低文化作家的社会诱导机制，使一大批缺乏文化铺垫和文学修养的挚爱者，经过情感共时亲近的通道而搭乘作家专列，开始他们没有自身价值判断参照的文学之旅。

二十世纪中国文学，创造过自我参照系内的辉煌，终因价值误导和文化悖反，而未走出低文化困扰的怪圈。承认历史事实不等于否认历史功绩，标示误区更是为了避免进一步的陷落。二十一世纪的钟声很快就要敲响，我们不能只见自然时间的世界均等，而漠视社会文明时间的世界不均等，为了新世纪中国文学能够与世界各民族文学一道顺利起跑，作为清醒的唯物主义者和有民族责任感的一切文学同仁，在世纪之末的有限岁月里，应该深刻地感受和反思文化塌陷的世纪之悲。

（原载《澳门日报》1995年4月5日、1995年4月20日）

人文重构的背景交代

命题的随意性，已经成为困绕当代学术的顽症，一方面根源于自身的乏力，另一方面又急于听到自己的历史回声，这样的发言，闹出误会乃至谬讹，便是很自然的事情。当人们乐于谈论人文重构的时候，往往以为与西洋人的困惑精神同步，其实大为不同。

具体到文学领域，事实上的人文精神重提，并非在世纪之末，而恰恰在世纪之初。其所抗逆的思潮，也不是"结构主义"或者"现代""后现代"者之流。新人文主义的代表人物欧文·巴比特和莫尔重竖古希腊至文艺复兴以来的传统人文主义旗帜，在肯定想象合理性的同时，抨击变形幻觉，所以也就是尼采和叔本华这一脉的对立物。

在《新拉奥孔》一文中，巴比特明确宣布，"我的全部著作就是对浪漫主义文学龟缩到象牙之塔之中这一倾向的抗议——换言之，浪漫主义把文学艺术当作一种脱离生活的东西来对待"。并重申所谓真正的批评家，"必须具备足够的知识和博大的同情，赖以包容一切文学表现形式。然而，他必须将这种知识和同情置于最严格意义的控制之下，而后者是一项更为困难的任务。只有这样，我们才能指望作出最终为世间良知所认可的判断。"巴比特全部著作几乎都是一个调子，即文学批评应该重归古典主义的人本价值观，这种价值观只能从上帝和自然之外的绝对本质中寻找。

中国的情况，社会价值的选择在广义上全部是人文传统，因为广义的人文是与所谓"天文"和"地文"相对应的概念，而中国传统对科技和自然数理的淡漠，是由来已久的事情。历代科举，竟不设科学之榜，即是朴素的证明。这表明，数千年的中国文化，全都淹浸于人文的氛围之中，令国人有压抑之感而无喘息之快。而以西方人文思潮为价值选择的参照，则汉民族文化几乎无法与之类比，"五四"虽有过呼唤，毕竟没有形成气候，所以狭义上的人文，对今天的中国来说，就压根儿扯不到所谓的"重构"或"重建"话题上来,英文中的"人文",汉语中从来就没有沟通的对应词。所以,在广义狭义,背景状况上都与"人文重构"之类的话题没有粘着,由此便不知从何谈起。

从背景交代中,我个人认为目前的人文重构之说,甚至莫名其妙地与后现代精神恍惚联系起来,以其作为某些现实困境的拯救良药,虽其用心良苦之处不无令人感动的地方,却因没有着落,与中国的抑或外国的实际情况不着边际,所以就显得苍白和突兀,形成不了社会改造的张力。这是情理之中的事情,社会普遍状态如此,文学批评之具体状态亦是如此。

(原载《羊城晚报》1995年1月11日)

南方文学：涌动姿态的描述

尽管南方文学每有批评家缺席之嫌，当然不是在者的缺席而是主体性缺席，南方文学的葳蕤之势与涌动之态，与北方文学蜷缩于此刻的寒冬，仍然形成鲜明的对比。本文拟就南方文学的涌动姿态作一番客观的描述，而不想作价值的判断，目的在于把判断的权利，敬奉给更有发言资格的读者大众。

这种涌动的外层表现，在于作品的批量性生产。尤其是百部以上长篇小说出版的实绩，令人瞩目。更何况一部又一部关于生存题材的优秀电视剧，挟北方的喝彩而显尽风流，给温暖的南方平添了几分热烈。在时空意义上，在与自我或与他者的参照系上，南方文学正在产生越来越大的影响。

涌动的深层则体现为自觉意义上的作家情绪。人们承受着黄金欲望的诱惑之苦，借助街市里通宵不灭的老板们的车灯，孜孜不倦地为圆一个作家梦而呕心沥血。不少人在经理科长的名片衔头之下，真诚地写上作家或者诗人的称号。这种想当作家的情结，又一次让北方汗颜，因为作家在那里常常被奚落为嬉皮士一族。

对于我，感受最强烈的，莫过于蕴藏于涌动之中的传统主旋律，而这一切恰恰发生于反传统文化情绪积势已久的二十世纪之末。域外氛围姑且不论，即以国内情势而言，在中心与边缘消解以后，本来没有传统负重之苦的南方文学，却转过头来呈现出认同传统的自觉选择，其感觉犹如在时下读海外华文文学，总能读出唐音宋韵明清风俗似的。南方文学以传统复现的身份，作为中国文学乃至亚太文学的积极参与者，其本身就是值得关注的文学现象，甚至可能是历史文化现象。

一

　　南方文学的传统操守，体现在价值观念的人道主义题旨上。作家们努力通过作品的情节推展，袒露好人与坏人的面目，描绘人们的高扬性生存风貌。这里的文学创作不仅没有受到现代人道主义（诸如萨特或中国的钱钟书等）的影响，更没有现代主义（如乔伊斯）抑或后现代主义（如马尔克斯）的痕迹，其兴趣点可以一言蔽之："思无邪"。

　　"思无邪"是中国文学传统中的一个重要命题，影响中国文学千百年。以至于有《颜氏家训》，有《朱子语类》之类。大讲人生的理想境界等等。"五四"一代作家曾对这个命题持否定性态度，但是这丝毫没有动摇古典人道主义在中国人深层心理结构中的坚固地位。

　　当北方的作家们，或作困顿中的痛苦，或作无奈中的玩世，或作落魄中的沉沦之时，他们做梦也不会想到，对于南方作家们来说，这一切是那么简单和清晰，南方文学的幸福感和人类承启感，就是那么自然而然，连古典人道主义的传统追求，也获得世纪末的新生。于是，南方文学挽救了传统，或者反过来说，传统支撑了南方文学，世界秩序就是如此恰到好处地趋于和谐。

二

　　南方文学的传统承续，还在于叙事模式的故事性品格上。在这里，现代小说的展开，没有东施效颦模仿着北方的域外的种种新潮技巧或叙事方式。其叙事画面，令人时时想念起清以后市井故事的文字格局，那么露白于篇章，那么简明于读者，那么朴实于审美。犹如南方的款爷，迥然有别于上海滩上的富翁，赤足凉鞋光临豪华宴饮，丝毫不为西装革履或锦袍衣裳的繁缛所困。摩登的普罗文学情绪，确保了南方的作家，享受着传统之醇的温馨。

　　近读1994年广东文学节的数十部皇皇巨著，这种感受更加强烈。作家们完全不为二十世纪世界文学种种思潮所左右，第三人称的脉络清晰，叙事者置身事外的全知全能态度，细节连缀间唯恐读者不知的密匝投入和这种投入本身所体现的作家责任感，塔式人物关系形态下的稳态性格系统，事体因果粘连的必然性交待以及因此而达到的作者化文本空间填充，所有这一切都充分显示了南方作家的传统实力，以及他们忠于传统的认真和严肃。

"坚持"本身的精神卓然之处，在于承担了无可迴避的语境风险。在作者和读者们的共同参与之下，小说话语方式经历了一段时间的砥砺，已得到彼此的认可。尽管这种"坚持"与文学的公众话语之间，还是存在着时空的距离，除非以一种伦理判断来加以称量，否则就无法弥补因此而造成的距离缝隙。从这个意义上说，"坚持"的英雄姿态和冒险精神，把南方文学的特点更加凸现了出来。

三

在涌动和承续的双重命题之下，我们很容易感受到一种独立品格的文学自尊意识。地域文化由自卑走向骄傲，经济的狂飙突进带来了心理结构的调整，使得有些作家和批评家们，认定了"生存先锋"与"文学先锋"的一致性，觅寻与物质层面的优越相仿佛的精神层面的优越。尽管从现实判断的角度看，情况未必已经尽如人意，所谓"三足鼎立"无非还是一个鼓舞性的羯鼓之声，但这至少表明了某种承诺的态度，或者说是承诺者意志的表露。

南方的文学参与者，面对萎缩和尴尬的北方文学，已经摆脱了从前对中原文化的那种崇拜心理。血肉丰满的感觉，在所谓苦难已经远离的说法之下，直接成为涌动的驱动力量。于是，题材优势论，新批评标准论，轻松文化论，时代超前论，地域魅力论，便都程度不同地成为圈内的热门话语。如果话题不带终结判断的色彩，而只是某种现实参与的激励性言语，我以为那是很有积极作用的。但是倘若已经是价值称量的尺度，就有可能成为妨碍南方文学推进的桎梏，就像当年梁任公之小说观，尽管歇斯底里得很充分，但是对于晚清初民的"合流小说"，竟是负面逆反大于正面激活。历史之相似乃尔，倒是应该给予一点回味。

所有这些，只是我站在纯粹个人观察的位置上，对南方文学状态和姿态所作的一种粗线条描述。

（原载《南方日报》1995年3月26日）

装神弄鬼

弄鬼之术，分而有三。其一是把概念弄神种，使读者眼花缭乱得知其然而不知其所以然。譬如海德格尔文本中的一些词汇，"说""倾听""在路途中""被抛入"，等等，这些概念具有极为严格的限制性，因为海德格尔几乎从一开始就不是按照公用性概念的实际蕴涵去理解它们。但"大师"们却对这些词语作无穷无尽的质疑性玄谈，最后的结果就是，说话的人是不是在说，听话的人是不是在听，活着的人是不是活在自己的"路途中"，写诗的人是不是真的在写诗，就都成为学问很深的思想性问题。弄得日常生活的人们跟着思想家二太郎们一道陷入思辨的痛苦深渊，甚至怀疑我们这个民族，活了数千年的亿万子民，是否从来就没有活明白过。其二是把话题弄神秘，在半是猎奇半是惊吓的气氛中，置读者于诚惶诚恐的境地。譬如文学界的所谓"后现代""新状态"之类振臂一呼的口号，即是存心要渲染神秘性氛围。那样一些文化梯级的作家写了那样一些作品，居然就把现代滋味尝得还不充分的中国生存带到后现代去了。虽然新状态努力显示一种调整固有僵滞和当下颓败的积极性姿态，但是人们还是弄不明白，文学的递进怎么一下子就被裹进了"状态"的胞衣，这胞衣是皇帝的新装也罢，是历史的坚甲也罢，与当下的文学不着边际则是再显然不过的事情。文学如此，别的学科情形亦然。岳川同志在《东方》杂志撰文《"主义"中的"问题"意识》，有如下一句议论："警惕'炒'虚假问题和问题的虚假性解决。"总之，智者们这些年编造了很多话题，这些话题枝蔓纽结荆棘丛生，没有思想的人们，精神便是被他们折腾得恍恍惚惚。其三是把背景弄神秘，在一些大而无当的迷惑中编织扯不清楚的缠结，动则"中西"，硬硬的两极对立着。所谓"中西"事实上是一个神话，问题讨论乃是理论形态的绕口令，在把国民的注意转向这个神秘的背景氛围时，操纵者们甚至连中西有没有搞清楚也还是个问题，但是他们仍然迫不及煞有介事地"搞",所以我才敢说他们是在装神弄鬼。

学术霸权主义气衰力竭之后,神秘主义何以能如此潇洒江湖得意春风,我猜基本的根由有二。第一,秦王将去,汉将谁欤?学术界空缺了众多的席位,这些位子得有人坐,那么谁坐,鲁迅先生描画的"抢位子"的时代已经过去,以真实的面目取信社会则容易露出破绽,于是"诈位子"就是道术的最佳选择了。何以商周之末、秦汉之末、唐宋之末、明清之末,弄阴阳八卦长生之术卜爻之秘预测之神者乱哄哄到处都是,何以今天一下子诡异身奇特事返颜术救命药比金庸的小说里还多,何以大字不识几个的周易"传人"能够一批批走南闯北尽享宴饮酒乐,道理都在一处,时势造英雄,这是一个假冒伪劣英雄的神秘时代。第二,不知有汉,何论魏晋。真实而且平实地陈述,这对聪明人来说风险性实在太大。毕竟所有梦缠思想家之尊的当代聪明人,都与我们一道从营养匮乏的文化贫瘠时代走来,底气不足与修养孱弱,从根本上制约着他们走向大师的进度,一当历史暗示其除了铺垫意义不会有更杰出的作为时,极端和捷径之神秘主义有效选择,就是别无选择的唯一选择。

中国的学术,在开放的轨迹上延伸并没有错,换了别的时候或者别的地方,或许正是社会科学推进着民族精神与物质急骤向前的大治时代,弄成如今这个局面,原因当然很多,但"装神弄鬼"式的学术神秘主义阴影,不能不是窒息民族生命之吐故纳新的病霭,能否尽快穿越,势必影响着我们在下一个世纪的作为,是以有此一番听起来不太悦耳的谈论,还请想做思想家和思想家二太郎的聪明人海涵。

略说南方文学状态

也许受经济因素影响，南方这个概念日趋狭义，所以北方批评家眺望的南方文学其实多指广东文学。为了避免地域争议的非实质性干扰，我们宁愿使用南方文学这个概念，并且把南方文学状态作为议论和观照的对象。

南方文学大师们虽然在五六十年代创造过辉煌，但是仍然免不了承受失宠的寂寞，除了整体文化氛围无法与博大中原平分厚重之外，还在于边缘文化的张力松弛和体质孱弱。三十年代的文学巨匠们对鲁迅南下不以为然，鲁迅自己也写过看轻的文字，更何况国门紧闭民族文化内倾萎缩达数十春秋，边缘文化更不得不成为事实上的末梢文化。植根于末梢文化土壤的文学，无论"农夫"如何耕耘，其极限位置是明摆着的。所以尽管产生过自成风格的当代岭南文学，但与北方浩浩荡荡的文学思潮文学流派比较，显然要黯淡得多。

文化是积淀的过程。中华民族文化的重心一直雄踞中原地带：故宫长城凛凛生风，唐诗宋词灼灼其华。这些参照使得南方文化似乎总在发散之后的蠕动之中。崇拜北方，羡慕洛阳北平乃至大上海诗人们的才华横溢，从洛阳为之纸贵一直伸延到徐志摩的深得人心，南方读者俨若虔诚的孩童，读与地域文化风貌迥异的母亲作品而且津津有味。南方文学在自我蔓延发展的过程中，常常留下明显的模仿痕迹。

历史递进到二十世纪末期，国门洞开已别无选择。于是传统文化与现代文化，东方文化与西方文化、伦理文化与商业文化、大陆文化与海洋文化，这些扑朔迷离的东西开始交融撞击裂变杂糅。当有人站在传统的立场指责南方是一片沙漠的时候，无疑没有顾及问题的另一面，即南方最少进入状态之前的负重，文化转型相对说来要轻松得多。当北方人坐在火炉前讨论谁之后的社会格局时，南方人正挥汗如雨地跑生意、建工厂、塑造国际大都市。他们的目光注视着日本的精明、美国的傲慢，乃至台湾人的黄金储备以及土地生长的勃勃生机。南方作家同样生活在一个文化急剧裂变的时代，无法逃遁裂变时必然产生的痛苦——文化人心态的失落失衡，兴趣转移的困扰与利益当前的诱惑，都迫使南方文学先行一步地经受阵痛和洗礼。南方文学坚强地跨过沼泽地带，以一种潇洒的新生姿态，去构筑自身的辐射中心。尽管他们最初是以题材优势的肤浅见识去获得自信的，但客观上在为深层次的文化构筑积蓄力量。如今经济大潮冲刷南北各个角落。虽然不论南方北方都不乏文学仁人志士以顽强姿态硬挺着，然而，油腔滑调的京韵，性绝望几至疯狂状态的"西北风"，陈年流水簿一样枯燥干涩的东部都市和乡村里的故事……小说不过瘾就加上电影的渲染、电视的铺张，早已把硬挺着的作家压得抬不起光辉的头颅。也正当此时，南方文学在悄悄地孕育着成熟和热情。作家们自觉地聚到一起，以一种极为让人感动的虔诚，缅怀他们曾经拥有的知音萧殷，重谈生活真实与艺术真实，重谈文学的兼容和文学创作的感受特性。南方作家组织也已远离谁执牛耳的传统纷争，他们热情地联络作家并表现出孜孜以求的耐心。各种形式的讨论会，各种内容的作家交流，充分显示出组织的功能与活力。眼下正在酝酿运作的亚太文学节，可见出广东人的雄心和眼界。南方作家期望与海内外作家联袂合作，互相扶掖，愿望是那么强烈。就像诺贝尔情结困惑和作弄北方作家为时不短一样，南方作家寻找普遍认可亦是到了心病的程度。寻找普遍认可，是创作主体自觉意识之所在，愈是被其他地域文化的读者所接受和认可，便愈具有文学史地位和世界文学地位，南方人有此信心。

南方文学还没有出现惊世骇俗的作品，尽管北方的读者每年都能读到数十部之多的南方长篇，尽管也有几部作品在一定程度爆发出所谓的"轰动效应"，但那都是现象层面的情状。当代中国文学的深层乏力与表层疲软，常常使文学呈现泡沫状态，所以即使有什么"轰动效应"，在泡沫状态下也无法秤量出它的厚重。对于南方人来说，眼下可以得意却不可忘形，尤其要稳住自己的心旌。

南方文学的崛起，阻力不在于是否已有超重量级的作家和作品，而在于是否已有产生这些作家和作品的文化机制。于目前的态势之下，主要有两大不利因素。其一是文化铺垫的菲薄，南方文学毕竟长期生存于文化末梢地带，虽然在文化转型之际，减少了传统负重所带来的滞缓，但是其可转型的东西显得稀薄，正如站在弹性地板上跳跃，必与地板的弹力有相当的关系，脚下踩着松土，跃起的高度终会受到制约。其二是对外来文化的消化不良。国门敞开之后，边缘立刻转换成前沿，世界文化思潮也许会在先前的末梢地带实现软着陆，从这个意义上说，南方文学在与世界文学接轨过程中，占尽天时和地利。问题在于，涌来的域外文化只是食物，还不是营养，食物转化为营养必须以人的消化为中介体。目前南方文化并没占有"前沿"优势，对域外文化缺乏翻译和介绍，批判和吸纳，并未孕育诞生出新的生命。一些作家只在新生活的表面，描画生存注意中心位移后的色彩和斑驳陆离，而不能深入到母题层面，求取蕴含新精神价值的时代成果；另一些作家还停留在传统反思的依恋之中，叙述南方生存空间里昨天的神话，这使他们迟迟完不成文学进化的现实进程。尽管这些因素阻碍了南方的现代文化推进和南方文学的国际接轨，不过，南方的作家正在经历历史蜕变，热情正激烈地在地底奔突。文化裂变文学转机已经形成巨大的内在驱动力量。当某一天早晨来临的时候，一种令人惊异的格局会突然呈现在半酣半醒的中原文化的面前。

文化不仅积淀、裂变，而且移动，所以日本学者西村真次以毕生心血凝聚出《文化移动论》。在确定的时间国限之内，文化中心虽会盘踞于稳定的区域，却不可能一成不变，文化板块终究会迁移游动。这种例子俯拾皆是。如今，南方的机遇已经来临，经济魅力带来的文化吸附，夹带作家在内的中原移民浪潮，域外文化于移动中正在寻找南方作为理想着陆点，南方文化将会成为世界文化格局意义的一个核心区域，而文学也许将随之发生重大变化。到那个时候，大批的移民作家，包括本土移民和境外移民，将与新生的南方血缘作家一道，组成阵营威武的南方文学作家群。我们期待这样的盛景。

（原载《南方日报》1994年7月23日）

南方正在思考

——八集电视片《南方的河》观后

　　黑格尔关于东方文明缺乏连绵思考的判断，曾经激发二十世纪的中国学者为此奋力不已。当人们以一种睥睨的神态看待南方崛起的热土，并指责其缺乏文化定位意义上的主体性命名能力时，同样是从思考和学理的角度切入南北比较话题的。历史无可避讳，边缘文化作为中心文化的耗散产物，其历史伸延过程及历史积淀结晶，前者的厚重和文明承载力均无法与后者作直接操作的价值称衡，从这个意义上说，任何历史存在形态的地域文化与中枢文化的比较，意义都不是很大。但是，人类文化除了纵向的发展脉络之外，还有横向的移动脉络；除了以民族为界域的封闭性内存累积之外，还有跨民族互动的开放性外来吸纳，所以，中心和边缘的区划，愈是到现代，就变得愈来愈模糊复杂，当代性观察，迫使怀特和博厄斯两家都不能不陷入困惑。

　　看了八集电视片《南方的河》之后，我突然感到这种困惑意识以及解答困惑的欲望，正在南方的精神躯体中孕育着深刻和恢宏。编导者的思路很明晰，那就是描述和反省十五年的递变历史，并且以一种积极的姿态肯定特定历史发生的某种观念指向。肯定，但没有采取时间编年涂抹以色彩的传统方式。言说态度，但没有任何结论性的普遍承诺，因此，肯定的言说态度，每每以细节切入的陈述方式加以展开，以隐形判断者的存在为调动话题的维系，以历史合力论的文明阐释观去烛照对象事实并规范自己的叙事态度，这种文化型的作者自我定位及分析性叙事者前提设定，确保了他们能够逃脱庸俗社会的虚浮或者实用工具主义的琐屑。作品的思考也很充分，这主要表现在：

　　一、正在思考性轨迹上的历史因果之链，而且把这种思考严格限制在地域文化精神内在结构框架之内。《南方的河》告诉我们，社会转型的最初触点如果按捺在中国版图的其他位置，改革开放的格局将无疑是另外的形态、另外的潮势，第七集"大水系"里的 Mitephor 技术处理，揭示了历史边缘文化的现代转型优势，社会负重的减轻和社会集权意识的减弱，客观上裨益于自然而然的民主传统，这实质上是南方河流的根性，因而也就是南方世俗社会摆脱纯粹政治生存情结的社会根性。人类社会的历史，往往呈现出戏剧化的演进形态，这是一种社会河东河西之律。经营了漫长时间的亚历山大辉煌，不经意中，一夜之间就把全部智慧成果流落至他乡异地，自身则在怀旧之恋中成为一切当下的文明化石。这个故事换了一下时间和名称，如今就何其相似乃尔地发生在马克思所说的"亚细亚羊圈"内。当滞重的北方土地还在沉湎于河流崇拜的狂热激情时，南方的河虽然没有波澜壮阔和洪涛之势，但是它在静静的流淌中恪守着韧性和坚毅，默默地滋润着它的土地和子民，使其得以丰沃和富裕，这或许是文明圈内的另外一种生存个性吧。

二、正在思考弹性裂变过程中的生存价值牵引。一元价值生存态度的千百年固守，对中国人的心态均衡和血缘文化稳定，无疑起到了底蕴的作用，沉实浑厚但是单一化的传统文化积累，就是这种作用的历史产物。但是《南方的河》告诉我们，某种新的活法，不仅有可能，而且在它的雏形期内即显示了辐射功能意义上的诱惑力和诱导意义，这就是"咸淡水"的反刍味道，这就是"生猛海鲜"的可能与现实。生存远非存在那么抽象和思辨，它的话题关涉现实理性而非终极理性，所以核心是幸福。幸福绝对不是甜蜜的体验，它是个性解放、生存满足、心态均衡、社会秩序等诸多因素的产儿，所以现代幸福从一开始就是以个体利益保证作为它的构筑基础，其社会推进机理，无疑与传统的集体幸福观大相径庭。因为在物质生产的现实水平无法确立集体生存的全面幸福时，所谓集体幸福主义就是欧文式的乌托邦，事实上的结果只能是集体牺牲给集体的利益代表。这种分析的充分代表，以罗尔斯的《正义论》为代表，南方的河流虽然没有接受陌生的罗尔斯，但是它有本能的生命感悟，因而其追求旨趣便恰好吻合于现代幸福指向，现代生存方式就是这样以偶然方式达到必然结果。

三、正在思考位移层面上社会转型的命运和大众生存的设定状态。文化是要移动的，深刻的革命乃是移动，即在新的文化活跃地带和生存拓展空间里，文化本身的内在价值结构必然会呈现为新的比例关系，一些传统尊重乃至生命价值支撑的东西，终于失去它的贵族崇拜而呻吟着没落后的孤独和悲悯，而另外一些新的价值取向着了魔似地一夜梨花，庶民的胜利与庶民的解放，使很多不屑一顾的活法成为中心活法。《南方的河》告诉我们，当白天鹅宾馆允许包括"小偷"在内的大众获得一种允许的自由时，它本身就不仅是一场观念革命，甚至是一种价值革命，而南方的革命就是这样在没有争论和胶着、没有豪言壮语、没有良知解释和恩惠赐与的小小动作之中，很轻松同时又很协调自然地获得了社会转型。转型当然会有痛苦，但是南方河流的痛苦真的是一种温柔的痛苦，天空仍然高悬在头顶，大地也稳稳当当地踩在脚下，那些洪水猛兽的恐惧，垃圾沉浮的担忧，水深火热的预测，尔虞我诈的离乱，还是没有出现，而所出现的，不过是贵族和庶民的活法有了社会机理的嬗变，人们已经不需要依赖而能够自主自觉地活得很好，真是天不变而道却有变，这就是南方河流的智慧。

《南方的河》给予南方河流文化的思考，采访叙事中求取转型蕴涵，文学叙事中求取文本诱导，政治叙事中求取生存哲理，苦心营构的目的只有一个，那就是以生命体验的投入去挚爱自己的河流。而挚爱的方式，则是保持一种冷静而又缠绵的姿态，去体味河流之海洋指向的真奥。所有的河流，最终都是以大海为目的的，人类不屈服于千百年来的命运压迫，保持一种幸福必至的文明欲望态度，原因盖出于此。而当南方河流的悠然显得过于自信的时候，思考就变得尤其必要，因为社会生存仅仅停留在感觉的经验层面，一旦失去智慧把握下的理性深刻和判断清醒，失去新的可然性设定和设定中的行为框架，失去危机感和使命感，那么现有的文明成果将会因脆弱而经不起任何风吹雨打，就像历史上的尼罗河文明一样，在辉煌和生气了一段历史时期之后黯然失色，甚至死亡或准死亡。

《南方的河》在思考，南方在思考，对于我，更能强烈地感受到文化活力中的社会前行滑动，感受到经济强大后的社会综合素质的历史新积淀，因为我来自安徽，来自社会转型原初的另一个称为"联产承包责任制"的地方。在那里，淮河谣的旋律伴着凤阳花鼓的节奏，农民们依然困扰于生存问题而不是生存幸福问题，淮河仍然没有最起码的同情而时不时凶恶地吞噬淹浸与它朝夕相伴的两岸子民，尽管淮河的高亢激情，单是从淮河大堤上白色石子垒起的烘托口号就比南方河流振奋人心得多，但是他们实在没有精力和兴趣来思考任何一个现代话题，因为他们惧怕河水泛滥庶民不庶利益格局会在思考中重构，于是历史就仍然在文化厚重的百姓留守中超稳态地辉煌着，那么富有贵族精神英雄精神历史必然精神。此时隆冬，北方正沉浸于牛肉火锅熏蒸的热气腾腾之中，父老乡亲们做梦也不会想到，当年的凤阳副县长，那位享誉全国的青年思考者，如今流落在广州经济开发区的老板卧室，噙着泪水观看这部八集电视片《南方的河》，他在思考他的继任者，在位置竞争胜利后是否得暇也去思考一下千百年找不到大海出口的淮河，它的命运和它的文化生存状态。

南方的河流，我将真诚地爱你，尽管我仍然挚爱着生我养我的苦难淮河，我的母亲河。

（原载《广州日报》1995 年 1 月 25 日）

"主体缺席"与当代批评危机

当代批评的阵阵话语热潮，造就了一批批声名显赫的弄潮儿，从而造成一种错觉，以为这种"名词加名人"的批评格局，正是当代批评走向繁荣的动力结构。恰恰相反，由于主体缺席，危机正掩匿于我们的脚下。

所谓主体缺席，并非指丧失个体参与和集体行为，而是指个人所代表的时代和民族之独立判断的悬置，个人的精神个体性失却主体性确定的意识存在品格。由于世纪中叶的漫长文化塌陷，历史掏空了世纪末土壤中的精神矿藏，而踏在地表上的一代批评家，并未意识到失去了丹纳所一贯称道的那种"地底下的根基之力"，躁动不安且新生欲望夹杂些青春人生不可避免的生存虚荣，迫使他们来不及客观冷静地知己知彼，来不及深刻地把握历史和哲学，甚至来不及培养自己的文学素养与感性生命投入的热情，便匆匆忙忙地与西方对话，与名人或大师们对话。结果可想而知，由于没有交换的本金，同时缺乏对行情的正确预测和价值估算，于是在思想接轨没有成为可能的情势之下，仿佛刘姥姥走进大观园，衣食杂玩旧竹箸，满满地拿了一筐，大家热烈地围坐在杂志和报纸的副刊栏里，饶有兴趣地展开没有自己话题的话语，饱食气氛热烈异常的概念晚餐。

主体缺席并非失语，而是失神，而失神走魄的根源，就在于主体没有承担判断的责任，其中包括：对对象的接受判断。西洋文化有它独特的地域背景历史构成状况，而西洋文学和西洋文学批评，都将一般地服从于这种氛围性的智慧设定状态和历史已然系统。问题的症结在于，就第一个方面而言，世纪初母语系统的语符革命，不仅使我们抛弃了物质层面的语词表达方式，而且在惊慌失措中，丧失了民族贡献给人类的五千年厚重文明。精神层面的世纪塌陷，不仅使得文化型作家难以在较短历史时期内得以孕育，迫使他们别无选择地委身于故事牢笼如东施效颦式的浅层模仿，而且导致学理型批评家的当代匮乏，以致他们只是在不知不觉中完成茫然于中西幽深传统心态下的反传统使命。就第二个方面而言，域外精神文化发生的进程，远比我们想象的要复杂得多、深层得多。一部分话题我们几乎无从表述。另一部分话题我们无法表述清晰和准确。譬如"形式"话题，由于传统的一元论（如庄学传统）和二元论（如易学传统），都无法贴近什克洛夫斯基他们一派的那种形式一元论，所以把形式批评当作一种域外借来的利器，用来解剖中国诗歌传统或者现代作品，便往往有隔靴搔痒的感觉。

　　失神之后就是严重的误读，语义误读和智慧误读。在前者，对于封闭了很久的中国当代批评家来说，走进西方文学批评氛围的最表层障碍就是翻译过程中的误读。朱光潜先生在新时期文艺学开始之初，即针对汉译马克思《一八四四年经济学——哲学手稿》的误读，有过极为详尽的阐述，并认为这种误读的影响所致，将不仅仅是翻译精确性受损的后果，会直接导致精神取向和思想再生的方向性偏axia。之所以当代批评话语显得生涩和缺乏学理规范，一个极为重要的原因就是该翻译行为的负面后果。从另外一个角度说，绝大多数译者并没有西方文化背景尤其西方文学批评背景的经验性积累和长期体验，语言训练尤其是专业语言训练的功力和修养未臻化境，误读也就更加不可避免。而那些完全语言障碍者，既无鉴别能力又不愿失去花样翻新的机会，差之毫厘则失之千里，构成没有任何语义规则限制的误读循环及链式反应，由此而最终呈现为批评话语的混乱，它是中国当代批评模仿西方过程中大面积误读的必然产物。在后者，智慧误解是失去对象判断的更深层次之所在。这主要表现在：第一，人们普遍把西方现代话语看作剥离传统的世纪尤物，体系因此而成为孤立静止的逻辑存在，而非因沿相连的历史存在。第二，因对现代西方的整体背景状况缺乏完整观照而导致参照失衡后的判断失误，最明显的例子是关于"后现代"话题的议论。不管中国的文明时间是否像自然时间一样与当代西方处于同步位置，什么范畴都冠以"后"已经成为批评话语的一种时尚，并且还将一些低文化作家的呆拙模仿之作放到与霍克斯与尤内斯库们等量齐观的分析位置，以作为批评实践的现实补充，于是我们仿佛一下子生活到了"后文化"或者"后"的文化氛围之中。

　　一般地说来，主体缺席的现象层表现较为明显，最突出的地方，就是批评者（理论型抑或评论型）大多蜕化为代言人，陈述沦落为转述。无论是直接转述者还是间接转述者，由于失却了自尊的品格和自强的信心，不管其转述忠实到了怎样逼近那些他者的原意位置，他者们都不认为转述者已经得意，不过得其言之多少而已，更遑论创意或者立意，所以他者们依然不在学理讨论环境中邀请转述者们参加旧话题的判断抑或新话题的构想。转述者在单向文化交流的被动位置上，惧失真，尽管不乏有话语极力反抗的愿望成举动，却永远也无法获得直接参与对话的资格，巴黎学派中没有人认为一大批中国信徒是其外邦分支，维也纳学派的最肤浅者，也决不愿意从中国转述者的皇皇巨著中寻找"分析"的智慧。主体缺席的本质特征虽然较为隐秘，但有一点可以给出比较确定的结论，那就是智慧的苍白。在原初的历史情境中，三大文化古系各个以其独特的智慧拯救其族类生存命运，由此而有丰富状态的世界文化整体格局。但是我们在经历过较长时间的反文化情绪熏蒸之后，似乎智慧大不如前。无论在形而上界面还是在形而下界面，往往因轻信和盲从而陷落现代迷信的深渊。当我们遇到自然终极话题或者人文悖论话题时，首先想到的是去找神或者神统治下的菩萨们给予赐示。生存终极困顿问题十年前都跑到尼采和叔本华那里，十年后一蜂窝又跑到海德格尔那里，当代中国批评家们马不停蹄地穿梭于西域神庙之间，那些"斯基"们、"尔"们、"特"们的庙堂前面。如果我们对自己以及自己拥有的智慧失去兴趣，那么不仅找不到令人振奋的独特切入系统，并因此而形成一套富有时代品格和世界情调的话语中心和基本话题，而且匮乏到理解和阐释他者的智慧也感到力不从心。所以我认为，迫切需要在当代批评圈内呼唤内省力、想象力、判断力，追求智慧（内求）或者智慧的智慧（外纳），唯此才有独立生存品格的中国当代文学批评。

（原载《广州日报》1995 年 3 月 8 日）

农歌会唱出农民心声

尽管在安徽滁州举办的首届全国农民歌会上有一些演唱者并非农民身份，尽管绝大多数农民歌手的演唱水平在一些学院派看来未必很高，但是我们仍然为之骄傲，为他们的激昂高歌感到无比兴奋。

农民的歌唱是大地的律动。当他们挥舞着羊鞭在风沙肆虐的黄土高坡呼喊兰花花，背负着茶篓在青山滴翠的江南呢喃采茶调，旋转着手帕在白雪皑皑的长白山调情二人转，歌声中的力量就仿佛安泰之于大地。当他们在春天里歌唱耕耘，在秋天里歌唱收获，在炎炎烈日中歌唱忍耐与坚毅，在凛冽寒风中歌唱抗争与不屈，歌声中的韵致就仿佛是心灵向命运倾诉、人类向自然倾诉、日出日落向快乐幸福倾诉。他们用歌唱着的泪水与汗水、激情与热情、欢乐与快乐，拼贴56个民族的喜怒哀乐，拼贴960万平方公里的寒暑易节，拼贴五千年华夏儿女走过的历史年轮。

农民的歌唱是生命的律动。当他们繁忙和劳累之后用歌唱驱除肉体的疲惫，闲暇和轻松之际用歌唱点燃情感的火焰，那些简洁的音符乃是血液浇灌生活的流淌，那些朴素的歌词乃是心脏激活岁月的迸发。当他们在愉快时歌唱东风，在忧郁时歌唱夜雨，在亢奋时歌唱江河，在动情时歌唱阿妹，他们是在生存的沉湎和忘怀中编织生命，在生存的坚信和充实中寄托岁月，在生存的真实和执着中延续祖祖辈辈的倔强故事。他们用歌唱着的感恩和感动、力量和胆量、失望与希望，把一切语言为之羞涩的乡村叙事在炊烟中托起，把一切掩埋着的朴素浪漫和古老深刻裸露给阳光、空气和水，把一切喘息着的无奈和亢奋着的冲动奉献给花一般的牧羊女。

作为文化工作者，我们得到的深刻启示在于，农民社会有其自身的文化逻辑，农村有农村的生活方式和文化形态，农民有农民审美视野中的文化诉求。我们必须在诚挚的倾听中学会尊重农业、尊重农村、尊重农民。我们所要做的，应该是保持文化权利的均等、文化利益的统筹、文化条件的改善，应该是提供更多的文化机会、更富活力的文化激励机制、更加丰富的农村文化活动。

作为文化政策研究者，我们得到的深刻启示在于，一定要使农村文化工作的重心真正实现向广大农村地区的根本性转移，掀起大规模的政策向农村倾斜、资金向农村下拨、人才向农村涌动。要在蓬勃的文化生机局面中，让农民成为农村文化建设的主力军，用他们的聪明才智建设其心愿所求的美好文化家园，让农民成为农村文化活动的主体，用他们的原生态表达和草根化演绎最大限度地满足其真实文化需求。当10亿中国农民的文化情怀得到充分抒发，当10亿中国农民的文化热情有如江河奔腾，我们还有什么必要担心农村公共文化建设前途维艰，我们还有什么理由忧患农村文化生活质量不能大幅度提高。

山歌声断，情歌声断，一场激动人心的农民歌会在依依惜别中声断。歌唱的农民姐妹不愿散去，听歌的农民兄弟不愿散去，看电视的人不愿散去，在思绪难平，在自惭不及，在为农民歌唱而骄傲！

（原载《中国文化报》2008年12月30日）

文学就是文学：近年文学误区的检讨

反观近年来的中国文学，虽然每每火爆出轰动效应，若以清醒的态度去认真审视，则情形并不怎么乐观。从特定的角度切入，中国文学步入误区的地方颇多，既有文学自身的原因，亦有外部环境制约干扰的原因，如果不加以检讨，沿误区方向继续滑行，终将陷落于泥泞沼泽，所以是摆在评论家面前的一道严肃答题。

一

文学是人学，是社会学，这些传统命题虽然混沌，却昭示了一个真理，文学与政治，在阶级社会总是血脉相连的东西，文学不可能脱离政治，或者反过来政治也不可能不影响文学。但是无论在威勒克体系还是在茵格尔顿体系，文学都不是对政治的直接参与，而只能是间接渗透，渗透本身呈现为精神形态的合力运动形态，一个世纪以前恩格斯在《致博尔吉乌斯》的信中，就已经有详尽的阐述。

但是文学也会异化，在一些作家那里，异化为跳板，转化为政治生存的阶梯，它本身逐渐丧失其文学本体的功能。这种情况，与梁启超先生写《小说界革命》时的状态，类似之处不少。所不同的是，饮冰室主人是一种真诚的投入，虽然把文学夸大到了江山易主的泡沫功能境界，却并无自私的猥狭。而在前者，却是投机取巧，每有涂脂为娼之嫌，目的和动机，品德与人格，与启超先生当然存在十万八千里之遥。

譬如《万家诉讼》这部小说，虽然情节比较完整，人物性格塑得也较鲜明，但深入到语言功力和母题底蕴，不成熟的地方就明显袒露出来，单就艺术价值而言，甚至比王朔的玩世文学也要稍逊一筹。然而这部作品迎合了某些人的胃口，又兼张艺谋化腐朽为神奇的匠心处理，就被政治评论家们定格成敢为人民鼓与呼的优秀法制作品，甚至有些人士还将其莫名其妙地与扯不上的法制建设粘着在一起，一夜之间，这位曾经是一位诚实邮递员的优秀业余作者，被捧为杰出青年作家。

这个例证并不孤立，唯其不孤立才值得我们引以为警觉。优秀文学作品问世以后，可以在一定程度、一定范围影响读者，进而在潜移默化中给社会良性循环系统的建立和个体的生存完善带来隐性刺激，而在国泰民安的稳态社会系统之下，其刺激感应的强度更加有限，所以谈不上万众倾心社会悸动，更不可能与治国平天下相提并论。我们可以倡导和激励优秀作品问世，但不可以人为制造泡沫文学，将文学作品和作家本人放到政治利益判断的天平上去称量，把文学和文学家推到政治家生存圈中的某个位置，将不仅无益于社会主义文学的繁荣，而且会偏离导向刺激文学价值之外的欲望，终究是害了文学断送了作家，对此，早在三十年代鲁迅先生不知提醒过多少回。

二

作家是人，生存就得满足吃穿住用诸种基本条件，在市场经济大潮席卷的情势之下，作家们必须作出迫在眉睫的生存选择，因而经济利益也就成了毋庸讳言的现实问题。文学与经济的关系，并不是一个当代课题而是一个历史课题，在社会资本加速积累、经济状态瞬息万变的历史条件下，文学更在纯与不纯的两难境地接受严峻考验，马克思在写《〈政治经济学批判〉导言》和《一八四四年经济学哲学手稿》的时候，便已经敏感地触摸到了其中的筋络脉跳，不然就不会有所谓"平衡不平衡规律"的产生。

从理论上说，作家受制于经济，并不等于作品就蜕化为赚钱的纸牌，低劣为赌博的工具。但当我们巡视近年的文坛，就不难寻找作家的失态，文学的没落。南京的《青春》培植过新时期文学阵营里多少新人，因为经济原因，如今狼狈地与庸俗低劣的地摊杂志为伍，发行量和杂志社职工的福利是保住了，但是其所失去的东西，却是一代辉煌一代风流。更有甚者，《深圳青年》闹闹哄哄地在四海九州发起文稿拍卖，竞价抛售部分作者没有发表的稿件，乃至一篇散文，价值可以超过泰戈尔的生花妙笔，巴尔扎克的皇皇百部，一时间文场商场，不谙世事的年轻作者，还以为一夜之间可变成百万富翁。所有这些官方半官方的挑逗和妥协，客观上误导了文学价值的实现和功能的发挥，恶化下去，必将扭曲作家的健全心理和完整人格。

文学手稿是可以拍卖的，作为物质形态的文物价值存在和版权专利标的，并且以适当的时间距离和空间距离为前提，但是文学不能拍卖，实际上也无法拍卖，谁能计算出《哈姆雷特》的价格或乔伊斯作品的美元总值呢？文学作为一种意识形态，属于人类的隐形财富，无法用显形财富的具体量化尺度去加以衡量，道德、法、宗教等等，都是彼此类同的情况，这些财富唯其无价，作家才因此而受到社会尤其是历史的尊重，历史的尊重往往对作家更公平一些。当社会付给作家以适当的稿酬时，本身并不公平，它只是对劳动时间的近似偿付，而不可能是精神产品价值量的折算，名人因为失衡的名人效应而得到单篇稿件的高额拍卖收入，它能反映什么呢，什么也不能反映。然而文坛已经造成一种错觉，这就产生了与政治泡沫文学相仿佛的经济泡沫文学。

作家必须生存，但是作家无法将文学用作直接生存手段，否则同样只能毁灭。但有一种情况可以排除这种精神物质间的悖论难题，那就是社会本身的保障系统，通过某种直接或间接的支付手段，提供给作家不同标准的物质利益和生存条件，以确保灵魂工程师们的高尚劳动和智性创造，诺贝尔奖或普利策奖，便都属于这种范畴，文学基金会或高额稿酬标准，同样也是摆脱现实困境的努力方式。作家们要生存，也有权利富裕，这是社会的责任，因为作家为社会承担责任，但是文学不能直接转化为经济，就像不能直接成为政治，对此，历史、现在乃至未来，都将无可争议。

三

无可争辩，文学通过娱乐手段来达到其审美实现，因而某些作品加大其娱乐的力度和氛围，从艺术的多元性原则来说，既可以理解亦能够成立。但是这些年来，有些作家一扎进娱乐圈里，玩文学调侃文学，只要写出字来，发表出来，不管其体式风格语言涵蕴，更不谈文学的定性及其最一般的情感特征和象征意味，逗乐，制造诱惑，编撰离奇凶险花俏肉麻之类的故事，星族们神化自己的艺海生涯，追星族们写廉价的捧场文字，都称之为作家，甚至在理论界挑起所谓文学与俗文学之争，好像当代文学正在形成一支强大的俗文学队伍一般，其实是一种幻觉和假象。

俗文学是存在的，有一部中国雅文学史，同时也有一部中国俗文学史，郑振铎先生曾经为此耗费了大量的精力，也为我们澄清了许多疑惑。俗文学也是文学，只是文化层面的不同，而在风格体式语言等外在形态方面，形成了它自身的一套体系，究其根本，必须首先是文学，尔后才有所谓雅与俗的问题。《废都》是雅文学还是俗文学，应该说是雅文学，是严肃的纯文学，作者写了那么多值得深省的社会问题，足见其现实主义解剖之良苦用心。我们姑且不论别的效果是好是坏，只讨论我们议题的中心，那就是文学，当我们从事文学活动的时候，终归应该以文学价值为最高目的旨趣，过分跑到界限之外去抢别的生存空间和娱乐空间，则文学就无以自立，因丧失品性而自我消解。

文学沉溺于声色误区，不是用一个作品的例子说得完全的，也非几句话陈述得清楚，这种现象困扰于目前的文学创作，如同雾霭之朦胧田野，有一种略隐略现的毒品感觉，虽然离洪水猛兽还有扯不着的距离，但是其遮掩作家洞察力、创造力和审美表现力的隐患，却到了引起注意的时候。我们的文学，可以是惊雷成响鞭，风景成牧笛，野玫瑰或小山猴，但决不能是黯淡的脸谱，无力的呻吟，琐屑的淫笑。文学走向第三个误区，很可能是前面两个误区的继发性疾病，根源于作家的性格脆弱，所以非唤起作家的人格自尊，不足以重返沉实的道路。

当下之思与广东定格
——《关于广东改革历程的对话》读后

中国的理论言说，太多地沉湎于纯粹的学理设定，因而仿佛总有不着边际之感，这就形成一种"解答是解答，但问题仍然是问题"的被动局面。一部分理论工作者们大约从"胡风运动"开始，就养成了"唯上"或者"唯书"的诠释学风，所以尽管很多问题明明白白地摆在我们的面前，但大家都"成熟地"有意回避它们。读了陆秋连同志的《直挂云帆济沧海——关于广东改革历程的对话》一书，觉得虽然没有什么石破天惊的宏论，却篇篇落在实处，句句直谏目前，也就有浇融垒块之感。

思考当下的要点，在于切入位置的选择，使其与公众社会心理的"期待、视野"相契合，由此而确立其价值生长。物价问题，作者直言："重庆市政府最近重新向市民发放粮票，进行价格管制，依愚拙见，这恐怕是权宜之计，因为随着时间的推移，巨大的财政补贴和粮食的高成本、低价格间的矛盾将愈益突出，难以为继"；法制失范，作者敢说："中国人天生有较强的'次序感'。名单前后顺序、开会排列位置、聚餐坐位主次，都是要十分讲究的，逾越不得。至于时下社会上诸多关于'排名不分先后'的广告，那是假话，只要你仔细研读那些名单，还是有先后的，不致于把高层领导干部的名字排在后面"；浮夸风起，作者大讲："只追求外资数量，必然事与愿违。这样做，会产生'饥不择食'的后果，不管是什么外商，不管外商投资什么，不管我们的客观条件与可能，都一律优惠，无条件欢迎，别人腰包的经济效益可能不错，我们的呢？"。通读全书，不难看出大部分篇章都是一事一议的针对性作品，都与人民群众热切关注的焦点话题紧密相连，所以都是"活文章"而不是"死文章"。思考当下的前提，在于思考者对对象的敏感和反应，使问题在"潜状态"就已被捕捉，由此而确立议论的必要性。这一点，从《关于中国经济的几个问题——与何新先生商榷》一文就可以看出，作者在审视社会的过程中有他的超前性。

如果说该书的价值生长点在于"当下之思"的现实介入性的话，那么它的阅读机制则在于"广东定格"的角色亲情。所谓广东定格，就是全书营造的话语氛围，这个氛围使读者始终无法脱离广东生存圈。问题的起点和归宿都在广东，广东作为中国改革的排头兵和试验田，既有大文章要做，亦有小文章可做。这些文章做出来之后，不仅广东人爱看，其他地域的人同样也会爱看。究其原因，就在于"事实"本身已经得风气之先，因而所有的"问题"最终也就必然是"模子问题"。作者在这本书里，"大文章"做得很开阔，譬如与刘维明副省长的长篇对话，又譬如《市场经济论》。与此同时，"小文章"做得很细密，譬如《有感于顺德没有体改委》，又譬如《职能重叠说明了什么》。所有的问题似乎都是广东化的问题，同时又似乎是全国化的问题，从而对凝聚更广大读者的兴趣注意，起到了良好的阅读导引作用。

我想，如果作者进一步加强理论修养和写作准备的话，就可以克服"直而不锐"和"论而未及"的不足，就会把思考的触角伸得更深更远，是谓读后。

（原载《广州日报》）

从"形而上"到"形而下"

尽管"伤痕文学"在今天看来,粗糙和稚嫩显而易见,然而就新时代文学大势而言,引起社会的真切震颤的,却真的就算"伤痕"为最强烈。

那时候老百姓不仅争订《人民文学》,而且连某省市的小报小刊也不愿放过,他们生命与共地读着《天云山传奇》,读着《大墙下的红玉兰》或《被爱情遗忘的角落》,读着《李顺大造屋》或《犯人李铜钟的故事》……这是文学曾经拥有过的辉煌,尽管文本本身并未真正实现其艺术辉煌。

何以辉煌?理由很简单,那时候的文学承担着救赎的责任,而那个时代又恰处于呼唤救赎的转折时期。于是,在大众生存有"憋得慌"之压抑沉重的历史情境之下,就有"喘口气儿"的文学应运而生。作者们一边流泪地喘自己的气,一边还得擦干这泪水去为社会大众呼吁。所以从创作动机而论,乃是形而上的力量起着内在的驱动,急切地为形而下的困境找到历史阐释和价值说法。

可惜好景不长,气喘到一定程度的时候,"形"之上下关系就出现了结构性的变化,很多从前"形上"得很的东西,逐渐"物化"或"明晰化",变成了非常"形下"的生存状态。于是,情势迫使作家们必须寻找到新的形上空间,并从对这些空间的叙事中形成自己的言说力量,营造出大众乐于投入和能够信任的追求氛围。问题是,中国作家先前之获得形上力量,乃是机遇和本能冲动的巧合,巧合只是点状纽结而不可能是线性延伸,所以对并不真正拥有形上优势位置的作家们来说,就难为无米之炊了。

虽然写作已经远没有从前吃香,但是作家协会依然还是挺诱人的名字,仍然会有成批的作家产生。如今到处是诗人,什么样的诗人最多呢?据统计是考不上大学的青年最多,平常者就地结社出版民间诗报,极端者则学着李白的样子周游赤县神州。这种情况,当然小说亦不例外,文学日渐成为给自己"作交待"的"一种活法",尽管大多数人最终什么"法"也没有,"名"未成而实际的事情也不曾踏实地做好,但毕竟也有人小成气候,一堆堆的铅印文字摆放在大大小小的杂志上,尽管杂志的印数因而日渐减少,而且大多进了废品回收站。

就当下的作家创作动机而言,大多是奔着"名"以及随之而来的生存实利的,譬如转干啦,譬如换个工作环境啦,譬如由小厂小镇到作协机关中心城市啦,更高级者则可能搭乘几回漂亮的轿车,甚至跑到大学的讲台上去确定几回自己的文化贵族外衣,他们无气可喘,也不曾焦虑过如何去喘社会大众的气儿,又偏偏遭遇这样一个"气"已不是中心问题的语境。所以,"找活法儿"就是全部的驱动力量,一种极为原始的个体形下力量。

何以文学衰落?理由同样很简单,那就是作家们站在形下的位置,揣着形下的欲望,却企图获得形上的胜利,那又怎么可能呢?中国文学的当下失意,当然有其更为复杂的历史缘由,然而我以为这是根本的根本,在生物学上表述为发育的基因质量问题。

最近一位外地的朋友到寒舍小酌,虽然他是一个青年科学家,却偏偏谈及文学话题。席间发问:你说如果一个正在走红的作家得罪了你,惩罚他的最好办法是什么?我摇了摇头,感觉木然,他诡秘地一笑,云:让他去读他自己的大作,而不允许干其他事情。我在略有领悟之后,暗自骂道,你这该杀的,总有一天会背后挨某位成名的作家一刀。

(原载《南方日报》1998年8月12日)

澳门文化人

一

我是在去年教师节前来到澳门岛的。

我的一位名叫黄文辉的学生,去年刚刚应聘到著名的"培镇中学"教书,我想在教师节这一天,他一定会来请我"撮一顿",或者至少拎点什么"意思意思",以绵延"天地君亲师"的国故传统。不过他没来。

后来我偶尔谈起这事,他笑了笑,说澳门没这节日。于是我就很感慨,毕竟是商人和赌徒聚居的地方,教师的荣誉,竟然一点得不到尊重。想起我在内地任教,逢此节工会总要发给十斤八斤苹果的,以示庆贺。记得1989年在合肥过教师节,还领到了一张到电影公司看进口获奥斯奖影片的入场券。

但是后来我在接触了一些教师之后,误解就又消除了。澳门的中学教师,月薪一般在一万一千澳元左右,而澳门大学的讲师,月薪则在两万八千到三万二千之间。在澳门大学中文系任教的李观卢夫妇双双月薪两万八,所以我时时戏称其为"五万六之家"。住房和医疗是全免的,且福及直系亲属,这个待遇已经被法制化下来,所以也就没必要法制化一个节日。

如果不作比较,这个数字大抵还太抽象,以地域横向比较,澳门的物价约比广州便宜二十个百分点,深圳当然更不在话下。李先生夫妇正常居住在澳门的时候(指除了每年毫无例外的数次旅游),月开销五千已是极限之极限,所以我又给他一个谑称,"六十万教头",意思是他每年可以存款六十万澳币,折换成人民币,便整整一个百万富翁了。以地域同位比较,我拣了《澳门日报》副刊部主任汤梅笑比,她的月薪是八千澳币,意即在刚刚任教的黄文辉之下,而基金会中方主席吴志良先生的月薪亦不过一万八，这与作为教师的李先生当然还相去殊远。吴主席在澳门是鼎鼎大名的政府官员，相当于内地省级的厅局长，每年他有二十亿澳币的审批权，足见其威力不下于一个财政厅长，可是待遇却屈居在一个大学讲师之下，而且下得不少，这道理岂是中国的国情所能容忍。

澳门人问我，如果您在澳门，愿意干什么？我真诚地回答，当一名大学教师，讲师足矣。尽管我在澳门的日子里，没有任何传媒作关于教师伟大的善良劝说，我还是这么本能地选择着。

二

我在接触了澳门大学以后，着实吃了一惊。记得我的博士论文题目《论世界作为神话》开题的时候，来自北京和上海的专家们都说是有创造性价值的，无非是讲述一个道理，如果没有文学艺术，人类将如何活不下去，或者就根本不会活到今天。

这个论点实际上极有利于支撑时下的主旋律主张，因为使命意识和工具意识，最终都是由存在必然性作价值铺垫的。所以我们的作家，总是觉得自己正在救国救民，或成反过来，总被看作可以被驱使的力量。于是大家就都得到好处，写市民文学的人可以从老百姓腰包里掏钱而成"腕儿爷"，写帮忙文学的人可以从政府那里换来官或者至少政协委员之类，所以这文学显得急躁。

但是澳门的作家都不是这样去考虑问题，他们更多视文学为一种修身养性的文化自娱活动，文学既不可能使他们在商业海洋里作为间接获利的起点，亦不可能为他们的已经高收入再增加什么利润。他们出版诗集和小说集，自己掏钱印就行，无所谓出版社，也不必考虑评职称用。那些印制精美的集子只是用来在文人之间彼此奉送，一般只在千册左右。所有这些作家都是业余的，但是又一概写得极为投入和真诚。

那天我们在"黑沙滩"海滨娱乐场集会贺"五月诗社"成立十周年。那些当年的诗社缔造者们一应聚齐，好家伙，原来竟是几位家庭妇女。她们利用丈夫外出赚钱的闲暇，便耐着性子悠闲地写诗。我是真的不敢想象，获得澳门政府经费资助，主编极昂贵印刷品《现代诗刊》的五月诗社，竟然只是一帮主妇的闲暇所为，真不知这是文学的回归，还是文学的沦落。

有一次与梁凤仪小姐开会的时候，我聊到这件事。据她说，海外华文文学的作家中，绝大多数都是这样的作家身份，文学对她们和对社会，似乎都不是什么缺乏不可的必然性存在，所以作家队伍，以女性为绝大多数，且又以无职业的贵族女性为最。

这个证实，为我认识和叙述澳门文学提供了豁然耳目一新的思路。

不过一想到我的博士论文以及藉以获得学位的皇皇大论，就感到两腿发软，将来这文学到底是什么，实在不敢大声作结论。若是再迟些时日，只怕我会失掉学位，我的作家同道们也会失掉那些这样那样的"间接性赚取"。我在为自己暗自庆幸的同时，更为我们的作家大爷们感到庆幸。

三

在澳门揣了一张记者证，意味着什么呢？辛苦！我的同道师弟在《澳门日报》干了整整八年，一直想去当老师，见面就是满腹牢骚，因为几间学校都说他虽然是硕士，但毕竟说话有些口吃，所以一直未能如愿。

这实际上等于给我泼了一盆冷水。行前我一直在打小算盘，有师弟在澳门的官方报纸当大记者，那神通广大和办事方便，至少相当于内地的省级报纸记者。如此，则吾何以忧？见了面才知道他们那里的记者是又一种样子，不神气且落魄，我就知道我去占便宜的念头没戏了。

澳门的记者收入普遍不高，但却非常辛苦。《澳门日报》只有百十员人马，却每天出 24 版，还不包括增版和特刊。记得澳门电视台的林玉凤小姐有一次告诉我，什么时候能美美地睡一天觉，就是一大享受。如果在内地当一个省台的节目主持人，不美死才怪呢。

糟糕的是，记者出去活动并不怎么受人欢迎，更何谈车接车送外带一点"意思意思"。他们总是硬往人家身边凑，受冷脸和白眼当是家常便饭。有时为了抢独家内幕新闻，得呆呆地到某个位置一站就几小时甚至通宵，以前对海湾战争中那些跑去送命的记者十分不理解，这回我算是理解了五六分，知道他们为了报纸的生命，不得不去舍命地敬业。

何以记者会沦落至此，没有我们内地的记者那么吃香呢？有了一些接触之后，我方渐渐知道他们犯了"方向路线性"的错误。原来他们去采访对象时，总喜欢问人家的痛处，而回来写在报纸上，又总是揭露社会的种种不足，总之说坏话的时候远比说好话的时候多。这怎么行，即使人家坏，你打个哈哈不就过去了，能说几句恭维话就说几句罢，人家自然就会给你"红包"，请你赴宴啦。所以我对师弟说，我来给你们当老总，保险你们从此就能够神气起来，至少比大陆的记者还要神气一等。这里什么都能登嘛。但师弟笑了笑，说神气一下很有可能，不过神气一下之后，报纸连同你这个老总就会一起神气到失业者俱乐部里去了。

这个题目当时没有顾得上细加讨论，现在回想起来也还觉得有些丈二和尚摸不着头脑，怎么会呢？所以我有一个打算，无论如何要接师弟回大陆"取取经"，无论如何要让他们走出"误区"和"困境"，我发誓。

（原载《大时代文学》1996 年 10 月号）

会议批评家

大约是在中学时代，就曾读过张天翼先生的《华威先生》，虽然能感受到其中的滑稽，然而对作品的真实意味，实际上并不曾摸到。我对这部作品的深刻把握，是在到北京工作以后，生活经验帮助了我。

北京的文艺界，会议就真多。尤其是这几年，各地纷纷涌到京城里来开作品讨论会，大到一部电影的首映，小到一篇小说的研讨，几乎是月月有，天天有。究其目的，无非是要亮亮相，扩大影响，借助传媒和权威的力量，去获得更多的作品以外的东西。

会议多了以后，批评家的机会也就多了，所谓市场需要使之然。一些批评家参加这类会议多了，渐渐疏淡着他们本来的职业和专业，沉湎到这种忙碌中去。倘若有些日子不曾被邀请，准会怀疑文艺界的形势是否有所低落，或者自己是否已遇失宠之危。经过时间的筛选，这类批评家便定格为一种"会议批评家"。

会议批评家较之一般的批评家来，更有专业性，或者说更具专业优势。这种优势表现为，嗅觉更加敏感，作品阅读能力更强。举个例子，一般外地的作品匆匆到京城里来开会，大都是提前一两天把作品送到批评家的手中，有时甚至连一点时间差也不给会议参加者。但是这并不要紧，对于会议批评家来说，只要浏览一下"简介"或目录，就有办法整体把握住作品的价值位置，就可以堂而皇之地发一个小时的言，而且一点也不外行。我的一个朋友总结说，会议批评家的批评特点，就是听其发言，越听越觉得是回事儿。读了作品，则越读越不会是事儿。问题在于，会议批评家赢得了会议批评的权威性，赢得了在场的胜利。

我的一位文坛旧交，以前凡遇老友相聚，电话打过去他就来，可是这些日子以来，却是每次都回答一个"忙"字。说是忙得焦头烂额，说是又有电影要审、又有戏剧要观、又有作品要读，而且几乎每次都说是次日就要赴会。据其夫人称，他如今每天都这么辛苦地东城奔西城，城北颠城南。我就问嫂子，干嘛这么累呀？嫂夫人很无奈地说，还不是为稻粱谋，参与费也赚不了几个子儿，那些饭也未必都怎么富有营养，不过话又说回来，既然选择了这个职业，总得有个活法。话毕，我对这位嫂夫人的解读，算是佩服得五体投地。

每当在超市付账的时候，我就惦念着，哪天得弄会议批评去，那片风景存在着诱惑。

（原载《新华日报》1998年5月20日）

简议特区文学的"特"

严格地说，本体意义上的特区文学还没有形成，这一方面是由实践形态的历史渐开所致，另一方面也是由理论形态的意识模糊所致。所以，把握特区文学的本体特征，是特区文学创作走向成熟的基本前提。

传统的两种文化移动态势——报块移动和耗散移动，虽然都曾有新的文化背景和文化基因，但本质上仍限于空间跨越。美洲大陆的生存拓展，直接延续和移植厚重的欧洲文化。盛唐文化散播到蛮荒的岛国日本，也长期流露出后者对前者模仿时的崇拜心态。这些都属于文明的线性位移，或者称之为生存线性位移。就其整体性系统构成而言，常常被现代学者给以文化能量分析："假如文化是一种利用能量的机制，那么文化就应该在某处找到这种能量；文化必须以这种或那种方式掌握自然力"。[1]因此，文化的递进延伸，实质上也就是文化能量的扩散与增值，人们由此而获得对特定文化存在实体的定性判断与定量分析。所以在通常的学理描述中，文化发展呈现一种渐进的轨迹。即有的价值观念和道德判断参照系，生存方式和社会控制制度，文化习俗背景以及审美的社会集合心理，不仅起着群体生存维系的作用，而且成为覆盖新区域文化的背景和原始驱动力。雷蒙德·威廉斯说："18世纪后至19世纪前半叶，一些今日极为重要的词汇首先成为英语常用词，或者这些词原来在英语中已经普遍使用，此时又获得新的重要意义。这些词汇其实有个普遍的变迁样式，这个样式可以视为一种特殊的地图，通过它可以看到更为广阔的生活思想变迁"。[2]所谓"普遍的变迁样式"，结构主义文化学曾经作出过较为丰富的阐论，企图找到人类文明进展的一般轨迹，"试图把文化行为、庆典、仪式、血缘关系、婚

---

[1] 怀特：《文化科学：人和文明的研究》，曹锦清等译，浙江人民出版社1987年版，第353页。

[2] Ruymond Williams: *Culture and Society*, Penguin Books, 1983. p1.

姻法规、烹饪法、图腾制度的各组成部分看成不是固有的或无联系的实体"[1]，尽管并未最终寻找到一致认可的网络结构，却程度不同地证明了"普遍的变迁样式"的客观存在，以及这种存在提供给我们把握文化运动态势的诱惑性思路。任何一种文化，都是规律运动之后的再生质，与过去时间维度和未来时间维度密切相联，并且极大程度上是背景驱动的衍生结果。客家人从黄土高原带来中枢文化的种子，耕耘于末梢地带，千百年矢志不渝，就是一个确证。

特区文化应该说是人类历史上文化递进中具有分析价值的案例，至少是民族文明史上的典范。它区别于线性位移而呈弹性品格，区别于空间跨越而表现为时间跨越。强制与诱导相结合的移民方式，最集中地显示了历史主体性的力量，自然生存法则暂时屈服于人类的意志力量。弹性张力乃是另外一种文化进化轨迹，相对线性进化而言更具裂变能量，这实质上回答了某种文化猜测："文化的演进有可能以下列事物中的革新面目呈现出来：如家族观念、'狄俄尼索斯'战争情结、野蛮人制取敌人头颅作纪念的记述、超自然力量这一概念的发展或新意义，以及其它事物中的任何重大因素等"[2]。19世纪的叔本华学说，把所谓的"革新面目"强调到了极致，恶性膨胀了世界生存意义上的人类意志力量，但它却在特定层次上深刻地把握到了人类文化进化的超常运动状态和突变价值。特区公民来自四面八方，各种地域文化背景，彼此迥异的文化类型和文化层面，统统在域外价值文化的催化或酵化之中，混杂或交织，撞击或裂变，融汇或重整。个体的人格自信，在预想的前卫文化格局面前，最大限度地受到抑制。抛弃旧背景适应新背景，共有的意识超前，使臆想的文化跨越，转化为现实的文化跨越。正是由于这种急骤的社会合力作用，使得特区的文化特性，突出地表现为时间提前量，或者说是结晶态时间浓缩文化。人们在不知所措中，几乎无法看到这段历史的过程，但是设计者急于实现它，于是就在风险和机遇并存的社会实验中，造就出个性突出的特区文化形态。一切常态的东西如今都转型为变态，甚至极限态。于是作家们发现，"可能所有的变革都首先表现在生活形态上"，画面展开为"的士冒着浓烟在路上呼啸

---

[1] Terence Hawkes: *Structuralism and Seniotics*, University of California Press, 1977, p13.
[2] 托马斯·哈定：《文化与进化》，韩建华等译，浙江人民出版社 1987 年版，第 21 页。

而过,车身明亮的奔驰、皇冠甚至林肯、卡迪拉克、劳斯莱斯却在酒店门前醒目地招摇着,不少单位里还在使用着老式的摇把儿电话,我眼前却有许多腰缠万贯的男人女人拿着'大哥大'吆三喝四;别看这酒店富丽堂皇挺是那么回事,说不准什么时候就会突然停电停水,客房里一股排泄不畅的尿臊味……"① 作家们当然只能以现实的感性姿态,观照这世界场景的突兀与陌生,但观照一旦以艺术场景的呈现方式构造成文学作品,它就在文学的地盘上开拓出一种新的生存空间,文学活力也就有了新的生长点,这是文学世界与现实世界的同步景观。人类历史上类似现象很多,马其顿文化突进就是一个典型,美利坚文化合成同样也是一个典型。 渐进与突进的叠合前滑,构成了人类文明历史推演的优美曲线,而特区文化,恰恰就存在于这个曲线的某个偶然位置上。

地域文化当然还会通过个体的承载,程度不同地影响特区人的生存内容,有时还能在复合型文化结构中,产生不可低估的反弹摩擦,这比较符合泰勒原理。但是,我们无法将其夸大到博厄斯状态。就特区的实际情况而言,并不是随机地域内涵之和,叠积为新生的地域文化。实际上,我们也无法用文化线性模式来僵硬地解释能量的裂变的弹性发展状态。从这个意义上说,特区文学的"特",首先就特在其所依托和面对的特殊文化背景。不明确这一层,作家即使生活在特区,依然无法介入特区文学状态。

文化背景的大跨度历史改观,全面地影响和制约着特区人的现实生存方式,既左右器物层面,也左右制度层面;既体现在物质生活方式上,也体现在精神生活方式上。即使刚刚踏上特区土地的移民,从一开始就不得不调动其生存适应功能,不能不被某种既定性的氛围所笼罩。亘古以来,每一时代都有其独特的生存注意中心,人与对象世界的关系,人与人自身的关系,必然以时间梯级为其剖面展开脉络。早期的盎格鲁·撒克逊人,生活于海洋之畔,何曾享受过航海的乐趣,相反却备尝海上捕鱼的艰辛。人类向往自由王国,却无时不在必然王国里作乐观的挣扎。《圣经》说人类生来就是承受苦难,所不同的只是此时遇旱彼时逢涝,矛盾重心转移而已。特区人生活在超时状态的社会辉煌中,较大程度地摆脱了传统社会结构的困境,很多普遍的窘迫,在这里或不存在,或程度较轻。但是,这

---

① 张波:《特区不浪漫》(中篇小说),见《特区文学》1994年第3期,第34页。

并不意味着没有苦恼，遇上长时间塞车，即使亿万富翁也都无可奈何，只会焦躁不安。特区拥有自己的特区时代，特区时代同样逃脱不了制约自身的一系列深刻社会矛盾。先行进化的社会，比从前更复杂更深重，也更斑驳陆离。所以，要认识特区社会，就要把握住特区一系列新的生存注意中心。

　　文学形式的演进，比利奇称之为范型转换；而文学的内容更迭，霍普金斯的学者们惯常表述为母题位移。一切母题都具有文学史的终极价值，每一时代都有自己的现实母题选择。《唐诗玉屑》里说，初唐开国，盛唐思乐，中唐言乱，晚唐咏边，大体都是从母题倾向性角度持论特区兴盛以来，作家触感到了生存变异的神经，敏锐地以特区文学作为创作旨趣的核心范畴，并以打工话题为生存表现特色，力促打工文学的成熟。打工现象当然是一种新生的社会现象，然而现象就是现象，它是事物内在质的外部显现形态而已。就特区而言，它有一系列潜在的深刻话题，需要作家去表现和把握。一位小说人物凌海"不想重复先辈们那古老的故事，他想编织一段新的属于自己的故事，正由于这，他才怀揣着一张边防证独自闯入了这刚刚崛起的新城。只是他前面的路要从哪里开始呢？"作者安排为"凌海被炒掉了，仅仅是执行总经理的吩咐时，慢了两分钟就被老板解雇了，结束了他半年之来倍觉荣耀的保安员生活。这点凌海做梦也想不到。"[①]"做梦也想不到的"事情应该非常多，生存现实的剧烈演变，使作家们要去反思那些埋藏在这些"想不到"的生活现实底下的蕴涵。生存者的矛盾纽结和日常困惑，兴趣注意中心和苦难的经验，都将不是过去经验的复现或重组，而是有了根本性的空间转移和时间转移，这个转移是所有的"当下者都做梦也想不到"的，而这恰恰是呼唤特区作家，怎样把这些"想不到的"生活现象转化为文学把握的想得到的母题表现。所以说，生存位移的文学表现，就是母题位移，从这个意义上说，特区文学的"特"，其次就是文学母题的独特发现。特区文学的内在依据，也就是文学母题的掘进深化和创新拓展。

　　母题不等于题材，它是深刻的人类生存话题，具有文明历史的终极抽象意味。人的外部世界的展开，人类社会在自然界占有的空间比例，生存

[①] 杨秀生：《静静的深圳河》（中篇小说），见《特区文学》1993年第6期，第66页。

注意中心的前移和深化，都会产生话题变异。特区作为民族文化与世界文化接轨的先锋地，文化内涵与生存内涵已经人是情非，错综复杂的社会矛盾，使特区人的漂泊感、孤独感、恍惚感、挣扎感等心理情绪骤然增强。社会情绪的普遍滋生，总是与社会生存状态的某些核心问题紧紧勾连在一起的，理论表述谓之"胡塞尔通道"。作家当然也生活于这个通道内，否则就不能到达精神现象的层面。母题即是现象层面的文学范畴切分。人们生存在不同的时空世界，通过切分后的不同母题表现，也就构成了不同的文学存在形态和作品内容范畴。每个时代都拥有一些极富创造力的作家，他们与公众共同感受着时代的脉搏，感受生存的困惑与憎爱的细微，最深刻地展现其特定的母题，并因此而形成某种文学思潮或凸现某种文学特性。所有这一切，如果只停留在题材水准上是无法实现的。诚然，题材新异会引发文学画面的新异，但是如果作家只在这个层面上追求文学成就，势必会溺于外观而匮乏于质沉，最终导致一种阅读迷杀，文学也就无法获得其时代独立品格和历史独立品格，落实到深圳实际，即是失却了特区文学。

特区到底有多少现实话题需要作家用文学去表现呢，文学母题展开的领域到底有多宽呢，理论前导固然可以回答，但回答内容极其有限。但不管具体情形如何，可以先确立一点，即所有母题表现都将建构在相适应的话语体系基础上。因为我们生活在这样一个场景，"巨轮上走出副食罐头家用电器／衣着时髦的妙龄少女／豪华的橱窗玻璃内站满各地的／名酒名烟人参大补"[①]。此种现实格局中，不可能仍然如农业文学状态一般沉湎于牧女或蚕娘，亦有别于一般的城市话语。困守着具体的物象，精神抽象和外来文化介入，高文化日常语汇的波流，遣词之习俗色彩的淡化……这些变异的因素，都将迫使特区文学呈现新话语姿态。我们知道，索绪尔语言学哲学革命的成果之一，就是把握到了文化位移与话语转换的有机整体性。一定的话语环境，总是先锋生存状态的日常性可视层面。净化和文明递进的透明效果，与但丁写《论俗语》的时代背景极相似。意大利文艺复兴的骤然勃起，导致了日常语汇的历史自律筛选，也必然包括文学语汇的作家主体性更变。特区语汇系统在变，不管人们处于自觉或不自觉状态，这种变都是沿着人类公共文学的方向延伸的，而不是北方移民艰难地适应

---

① 楚夫:《城市画家》(诗)，见《特区文学》1993年第6期，第95页。

粤语方言环境。后者的逆文化作用，虽然会程度不同地滞阻文化接轨与文化进化，但其作用力终究是极其有限的。

既然语汇系统位移，修辞系统当更有时代拓新意味。文学从根本上说是人类的审美实现形态之一。文学作为观照和把握对象世界的一种方式，一方面与主体的历史本质联系在一起，另一方面则与对象世界的时代存在特征联系在一起。因此，特区文学想在特区的生存世界和艺术世界里，确立其精神个体性和存在的必要性，就必须充分考虑到主客体世界的急剧变化，建构拓新文学修辞系统。布斯的《小说修辞学》，最有价值之处就是充分认识到小说修辞的动态结构特征，而非罗列既有的修辞经验的条条框框。特区文化充分展开以后，其接受水平（the horizon of reception）必然会有较大的调整，在这种形势下，先前被认为卓有成效的艺术表现手段，各种聪明的价值实现机巧，甚至那些带点轰动效应的种种低文化诡计，都不会再有惊人的业绩，让农业文化作家获得虚荣的光环，如今都将黯然失色。

当然，话语就是精神的物质外泄，所以说到底，话语转变的实质就是思维惯性，就是社会精神风貌和与此一致的作家精神风貌。有人认为彼此原则同格。毫无疑问，"特区人"范畴的确立，从根本上说是以现象统辖为前提的，这意味着在古老的农业之疆，有一群人不仅过着内蕴和风格都很特别的生活，而且他们关注生活和认识生活的方式，执着情感和表达情感的倾向，向往美好和判断美好的重心，承受危机和对待危机的态度……都与中国社会的普遍状况有比较大的差异。这些精神层面的内在差异，制约而且直接表现在文学的话语形态之中。无论话题还是话语，都更加显示其世界意味和人类递进的时代意味。特区文学的话语结构如果失却本质意义上的转型转貌，也就失却其艺术表现力和文学的新生特质。

（原载《深圳大学学报（人文社会科学版）》1995年第12卷）

体制松动与话语新构

——关于90年代的文艺批评

尽管我们认为90年代的文艺批评存在很多问题，但同样我们也认识到，90年代文艺批评亦有其时代递进的历史内涵，那是80年代所没有的。比如，代表着文艺批评正确发展轨道的两种进步取向——体制松动取向和话语新构取向。

任何时代的学术，总是与一定的学术体制紧密联系在一起的，文艺批评也是如此。从历史的延伸轨迹看来，学术体制基本上呈现为递进过程中的弹性发展规律，即一段时间板结而另一段时间松散。在"板结"时秩序处于超稳定状态，学术权力会相对集中，社会言说空间相对收缩，这个时候，人与体制就会出现矛盾，体制本身在一定程度上限制人的创造力。在"松散"时秩序会出现一定程度的紊乱，学术权力分散，学术空间自由度大，有时甚至会自由到破坏社会凝聚力的程度，从而发生负面社会效果。但这个时候往往出现新的精神生长点，出现体制的活性，并最大限度地允许个体创造性的存在。

就90年代中国文艺批评而言，它更逼近于后一极，即批评体制发生较大松动的时期。没有一种批评话语代表组织化社会力量对其他批评话语行使控制权，学术体制本身也没有限制批评家的言说空间，所以是批评家与批评体制之间相对和谐时期。这个时期一个突出特征，就是批评的多元化构成，一些学者甚至将这种多元批评景观表述为"杂语喧哗"。就杂语喧哗本身而言，情况非常复杂，应该作具体的分析。而我们所关注的是，这一历史景观的基础究竟何在，显然，它得自体制松动的进步性。换句话说，如果没有90年代学术体制以及具体的批评体制的松动，如果秩序本身没有给不同观察位置的批评家提供充分的发言机会，则所谓"杂语喧哗"就根本不可能。当然，体制松动不等于体制松弛，不等于放弃秩序和原则，什么样的学术体制结构和批评体制状态最有利于批评的良性增长，还有待进一步探讨。

90年代文艺批评的第二大进步，就是其极为明显的话语新构取向。进入20世纪以来，中国的文艺批评曾经几度热衷于吸纳西方文艺理论成果，也曾热心于重温民族的古典批评，但其结果是，我们一直未能创建富有时代特色的当代中国文艺批评体系，也即是我们仍未拥有这个时代的批评叙事方式。

90年代的文艺批评并没有构思出多少有生命力的"新语"来，但是其新构性却至少有如下两种历史激活意义，那就是（一）可能性预示，（二）必然性颠覆。就"可能性预示"而言，90年代文艺批评所展示出的多元批评景观，以及对寻找说法所作出的探索性努力，实际上客观地为中国文艺批评的未来发展，提供了开创新局面的有益启示，这一启示的深刻性在于，条条道路通罗马，任何一种新的批评范式，都有可能成为阐释文学抑或启迪文学的全新文明通道。因此，它对于拯救80年代乃至以前的狭窄批评定势，对于活跃气氛和解放人的思想，对未来文艺批评作探索，都有不可低估的驱动作用。我们目前正在努力的所谓中国古代文化的现代转型，我们正"集体焦虑"着的所谓文艺批评失语，我们正在酝酿的所谓文艺学的中国立场，中国姿态和中国叙事方式。所有这一切，如果不是由历史启示绵延而来，都将缺乏其生成的合理性。可能性预示无疑正呈送给中国文艺批评一个发展的机遇。

就"必然性颠覆"而言，90年代文艺批评所表现出的冲击力，很大程度上击溃了文艺批评"必然性"的樊篱。直到80年代，甚至在充分地张望过西方文艺批评之后，中国文艺批评仍表现出一种文化守成主义的内闭姿态，坚持认为文艺批评就是那些个传统，那些个问题，那些个范畴，那些个基本语词，所以讨论来讨论去，一直在编织那个解不完的千千结，文艺批评领域年复一年的炒冷饭，所不同的不过是以前单炒"中国冷饭"，现在则兼炒"西方冷饭"。毫无疑问，90年代文艺批评的建设性成果并不硕大，但是其破坏性影响却不可低估，其中有些破坏则是直接针对批评的"必然性"坚甲的，在80年代以前，那些耗费我们思想智慧的理论顽症，是谁也不敢怀疑的绝对真理。

我们在这里之所以陈述为"取向"而非成就，是因为90年代文艺批评由于时间短暂，还不足以构成一个富有独立意味的批评时代，而且由于种种复杂情况而使批评没有能够得到应有的发展，尤其缺乏与这些取向相一致的可靠成果，所以还是一个没有批评实绩的缝隙空间。但是缝隙的存在，就使我们看得到亮点和端倪，所以不管中国文艺批评道路还将经历多长的紊乱和调整，但我们从90年代文艺批评中已经得到某种启示，中国文艺批评也许正在进入一个阶段。

（原载《南方日报》1999年6月16日）

贴块腐肉焉能体肥

近阅读诸重头杂志的文章,忽然发现一个新迹象,就是我们那些老被人家指责"读书甚微"的成名大作家们,忽然变得学富五车,在近期的一些小说里,大量地引用历史文字,哲学文字,从汉学到宋学,从正史到野史,从中国的程氏兄弟到外国的海德格尔,都被剪贴出来,又被拼贴进去了。

于是就产生了这样一种阅读局面,本来一个挺顺当的故事,挺有趣的情节,突然就斜插出来一段显示学问功力的古人文字或洋人文字,迫使你换一个阅读的知识背景。有一文里竟引了乾嘉学派里很是怀古、很是生僻之文,害得我读了段玉裁还得加上王念孙、俞樾之类的乱找,这类文字句子难断,话难懂,字难认,只怕专家也会苦恼,何况我等野路子的学术功底。

我就不懂,这位既没学过训诂,又无版本目录之研习的作家,干嘛胡乱抄一两段不搭界的古文来,炫耀动机就会贻笑,遮掩动机就会露绽,反抗动机就会落稚,游戏动机就会遭骂。总之,不管是什么样的动机,结果就是一回事,跟自己过不去,同时也跟我们这些善良的读者过不去,要知道,读者买杂志掏出来的每一个"子儿",都是血汗钱呐。

古文也罢,洋文也罢,都不是一段一段地存在着的,它们粘连在一起,前后牵扯,所以得几十年地读过来,才能晓得些蛛丝马迹。如果谁获得了这些"丝""迹",就像外科专家熟谙了人体的骨肉筋皮管一样,才可以操刀,才可以割一块、切一块、补一块。相反,如果只是野蛮的屠夫,凭着霸气站到手术台上,从某处强硬地割下一块肉来,又贴到病人的躯体上去,不仅不能增肥,只怕还会坏死,因为那将是一块没有血脉流注活性的腐肉。

我在读新近时一些小说时,头脑里就不时地闪现出如上所述的景观,总有一种恐惧和恶心的感觉。这当然不是剥夺大作家们阅读和引用经典的权利，倘若真是懂得了海德格尔，借他人之思、深文本之刻，又何尝不可以呢？问题是这得有个前提，权利是文明赐予的，既然如此就得符合文明的一些基本规则，而不是大家想做什么就可以做什么的。那里野性的霸权，是与权利自由背道而驰的。这不是我说的，是专门研究"自由"和"权利"的密尔说的。

文化必须被尊重，最起码的尊重就是把知识当作知识，夫子说是"知之谓之知"。写小说的人一般都有些小聪明，但是不能聪明反被聪明误，以为古今中外的"知识"可以像玩小说那样玩于股掌之间，世上哪有那么便宜的事情，否则我也三天写出一部中篇，一月造出两部长篇来。我不敢。

古人曾对喜欢写作的人说，"进而后作"，那是箴言。如今我对写作中卖弄读书和知识富有的作家们说，贴块腐肉不能长肉，这是凡夫的一句白话。

（原载《南方日报》1999年4月21日）

第三编

听不见脉动的心灵札记

笔名的味道

写文章用笔名，究竟起于何时，我一直想作一番穷根究底。据说公孙龙子就是笔名，但后来又被人家明明白白地推翻。有一点可以相信，笔名的用意大抵有二：或者标榜，或者掩匿。

宋明理学以来，儒家红得发紫，中国文化人亦越来越道貌岸然，充当清道夫或德育训导者的角色。阐幽发微之后，便去劝说女人缠足，给忍受寡居之苦的愚妇竖立贞烈牌坊。毕竟人是感性动物，七情六欲的一面，决非毅力和智慧可以扼杀。所以就有一些压抑不住的文化人，写《金瓶梅》《镜花缘》《风尘旧梦》一类的街谈巷议之语。市井生活的魅力，很大程度上就是玩生存的真实，卑琐也罢，坦荡也罢。但那个时代的文化人，还锁困于自我封闭的牢笼，又怕场面上被人瞧不起，丢了宗经正人的君子冠冕，因而在轻松调笑的文字后面，署一个不着边际的笔名，如兰陵笑笑生、小筑花主一类，便都是文化人价值悖论的产物。

而时代更早的魏晋之际，文化人迫于现实的困扰，兼受道佛杂糅之风的熏蒸，突然变得清醒和自觉。又没有觉悟到15世纪佛罗伦萨潇洒一旅的程度，树不起先锋突进的旗帜，就跑到山水田园里摘拾野趣，到道观佛寺尼庵居堂里谈论不着边际的玄学话题。这个风气，延及唐宗，格调自然逊了一等，而波及至明清，则更是俗不可耐了许多。魏晋的精神学问都是一流的不凡，即如号称"竹林七贤"之类的名号，也不曾将真名实姓隐去，谁都经得起一等一的较量。后来情形就大不相同，退是因为进途不通，玄则多为学问不深，沽名钓誉，用典用僻用奥，在本不精深的书籍上，刻印一个似乎德及炎黄、学逮荀墨的笔名，什么姜斋老者、杂俎山人、鬼谷子之流的玩艺，大抵作为标榜之用，尾页是一定要注明真实者谁也的。

南下之前，栖居桐城文派盘桓之地，在故都里吃些大师们牙漏的文化残饭，所以有机会与笔墨劳作纠缠。其间每见报刊出，一般都是见过的其人，笔名或曾被视为且介亭时代的产物。当然这笔名之风，也还不曾断绝香火，那些初学写作的青年，在大学门外舞文弄墨写字，一时成不了气候，挣不到足够的名头，也就自个儿取些莫名其妙的代号：曰"南北"，曰"鬼子"，曰"痴人"，曰"子午"。尽管五花八门，总还有文化取譬的规则可循，这就像画鬼魅阎罗，大不了两只眼睛之外，多出一些阴森森的眼睛，关键是眼睛总还是有的。

南下广州之后，闭门读书，求师于贤者，不曾与文墨界有更深的交往，真是谋生维艰，何论闲赋。后来，昔日的一些弟子，怜我孤独，就时常送来一捆又一捆的报纸杂志。偶尔吮吸，即刻吃惊不小，单是这斑驳陆离的笔名，便足以让人倒吸一口冷气。原来这江湖道上，已是新人辈出，门派鼎立，各路高手如云。南方的笔名，据说不仅初出茅庐者有，成名人物们也有，而观其风貌，又与中原景象秋色大异。崇武则"南岳一把刀""岭南三招""黑衣道客"；尚情则"鱼美人""欧阳薄纱""一指唇"；怜学则"电脑玩者""乙己二太郎""东方笔"；趣杂则"人境玩主""非东非西""别离子"。粗粗领略之后，我就有一个想法，40年河西之后，指导研究生写一篇硕士论文，研究南方的笔名奥秘，篇幅一定可以跨逾洋洋百万言。

这些日子，我悄悄开始琢磨南方的文化，触感南方文化的结构规则和深层律动，也就是从这里开始，因为我已约略尝到了一点笔名的味道。

周易的味道

易道阴阳，是先民的认识史。先民并非固定的族群，乃历史延伸的宗代，所以夏商周不同，施政教典法亦不同，夏曰《连山》，殷曰《归藏》，周曰《周易》。章学诚《文史通义·易教上》明确指出："各有其象与数，各殊其变与占，不相袭也。"

近来在南方的一些城市走动，竟经常遇到一些易学大师，车马热烈于厅堂楼宇，酒肉快欢于人前人后，甚至在某省作协的机构下面，堂堂正正打出"周易预测研究所"旗号。闲来无事，与一位大师神聊，才知道修炼之高，足以让所有现代科技汗颜。譬如说股市，纽约伦敦时常颤抖，上海深圳更是潮起潮落，而大师称，若是证交所老总躬顾茅庐，奉以足够银两，则可立刻运筹帷幄之中，决胜千里之外，赚钱的指数曲线，尽在一人操纵之中。

更为神者，则山川之动，晴雨之变，祸福之生，得失之财，长短之命，没有一样不可以预测，卦象阵出，判词尽在两片薄薄的红唇之中。某日偶尔受人邀请，出席切磋盛会，遇到银行公安体委作协一干正派人士。倾听得若恍若惚，相信得如痴如醉。居然有银行方面的处长，拍案称绝，一语断石，给大师数十万元的研究投入。

懂易经的人看样子是越来越多，易教威力即将要创造一个崭新的世界，北方的大师们一股脑儿跑到南方来传道授业解惑。我猜他们的本意，是因为南方有钱，而且南方人长期处于文化末梢地带，对于厚重的中原文化，毕竟缺乏充分的了解，容易形成糊涂的迷信与崇拜。

周易没有那么神，造不出电灯，开不动飞机，炸不响原子弹。如果真是那么奇妙，先祖以象数为日常的时候，应该生活在极乐的天堂，恰恰相反，他们处境维艰，生存于被动和无奈的困境。周易大师们同样没有那么神，大多文化肤浅，学历低微，皆因生存逼迫，找一条不流臭汗的生财营生之道，这与卖大力丸者，同一行当，只不过是五十步与百步之别而已。

苦只苦了本为正宗的周易，原是先民的造化，祖宗的记载，味道是很纯的，却不料如今装神弄鬼，滥吹牛皮，气味足以令人恶心。

南窗听雨

举家搬迁广州以后，心绪一直乱纷纷的，与北方来的诸多文化人通电话，才发现情形亦与吾相仿佛。我历来讨厌"沙漠论"者，一副居高临下的姿态，但是，我热爱文化，怎样的金钱诱惑，都无法改变我的人生内涵。每念及此，时有惶惶然，若恍若惚之感。

今日傍晚，又是下雨。淅淅沥沥，条条缕缕，从高大的榕树牵下，连接起颜面开阔的芭蕉，细微的声息，俨然少女怀春的低喁，惹得人浮想联翩，从李清照的梧桐情结，延续到郁达夫的月光综合症。南方的雨，一般是忽来忽去，电闪大作，满空间都是迫人受降的威压，容不得过客多少思想的缝隙。偶尔这么一场小絮飞丝，只要些许忙碌中的疏忽，就在不经意间溜失。

分给我的一套小屋，背靠翠竹密匝的山坡，一扇明窗，恰好南向而望。不过风景不是太妙，邻人谓之暨大的"黑人栖息区"。

欣赏不到雨打芭蕉的诗韵，索性把窗户关上，幔帘轻拢，低头伏案，屏住呼吸迴荡，调动听觉器官的全部功能，凝心静气地捕捉大自然的律动，与地母的脉跳，共同着真切的生命。

瞬间，所有的感觉，有如梦魂缠绕，骤然而至。雨声中，闻听到风的婉约，风声中，闻听到人的绵菲。自然抑或人类，总是饱浸内蕴的存在，无外乎文化的氛围。字里行间，一石一木，遍透生命的血脉气息。那年我到澳洲赴会，也是黄昏暮至，也是人声渐远，只见一大片沙滩上，一对老年夫妇，身体贴伏大地，尽情享受人文化了的自然之诗。我以为他们是诗人，交谈之后，才发现是商人，而且是在比利时卓具成就的地产商。原先我以为地产商必是拎着大哥大，挽着金发披拖的妙龄女郎，飞盏行盅于星级宾馆。这时才知道，他们拥有海水，拥有沙滩，拥有黄昏暮拢的相依相偎。说到底，他们拥有文明的既有造化，他们是富翁，不过不是中国的富翁而已。

南窗听雨，悟性在听，深刻也还在听。清代的某日，一群人赶热闹，前往钱塘观潮。钱塘的潮汐，曾是多少骚人墨客的话题，其中的恢宏，奇险，伟阔，诡秘，自有文字累牍。那群人中，为首是府官，潮来时手舞足蹈，不退反进，用躯体撞击白沫与翡翠。贴身伴者是当地巨贾，儒商之态，观其潮而吟其诗，饶是兴味之至，得人生之辉煌。跟从拎包拎衣的，是一账房老者，无视钱塘之雄，不见沸沸扬扬的人众，闭目端坐，两耳垂听，若佛陀道圣，似乎世界空空，何况小小钱塘乎？据说风流乾隆那日也去赏潮，见此情形，神色黯然，叹息道，江山之最，竟然尽得于无名无姓的账房先生，大清难矣。这些当然属于野史杂稗，不可全信，但是我想，或许也不可不想。譬如眼前，我的这幅景象，其中的味道就很充分。广州乃花花世界，说不尽的纸醉金迷，说不尽的浪笑偷欢，说不尽的魂断欲烧杂糅轻薄狂肆，于此情形，文化人倘若还想活下来，活得自持而且竟成滋味，活出活的真实内涵来，只怕这听，或许就是别无选择的人生姿态。

　　恍惚的黄昏，我在南窗听雨。

南湖钓语

唐有韩愈独钓，其钓情、钓态、钓意、钓趣，虽然离子牙之钓还有足够的距离，可是那中间的诗情画意，却是常人企盼所不及的。

钓是一种文化，与捕不同，非为衣食所困而致。大凡钓者，衣食足，车马安，而且有闲情逸时，否则不会执一根竹竿，痴痴傻傻地坐在湖边，任凭风吹浪打，日晒云蒸，半天捞不起一份猎物。古今钓书、钓文、钓诗、钓联，均不乏见，有些句子，读后可说拍手称绝，足见钓这玩意，不仅是一种文化，而且还是一种亘古以传的渊源文化。

钓分志情两类。钓志者，怀满腹经纶，治国平天下的大略，指点江山翻手即为云雨的绝世功夫，唯怕别人嫌其艺短，妒其才高，是以来一个欲擒故纵，玩一点现代广告学的雕虫小技，自我安慰，自我调节，所以说是钓在不钓，不钓之钓，才算得上真正的大钓。钓情者，退后一步自然宽，世界即是自我，生存唯务苏醒，钓便若棋，是心灵享受的产物。所以对钓情者来说，必是才华横溢，成者人生无念，充分地平衡生命状态，入于沉湎，甚至会溺于沉湎，这是钓在自钓，自钓之钓，该是人生修养的一种境界，一种格调，一种"生气灌注"的文化充实状态。

有段日子，没事翻看闲书，读到《清朝野史大观》，才发现钓翁不计其数，钓状亦可谓花样翻新，就觉得汉人活在女真后人的治下，虽然很无奈，倒也不乏自在，不然哪有那么多人跑去垂钓。后来经常出差到北京，到社会科学院做课题，每逢节假日，不愿打搅人家的夫妻月圆，天伦之欢，就漫无目的跑什刹海、昆明湖、颐和园，甚至远到十三陵水库。这才发现，北京的钓者，也是数不胜数。在十三陵水库，我认识两位依肩而坐的老者，整整一天，没有见到鱼的影子，可他们照样一动不动地坐着，坐得大气不出。俨然禅功造化，几至极境。自此以后，我就愈来愈意识到，钓是一门学问，而且是修养无边的学问。

到了广州之后，女儿吵着要去南湖，朋友们也都相劝，声称南湖是个好去处。于是，拣了一个阴而不雨的天气，一家大小作南湖一游。我与女儿是玩不到一块的，在她那个年龄，世界唯求其动，而对于我，动过之后一定要静，老是动下去，非爆炸不可。在征得妻女同意之后，我便拣了一块僻静的地方，休整一下残存的体力。在这里，恰好又遇到两位广州钓者。

粗眼望去，两位的钓具皆很先进，钓竿在空中划出两道白色的弧线，可能是从法国舶来的玩艺。可是及至跟前，才发现广州钓者的钓态极其不雅，拚命地拉竿，不停地在嘴里哼哼些心烦的声音，偶尔朝水面骂出一两句粗话，大约是鱼受其害了。略事寒暄，两钓者便夸夸其谈，比着炫耀昨日战况前日的功绩，重心落在一个鱼，恰恰不见其人。只这一幕，我就知道他们在钓蠢鱼，蠢鱼之钓，无滋无味，倒不如去网之捕之捞之，何需如此舍利而取钝。此情此景，兴味索然，我终于怀疑钓是不是真有修养学问。

南方是否来点崇高

中国的事情很难办，这种感受，人人皆有。

在北方呆了许多年，很想去南方看看。

人们看重南方，无非有两个方面，其一是多少有挤压。身边的空气往往处于低气压状态；其二是寻找天外飞来的机遇，梦想创作一两次生存奇迹。文化人情辞绉绉地说成是价值实现或价值确证，按王朔先生的理论，唤作过把瘾就"死"。这些年来，孔雀东南飞，人才向海边流淌，尽管大多有"五里一徘徊"的经历，总算飞过来了，过来的人大多也活下来，对一部分人来说，世界暂时得以安宁，而安宁的前提最主要也就这两个方面的暂时满足。当然，未必大多数人都清楚自己的命运，一半是侥幸心理，一半是糊涂胆大，跟着感觉走。对于普通人来说，又没有乌纱，既得利益即使有也不会太多，所以就浑里浑沌地来到一个陌生的地方。那个南方并不是我们真实地踩在它脊背上的南方，曾经有的圣土，大多被别人神化得让人兴奋，兴奋得令你头晕目眩。

去年冬天，赴穗观摩"金鸡""百花"电影节，发现这个环境虽然没有听说和想象过得那么好，却也有不少新鲜和神秘的地方，文化人的德性，愈是神秘愈要寻找个究竟。古今中外，几多人断了前程，几多人弃了性命。这回轮到我了，于是也来到南方。

住了下来。窝窟也是草草率率地搭成，就要出去寻龟呀、鸭呀什么之类的同仁共度人生，这就有了社交；工作加社交，使我慢慢地拥抱南方、接触南方，触感藏在深层的脉动。什么喝早茶呀，听夜歌呀，这回都有了全新的意蕴。

了解一些南方后，站在另一个角度上就感觉到有许多不尽人意的地方，最难受的要算缺乏崇高，不是微不足道的缺乏，而是让人无法忍受的荒漠。到店里买一件衬衫罢，非要"砍"一次价不可，非要"砍"一半不可，拉来扯去，费时费力。挣钱是伟大的，绿林好汉们聚在梁山泊抢钱，也还让人觉得有一股阳刚之气，可是这一切如今都变了，北方的一些朋友也就是三两年不见，整个换了个人，黏黏糊糊，遮遮掩掩，没有钱花时那个熊样，有几个钱时那种飘状，奴颜和媚骨的成分，实在是太大了。

我的一位朋友到南方之前与我居住在同一省城，混得很是个人儿，那年人家挤斥他，一跺脚，走人，朋友圈里个个为他高兴。这回到了广州市，却见他一脸的惆怅，江州司马青衫湿，颇有不如愿的地方，却不敢愤怒，不敢有不平之自鸣，说话支支吾吾，原来，老板吝啬了些，年终没给足够的红包，感到自尊心受到极大的伤害，我觉得他痛苦得没劲，一点悲剧精神也没有。于是，在我心目中，他变得太卑微和琐屑了。

实际上，最具滑稽色彩的要数两性之间的关系，我接触一两对男、女之后，发现这地方爱和恨也都不充分。在珠海市的望海楼馆，碰到一位神情沮丧的姑娘，两眼惶惶然，目光很黯淡，她的情人甩了她却留下四个月的种，告呀，她说没个必要；找他去呀，她说也并不是怎么失落，也没有什么抛不开的感情。你说这都哪对哪的事情。据说在南方，好些男人与女人都是彼此利用关系，速战速决，一锤子买卖，觉着腻了，各自走人，就好像不是过人生，而是演戏剧。

我真想立即回到沉重的北方去。没劲，所有激烈的事情都不激烈，生离死别不壮观，吵闹打斗无气氛，俨然像南方的白酒，硬是在酒里加了水，喝起来怎么也找不到瘾。

这些日子来，我时常在内心作窃窃之思。南方来点儿崇高吧，悲壮一点，严肃一点，大器一点，玩得真一点，不管干什么，来真格儿，我想会过瘾一些，活得也够分量一些。

打工仔　打工妹

无论深圳市还是珠海市，甚至延及汕头市、湛江市、佛山市、东莞市以及江门市，大半个广东省撒满了一地的打工仔、打工妹，上至学富五车的作家、教授，下及没有点滴墨水之恩的黎民百姓，他们在不同的层次、不同的位置谋取一种比较自由的生存方式。老板挑选员工，反过来员工也挑选老板，这在人格位置上算是公平交易。价值观念的裂变和位移，使得许些人踏上了漂流的甲板，从此，世界就失去了平衡，人生的安全感终于成为一种非常重要的严肃同题。

落后地区的农民们比其他人还要痛苦，只不过因其麻木而缺乏太多的觉悟而已。在我的故乡，农民们的收入微乎其微，我的一位远房堂叔辛辛苦苦累了一年，每亩土地只有五元钱的纯收入，而他的三个小孩都在念书，那中间的承受大约只有像我这一类城里人才能想象出真实的情况，因为在从前的日子里，我也曾经如同他们一样，一家人不吃晚饭，在饥饿中度过漫长的雪冬之夜。农民种田，得付民办教师的工资和村长、村党支部书记的工资；中央来了文件，一下子减免了几十种，大头戏没能减掉，乡里的干部、镇里的干部越来越多，都是从城里精减下来的，乡里、镇里又让他们到村里蹲点，村长、村党支部书记不从百姓身上收取，难道去卖两只不值钱的耳朵。后来南方传来消息，那里需要大批的民工，有人相信，有人将信将疑，第一批不怕死的带回几千元钱，家庭经济立刻振作起来，于是，就有千百万人浩浩荡荡蜂拥南下。

对打工一族来说，无论白领、蓝领还是苦力，待遇情形都不是太好。医疗、住房、保险没有一件有着落，而且都在出卖廉价的劳动力。在香港，一名中学教师的月薪折合人民币是五万元，这不包括各种公益性的社会资助和政府津贴。而在深圳市，当高级文员的博士也不过三两千元人民币的报酬，这中间的落差连来华投资的美国老板也惊讶得难以置信。民工们情形就更苦，他们只能拿400元左右的月薪，而且普遍超过12个小时。深圳市的东华服装公司，人大代表进去视察的时候，兄弟姐妹们的眼泪竟流注成河。我曾经问一位由安徽省来的姑娘，此等辛苦，值得吗？她说的确不值得，谁都是一样的人，想到这一层自然伤感得很，但是又有什么办法呢？回到故乡，哪怕挣五分之一的工钱也情愿回去，可我们到家里连十分之一都挣不到呀。

"打工族"的出现至少有几个方面的社会积极意义，其一是促进文化的交流与碰撞，北南之间、中外之间、农业文化与商业文化之间，彼此牵连起融注的血脉，北方人把厚重的文明和诚实的人格倾注到浮躁和冲动的欲望文化之中，起一种平衡和中和协调的作用，又给北方带回去域外的生存风景和现代生存方式；其二是解放滞重的生产力，使一大批长期以来缚着的劳动者取得自由支配劳动力的权力，潜能从地窖里一旦翻涌出来，其创造力将无可限量；其三是松动了北方的凝固结构，领导者与被领导者、群众与干部、农业人口与城市人口、权力与财富已经严重阻碍社会平等竞争，制约利益各方的超稳态社会现实。在打工者义无反顾和荣耀而归面前，全都樯橹灰飞烟灭，于是，在那块僵破的土地上，一方感觉到了生机，另一方感觉到了危机，活力就在这生机与危机中诞生；其四为国家决策机构作了没有任何风险的试验。

在广泛地接触了打工一族之后，我渐渐为他们担忧起来。一位从某省政协来的女秘书黯淡地对我说，钱也赚了，"海"也闯了，就是总觉得飘飘，国家用计划经济的模式规范市场经济状态中的人事体制和户籍体制，悖论和矛盾反差，足以置自由劳动者于死地，总不能永远没有户口，总不能永远不结婚生孩子，她对我说的所有的话，我都深刻地记在心里。

城市正在欺骗公民

农民们还在单纯地梦想，走进城市，这辈不行，下辈再来继续。不管城市公民们愿不愿意，他们正在蒙受城市本身的欺骗。承诺永远不能兑现，环境正在恶化，人与人之间的情感维系，已经程度不同地断裂。城市在干什么呢？

它正在残害儿童，所有童性的东西正在被消灭。在那些乐园里面，每一种游戏，几乎都为成人的娱乐设计，昂贵的消费水准，不仅儿童难以问津，连儿童们的父母也望而却步。商人们的奸诈目光里，吐着蓝色的火焰，盘算着如何到儿童们身上去榨取。最残酷的，大抵要称锁住他们的格子笼，儿童们从此没有天空，没有大地，没有鸟兽草木虫鱼，没有两小无猜青梅竹马的故事。全中国的城市儿童，都眼睁睁地盯着他们的鞠萍姐姐，天真纯雅的心灵沟通，只存在于那短短的二十分钟。儿童在消失。

它正在虐待老人，一切从前被尊服于高堂的神圣年龄，如今早已被人们遗忘。那些古稀健在，念叨着孟夫子的教导，暗暗地盼望晚辈的温暖，但是大多数晚辈自顾无暇，实在是太缺乏时间。老人们崇拜儿孙满堂，向往四代同堂的热烈氛围，但是儿孙们只巴望自由空间，城市里没有哪怕二代可以同堂的住房，于是，那些值得同情的风烛残年们，就在城市的某个角落里，找一块安身立命的栖身之所。他们从星期一开始，便白日做梦，指望儿孙们在周末里带来的那几个小时的恩赐。终于有人病倒了，呻吟也只能单调。终于有人一口气吸不上来，也只能在轻描淡写中变成一把粉末。城市认为这一切都是自然的秩序，自然的法则，是再自然不过的事情。老人被拒斥于城市的竞争圈外，他们因此而鸡毛蒜皮。

城市没有交通，到处拥挤不堪，塞车引起谩骂和愤怒，交通问题有如血脉不通，城市的效率急剧下降，直接威胁着公民的效益。城市没有环境，环卫工人们可以清扫大街上的烟蒂和纸屑，但他们无法清扫空气中的毒粒和水中的毒汁，他们更无法清扫声音中的污染和光线里的污染，整个城市已经彻底成为公民的慢性生命绞杀机。城市没有空间，居住窄狭，居住之外更加窄狭。楼宇连接楼宇，立交桥架着立交桥，鳞次栉比的摩天大楼，板着一副灰色的单调面孔，造成公民们的巨大心理障碍，他们终于成为城市的囚徒。城市没有时间，白天和黑夜是没有分别的，自然节律的春夏秋冬，在城市里早已没有实际意义。白天有喧嚣，夜晚照样有喧嚣，电视台里的节目，二十四小时连续不断，街上排列着数不胜数的日夜影院，日夜娱乐厅，日夜餐馆，日夜银行，日夜商店。睡眠开始遇到危机，休息日渐只能是相对意义，时间从此不再有任何单位的切分。

但是城市仍然不承认这一切，它还在所有场合制造诱惑，在新闻传媒里为自己的优越地位大做广告，而且它还在为未来许下新的空头诺言，声称某一天，城市将会变得焕然一新，今天的困境尚且不能解决，大都市化后的新困境，它甚至连估计都还估计不到，但是它却大言不惭地谈论着前途光明的谎话。

城市正在欺骗公民。

后爱情时代的爱情游戏

所有呈示视觉形象的空间，几乎都在重复一个古老话题，那就是没完没了的爱情。流行音乐说，爱你爱到天长地久，爱我爱到梦醒时分。叶倩文们或者那英们，两片樱红的薄唇，顾不得克制成温柔和甜腻，疯狂地煽动台下的少男少女，假如生命没有投入爱情的沉浸，那么哪里去寻活着的价值。舶来和土产的电视连续剧，更是爱得难舍难分，死去活来。北京的没有商量，台北的像雨像雾又像风，从拥抱开始，到婚纱夜宴里的从此不再渴求，一个牵扯故事，起码得四十个夜晚的两眼痴痴。现代城市公民们，终于淹沉在爱情人民共和国。

离开画面，迈进真实的生存空间，人们发现同样喘不过气来。灯红酒绿里的夜夜广州，霓虹灯闪烁着诱惑的隐语，都市人忍受着辛劳一天的疲惫，走进酒吧，走进夜总会，走进卡拉OK歌厅。俊男俏女，面色依依，陶醉于若隐若暗的氛围，挑逗切切，诱引急急，在酒台上不经意地暗使二指禅功，女性的纤手嫩肤里，立即附和两个接受的浅浅肉窝。男人们统统进修过现代叙事学，叙述身边的神话，流畅圆熟得让相声演员汗颜。他们习惯于对每一个性感或者准性感的女人说，你很美，美得足以让人愿意失去一切的既得。家里太沉闷了，贱内太缺乏女性的温存，事业的理解，人生的共同话语，活着的充分潇洒。每个故事的主题雷同，但是细节总有差异，总有切入具体时空具体女人的具体说法。男人们故事，总会有十分投入的专注听众。那些活得机智而轻松的女人们，恰到好处地天真着，纯洁着，温柔着，莞尔浅笑间，坦露着对不完善世界的宽容，鼻孔中轻轻溜出来的气息，揉挟着巴黎贵妇人香水的味道，拂动迷人魂魄的春夜细雨。花钱买门票，走进一个临时搭成的舞动，一夜又一夜，都市人就这样玩着永无尽头的爱情游戏。

只有校园里的学究们，似乎还没有乘上先锋快车，更不知外面的世界真精彩，自己的世界很无奈。他们依稀回味着雪芹的葬花之悲，倾听盛中国用小提琴奏的"梁山伯与祝英台"，走上严肃的讲台，与虔诚的子弟们一道，探讨永恒主题的崇高与深刻。所有的话题，充分体现出爱情时代的巴洛克风格，柳永的恨短叹长，晏几道的斜阳暮色，或者勃朗特姐妹的苦苦追求，爱情时代的爱，仿佛如生命赌博，那中间的撞击、壮烈、沉重、缠婉、诚实、悲凉，每每天寒地彻，每每地恸山摇。爱情时代的爱情，没有太多的字眼，太浓的氛围，太夸张的表现，沉甸甸，就只有结结实实的一个爱。

然而这已经是古典啦。模式日渐消解，严肃早已淡化。爱情从此愈来愈轻松，生命体验转型为道具表演。爱情泛化，爱情也就游戏化。电视里的人物道白，不厌其烦地告诉城市公民，后爱情时代已经开始。放松些吧，想得随便些吧，爱是什么，从前苦闷智者千百的疑问，如今有千百种简化了的答案。爱是女人花男人的钱，男人毫不在意地送钱给女人花，但他在另外的场会，为了一个铜板可以掏出匕首拚命，这就是答案的一种。

后爱情时代来临后，都市里无处不回响着爱情的温柔话语，爱别人或者被别人爱，平面化的两性交往，肉欲的轻松和满足，追逐的娱乐和被追逐的虚荣光环，一直延伸到垃圾堆里，破烂的纸片上，也残留着拥抱和接吻的瞬间镜头。

（原载《岭南文化时报》1994年10月18日）

"花园"晚茶

《现代画报》社的副总编辑周林生，曾与我在安徽大学有校友之谊，这回到了他的家乡，邀我去晚茶，大约以尽地主之谊。问及何处，说是在"花园"，富丽堂皇的五星级酒店，典型的西洋贵族风格。

活了几十年，梦到过多少回巴黎，却始终没沾过法国的泥土，弗洛伊德先生说，这是排除精神分裂的好梦。不过我读过林语堂、丰子恺他们这一辈人的文章，知道巴黎辉煌的激动人心。在巴黎的歌剧院里，男士坐着的时候，身体一定要直挺，而且领带上一定要有蝴蝶结。至于玉手挽着骑士，揩油揩得堂而皇之的贵妇人们，则必须一律的拖地长裙，而且再馋的娇娇，也还得忍着，吃巧克力或花生牛轧肯定不行。口香糖行不行呢，我还不了解，大师们的文章里没有提到，或许那个时代，根本没有造出口香糖这玩艺。

匆匆填饱肚子，到衣柜里翻出我的三大宝之一，那套培罗蒙西装。那年得了文化部的"田汉戏剧奖"，而且是理论大奖，与上海的余秋雨先生并列，老婆就对我说，别丢南京大学的面子，一咬牙，到新街口的中央商场交了整整两个月的工资。对着镜子，西装革履，映照着头发上的摩丝光亮，还真显出几分绅士气派。当年从山沟里跑到都市求学，师妹孙蔚女士每每言我土相，证据是连啤酒也不会喝，我想此刻如果孙蔚在的话，说不准会有些朦胧的意念。

周林生先生见了我之后，只是淡淡的一笑，就把我领到二楼的一个大厅。只见厅内摆放着两只假船，土气得极为地道，然后便是一些假松，假竹，假石，假花。然后便是热火朝天，人声鼎沸。老头儿们很阔绰，身边总有妙龄少女相陪，少女们总是长得如玉似花，足够与花园酒店的档次协调。当然也有情话，也有调笑，某个老头拼命对着大哥大喊叫的刹那，陪他吃饭的小姐，趁着时间缝隙，狠狠咬了几口鸡爪子。最为奇特的景观，则是这些富佬们，往往赤着脚，勉强地套一双"一脚蹬"或者"拖子"，有意无意间；还会架起来，好像要摆放一种什么姿势或者造型。

我不懂雕塑，但读过罗丹的《艺术论》，欣赏过米开朗基罗的作品，所以约略理解一点协调，理解一点人与环境的对应关系。广州的文化，大体可以用"赤脚文化"来加以概括，文化学家们若是有兴趣的话，几乎可以写出皇皇巨著来。赤脚文化的内涵，既突出了地域文化的实用，譬如对付气候条件的恶劣，亦揭示了地域文化的滞后，譬如与现代文明的隔膜。我总怀疑，在这些富佬之间，有人是愚顽，也有人是弱智，只不过糊涂胆大，出海捕鱼时，捞了一点走私的便宜，尔后便谓之发迹。如果这样的人来到"花园"，那将是"花园"的悲哀。我很穷，但绝不忌妒财富，所以我会崇拜洛克菲勒，但是我却鄙夷极不协调的一些中国富佬，他们的无知，庸俗，轻狂，连同成为垃圾的纸币，统统应该排除在花园之外。金钱买不来高贵，雅士得靠修炼，这是巴黎的法则，那么能不能成为"花园"的法则呢？

林生被急事 CALL 走之后，我便一刻也呆不下去，望着满桌的夜点，以及四周的氛围，一直就想恶心。无奈，退了出来，乘电梯而下。突见一楼大厅内有开放式酒吧，有闪着光泽的钢琴，一位琴师正在弹奏克里德曼，虽然只有一位金发欧洲老太在那里品茗，但我的情绪一下好了许多。于是便走过去要了一杯黄山毛峰，算是饮了真正称得上茶的茶。老太很恰当地给了我一个礼貌的微笑，便又沉浸到现代钢琴曲的轻松里去了。

活得多么协调的欧洲老太，至今我还在回味。

夜泊珠江

晚清以前,除了明末遗民浪迹汪洋之外,一般的夜游,大抵都囿于庭院之微,川河之细,诸如长江、黄河或者珠江,往往都是恐怖的对象。可以想象,一支残烛,孤舟夜行,阴风浊雨没命的袭击,无论河中漂者还是岸边观者,心绪怎能逃脱悬浮。

金陵的墨客们,从前每作"夜泊秦淮"之雅,三两句陈词,两三杯滥酒,俨然得人生潇洒。其实说穿了,如果没有粉尘轻洒,风流娘儿们不在那地方唱些婉转低回的曲调,嗲声嗲气里说些销魂的轻薄,又哪来一帮奶油小生出尽臭蝇苟苟的洋相。

到过南京的人都知道,秦淮本没有河,一条小沟而已,窄狭处,无论如何挡不住汤普逊的凌空一跃。由于年代久远,兼之风韵尽失,贫民窟搭建在秦淮河的两旁,任由垃圾便桶踏,已经不过是一条臭水沟而已。我在六朝古都生活了那么些年,每次邂逅昔日笙歌之地,总不免滋生一些惆怅,想此南京子民,也曾虚荣过,也曾威武过,何以如此今不如昔,退化到没有一点生存滋味的地步,竟不知厚重的古典文化,烟消云散到哪里去了。

后来流落到广州,中西文化撞击的堡垒,想找到一些新文化的飘逸,以平衡心态的倾斜。到广州的第一个周末,便邀广东的作家旧友,租游船一只,备几瓶蒸馏水,偕男女弟子数名,尝尝珠江夜游的味道。

夜晚的珠江,风流尽显。拔地而起的摩天大厦,距离适宜地排列着,仿佛在向游人诉说现代的意味。尤其那些闪闪烁烁的广告牌,用色彩编织谎言的花环,投射到宽阔的江面,更让人如入五里雾中。两岸沿街道路上,疾驶的车流,构思出一串串灯链,牵连起雄踞珠江的五座飞虹,这使得整个空间,嵌进了一幅完整的画面之中。恢宏拥簇着绚丽,画图显示着流动,无论如何,它只能被现代文明所拥有。我想,广州人很幸运,珠江也很幸运。弟子们更是眉飞色舞，面有失态，师生朋友们一道，热热闹闹地欢快了几个时辰。

　　回到家中，坐视南窗，职业病开始袭来。睡不着觉，就要找感觉，寻觅刚刚体验过的快感滋味。不料竟是大失所望。思绪空空，两眼茫茫，满脑一片苍白，没有半点回味得起来的东西，想想真是可惜。记得五六年之前，我们在黄山开完胡适国际学术讨论会，一行人过千岛湖，穿新安江，玩了西湖晓月之后，跑到上海去赏外滩夜景。外滩并不长，更没有值得一提的滩，而且灯火和建筑只排列在延安路口那一旁，至于现在开始建设的浦江东岸，那是还是黑乎乎一片。但是，我们乘船观览了外滩夜色之后，心情久久不能平静，想到了很多很多。人生，历史，世界大小，好些终极性话题，都在那次短短的漫游中，特别地提了出来，至今记忆犹新，而且回味无穷。我想，一条河流，不管是历史的还是现代的，总该流出它的内涵来。

　　珠江岸边的人们，您愿不愿意思考这一类的话题呢？

（原载《粤港企业家报》1994 年 10 月 30 日）

暮投西递村

西递村隶属徽州黟县，古时驿道之栈，取东西跑马的路向，所以有西递之名。遥想当年，盛世官车倾倾，乱世贼马猎猎，就在这西递驿栈，不知有几多壮烈，几回风情，几番曲折。

不过西递之在当代闻名，却反而因为闭塞的缘故。浩劫岁月，兵乱春秋，徽商创造了几百年的徽州地域文明。如今人们就只得耐心地寻找于山野之中了，这小小西递，显名就是情理中的事情。

到达西递，正是山间的日暮黄昏。

从山口的高处俯视，西递如一片圆形的树叶，平平地摆放在山间的场景中央。黑瓦白墙，烘托在秋季的金色稻浪氛围之中，视觉效果的层次感，表现得极为突出。整个村庄，紧紧地拥为一团，墙壁掩成弧圈之围，遮掩着村庄的人事消息。

循山口而走近村庄，当首是令人肃然起敬的一尊牌楼，"荆藩首相刺史"字虎虎神威，赫然出自明代皇帝对胡文光的恩荣。条条立起的青石，嵌刻着胡氏祖先的雄风，凡事迹、人物、封赏、宗传，俱是真相坦露，岁月可稽。牌楼后面有一孔门面，售油盐酱醋之外，还卖油印的《古西递简介》。粗粗浏览，便知这小小一隅之中，宗宗有翰墨，户户出商贾。凡大年将至，四海尽拢一村之内，在这乡村小筑，五湖归来的商客政要学子，把酒一杯，则神州尽在西递的一颦一笑之间。此番情景，即使高畿皇城，亦不过如此而已。

进得村庄，但见廊廊相沿，楼宇毗连，一丝没有雨淋日晒的空隙。满村尽耸三层四层小楼，厅堂宽敞，厢舍有致。飞檐之下，有绣楼雅阁，远观深山景致，近窥眼底行人。闺中秀女，房里徐娘，当是足不出户，只在琴棋书画之闲，偷瞧几眼人家的风流。

楼宇之间，有漏瓦接雨，顺瓦管流下，石道彼此勾连，明则"天池"，暗则"阴沟"。此乃中国式的给排水系统，只怕至今都市也未必尽然。

进了一户人家，而且拣的是一幢柱木黯黑、木雕精美的一户。门敞着，山村朴实得没有小偷，中堂上悬挂着一幅采莲图，依稀记得出自扬州八怪的什么人之手。中堂下面的木质墙壁上，横七竖八地撑靠着锄头钉耙之类的农具。一只便桶，就正好靠在采莲图的后面。问及主人，答曰一概不知，一代一代就这么挂下来，而且还要挂下去。

将离村庄之时，村长与我们邂逅，莫名其妙地一直赔着笑脸，神秘兮兮地告诉我们，日子快好了。声称西递将列入徽古民居的旅游景点，日本人最近要来参观，每张门票至少要收五元，云云。

辉煌过的古西递，在折腾和没落之后，只能如此么？

当此时，衣衫单薄的牧童，姗姗归来，麻绳牵着老牛，天真无邪地哼唱那首中国人谁都会唱的歌谣，走过御门，步步踩在平滑的青石道上。唯独老牛不谙人情，哗啦啦抛撒稀粪，稳稳实实地跌落在一代西递豪杰们走过的地方。那番情景，搅得我至今情绪为之茫然和幽空。

北方的围城

费了很大的周折，举家自北南迁，在南京上飞机的时候，朋友见了一副凄凉的样子，说是何苦呢。

说实在话，所有的结果，都是说不清原因的，尤其是文化人的所作所为。不过我至少可以交待一个具体的理由，那就是逃出北方的围城，一种无聊得到了绝望地步的氛围。

每天傍晚，人们匆匆应付完了一天的工作，简单地用了便餐，就急忙赶到亲戚朋友家里，围起一桌，哗啦啦麻将声，从此便响至次日凌晨。

冬夜虽然寒冷，但是对于围城里的人来说，冰水淋身，依然是暖融融的感觉。那种生命的投入，那种热情占有每一个当下的充实，那种孤立的自由、民主、正义和宗教虔诚般信任，往往到了令人感动的地步。

麻将的花样很多，极有风俗文化的地域痕迹，西安人的牌里，注定是要添上春兰秋菊这一类"花"的，但是武汉人则讨厌这些花，而以复杂的"番"让玩者眼花缭乱，南京人觉得"番"的算法太搅人，所以流行所谓"推倒糊"，但是马鞍山的人又有创新，"平糊"之外又添之以"追财"，曰"买追"。买追很有讲究，一四七抑或二五八，"得卡"的概率大不一样，更有潇洒的智者，专买"幺头"，取东南西北中发白，往往使城中一片大乱。

早些年前，玩牌的并不多，我读大学的那些年，进城者大抵只有赌徒，而且以输赢为计较。这些年情况有变，赌徒固然变本加厉，而憨厚善良的百姓乃至品德操行的政府官员，也都纷纷挤进城里玩热闹。家家户户，不论夜晚，也不论白昼，一有闲便进城。女婿携妻儿至，一杯茶没有泡热，文人就要发话，八圈的交情。文坛朋友聚会，冷嘲热讽说都啥时候啦，还谈什么家国皆不能救的文学，还不如来几手"自摸"。

日子就这么积淀而为文化，一种新的情感之维，生存之维。难怪有一户人家，春节的时候贴对联，一手工整的汉隶，上为"平连断卡条饼万"，下则"东南西北中发白"，千百路人经过此处，都是欣然一笑，认同曰妙不可言，而且传到了报界，补证说声津工整，对仗严格。读后沉思半晌，真不知这潮流，如今竟是哪代的时髦。

不过，这只是起初的感觉，日子长了，我发现自己活得也很无聊，找不到活干。有的活不给你干，有的活你干不了，有的活你又不愿意干。但是这么一个大活人，又自我感觉读了些中国人的智慧，外国人的智慧，这光景却又不明不白地憋着，何处寻一点慰藉和消磨的活路。见死要救的，当然还是朋友，三个来约，五个来凑，不消一个星期，就被连拖带拉进了城中。进城之后，才发现那些终日困扰的孤独，彷徨，压抑，贫穷，情淡，意冷，以及种种说不清楚的痛苦，顷刻间，消逝得无影无踪。相反，这城中的学问，又是何等的精奥。也有社会学，上下左右的牌态平衡，也有心理学，阴谋阳谋全在一念之间，甚至还有美学，跳跃的排列、平行的布置乃至色彩的组合，哪一样不让人心旷神怡。智慧和意志，牌品与人品，尽在每一个惊心动魄的回合之间。

忽如一夜色春风来，千家万家麻将开，辽阔的北方疆土，我的父老乡亲，终于都淹没到无奈的洪峰之中。那个夜晚，年迈的父亲噙着泪告诉我，走吧，到南方去吧，带上你的妻儿，带上你的沉重和苍凉。他说他这一辈子，大灾有三，先是日本兵祸，继而蝗虫之苦，再则这麻将之围。我深刻地理解着父亲，知道他这辈子是逃不掉了，只能幻想他的儿孙，能找到一块安乐的净土。我也真诚地同情着城中的子民，城中虽然吞噬生命，窒息灵魂，阻滞作为，但那城外的流浪之旅，何日又是尽头？

大禹治水的时候，夜泊涂山之畔，潮起时，随从惊呼，何不以涂山之土填堵。那是一个英雄和天才辈出的时代，禹就那么坦然地笑了笑，告诉他的部将，洪水退去之后，自然知道哪里要堵，哪里要疏。那夜，禹就枕涛于洪水泛滥的淮河平原，作了一夜的救危之梦。想起这段祖先的往事，眺望已是深冬的北方，突然觉得自己竟是十分的卑微，只怕连做梦的资格，都不曾拥有。

不过，后来我又想，北方的围城，固然苍凉得让人断魂，但是逃离到南方以后，我是否就活得轻松和充实？

药祀与神供

宇宙造化，生灵万物，其以生命为活力的地方，皆可以文化统连，譬诸这药，于历史的渐开中，逐步凝而为精深的文化，玄奥处，不可作等闲相视。《疡医》曰："凡药，以酸养骨，以辛养筋，以咸养脉，以苦养气，以甘养肉，以滑养窍。凡有疡者，受其药焉，"足见对千百年中华民众来说，药是与生存纽连一起并普遍地贯彻着生存文化的辩证精神。所以历来的官宦抑或民众，都把药学理论放在至关重要的位置上，继而便有民俗自然神教层面上的药祀，以及普遍为百姓接受的行业神神供。

药祀与神供，大抵以三种偶像为据，其一是华夏文化之共同鼻祖，意味着药文化与其他文化同源，故而供伏羲、神农、黄帝为三皇。其二为道教文化中的传神人物，因为在厚重的农业文化之疆，道教对庶民百姓的现世脱逃和生存拯救，最具诱惑力，故而吕洞宾者流，尽得药神药仙的潇洒。其三为历史上声名显赫的真实医师药师，虽然其救生的能量仍然受到历史文明进展的必然性制约，却终究在流传称颂中被神化，故而得以受到宗教色彩极浓的供奉。孙思邈、华佗、李时珍等，便都属于此种形态。

《药皇庙太和公所记》曰："苏城各饮片药铺公所，向……崇祀太昊伏羲氏、炎帝神农氏、黄帝有熊氏，由来久矣。"顾禄《清嘉录》卷四"药王生日"条记苏州医学校祀神曰："（四月）二十八为药王生日。医士有分烧香，骈集于洙泗巷之三皇庙……"北京药行会馆嘉庆二十三年《重建会馆碑记》曰"古帝神农氏，史言其尝百草，以作医药，著《灵枢》《本草》之书，以疗疾病。"佛山药业会馆乾隆三十二年《参药竹碑记》曰："昔神农氏之王天下也，尝百草以辨药性，医术于是乎兴。"《郑州药王庙碑文》曰："黄帝明阴洞阳，乃与岐伯等讲求《难经》《素问》。"胡文焕《事物纪原》曰："炎帝尝百草以治病，尝药之时，百死百生。"这一类的记载，都以三皇为药尊，倾向于将药文化与华夏文化元始之态等而观之。

俞樾《春在堂随笔》卷六曰："余在姑苏，偶一日过盛家浜，见有小庙，榜曰'宋敕封皮场大王庙'，不知其何神也。后见《夷坚志》云'秀州外科张生，其妻遇神人，自称皮场大王，授以《痈疽异方》一册'，疑皮场大王，乃疡医所奉。"沈汾《续神仙传》曰："药王姓韦，名古道，号归藏，西域天竺人。开元二十五年入京师，纱巾氅袍，杖履而行，腰系葫芦数十，广施药饵，疗人多效。常召入宫，图其形，赐号药王。"蒋瑞藻《小说考证·附录》引《花朝生笔记》曰："吕洞宾入峨眉山采药，著诗云'太乙宫前是我家，诗书万卷作生涯；春风醉酒不归去，落尽碧桃无限花'。"顾玉振《苏州风俗谈》曰："妓、医、药三行，祭吕洞宾最热。"都以道神真仙为祀奉，倾向于将药文化与道家文化糅到一起，大抵为民众愚昧和幻想的产物。

《神州志》卷三《建置志》曰："汉将郏彤之庙，俗呼为皮场王，即药王也，在南共。按王本州土神，自宋迄今，以医显灵，有疾者祷之即愈。相传先朝有秦王得疾，诸医莫疗，一医后至，进药数丸，立愈。问其姓名，对曰祁州南门外人也，遣使即其地，始知为神，诏立庙祀之。"《二十年目睹之怪现状》六十一回曰："广东人的迷信神鬼，有在理的，也有极不在理的。每每在配殿上供了神农氏，这不无理取闹么？"俞樾《茶香室绽钞》卷十九载："国朝高士奇《扈从西巡日录》云：郑州城东北有药王庄，为扁鹊故里。药王庙当祀扁鹊，香火最盛。每年四月，河淮以北，秦晋以东，各方商贾，辇运珍奇之属，入城为市。妙伎杂乐，无不毕陈，云贺药王生日。"这一类的记载，均以历史上的真实人物为崇奉，反映了人们对于药的观念理解，逐渐由混沌转向清晰，乃药文化科学增值的社会历史征兆。

药祀与神供，因时代和地域的不同而不同，其中原委，当然极为复杂，非短简尺牍所能道论明白，但有一点却很明显，那就是药祀与神供的文化现象，不仅发生在彼此相隔的不同地域，而且发生的遥远漫长的不同时代，这表明药本身，与人类的生存繁衍和文化延续，有着息息相关的联系。

（原载《中华医药报》1993年6月11日）

广州的塞车

广州市的风景线很长，从物质延伸到精神。

我到穗城一个月，发现有一种景观展示得最为充分，那是广州市的塞车现象。广州市的塞车不像芜湖市的塞车，后者，全因管理不善所致，行者埋怨警察，别呆在十字路口侃小街菜市好不好。对于广州市来说，警察们使尽了浑身解数，城建方面做出了一切努力，市长们急得半点办法都没有。广州实在是太挤，挤得让人常有一种窒息的感觉。

如果有人想过珠江桥，到珠江电影制片厂去玩一圈，一定会败兴的。几乎所有的车到那儿都得堵一回，白天如此，夜晚也是如此，无论你有怎样的兴趣，到这光景，便都烟消云散。照现在的情形，广州市的塞车已经伤害了四海来宾的感情，淡化了诗意般的花城形象，如果没有足够的办法，怕是要成为走向国际大都市的第一大障碍。

广州人先富起来，公车、私车都多，办事、做生意抢时间，都去买车，车买来了在街上跑不动，于是，广州市的塞车就积累成了一种公害。

塞车成了公害之后，逃避塞车便成了市民们日常生活一个内容。出租车司机一般不怎么害怕，尤其车里坐了客人的时候。"的士"装了计时计费器，不跑路照样收钱，又有什么关系。内地来的先生，小姐大多是"款爷"，两眼盯着阿拉伯数字跃动，肝火窝在心里，忍不住的时候，就骂得红唇白齿，广州这个黑心的魔城。当此时，"的士"司机们就要开脱，他们必须捍卫家园的声誉和尊严：没有办法呀，发达了就是这个样子嘛，你们内地除了不塞车之外，什么不都要塞。一个回合，便叫内地客哑口无言。诸如此类的街头小品，每天都将发生成千上万，站在适当的距离去观看，未必不是有味道的幽默。

"的士"不怕，官车却怕。那些给大大小小公官、私官、首长、老板们开车的司机，在塞车风景面前，真真是苦不堪言。误了开会的钟点，犯了老板的忌讳，丢了生意的赚头，惹了二太太、三姐姐、风流娘们的好情绪，哪一样不是原则性的过失。所以，这一类的车辆出了警察的视线，就往慢车道上钻，慢车道上跑快车，大抵也是广州市塞车时的风光镜头。机动车挤了慢车道，成群结队跨两轮甩两腿的人们，岂有不动火的道理，没有关系，大家都来抢，于是，不管红灯绿灯、车驶车停，一概大摇大摆地穿越。

广州市的塞车是一个很普通的话题，同时也是一个很深刻的话题。

野鸡河

离开野鸡河整整 15 年了，但这些年里，常常惦念着野鸡河那一方水土，那豪放拙朴的歌谣，还有那一帮活得热烈而又清纯的美丽女人。

野鸡河，曲曲弯弯地缠绕在大别山深处，于八百里绵延逶迤之脉，实在渺茫得无人知其所在。但是这并不妨碍它的故事，它的经年累月，它生老病死中的岁月沧桑。

野鸡河畔的一个山村，也就叫作野鸡河，七八十户人家，屋宇勾连粘贴，紧紧地抱作一团。居高远眺，晚霞薄暮中竟只竖起粗粗的一根炊烟柱，迫使你处于判断的位置上，要么胡思乱想地疑惑，要么历史洞穿地坚信，惊奇是不言而喻的。我是作为一名政法干部，被派到野鸡河住队的。野鸡河的人们很疑惑，千百年的怡然自乐到底怎么啦，就好像我也很疑惑，没学一天法律，一夜间却成了司法官员。1982 年秋的整个季节里，我都搂抱着野鸡河的烟柱，在乡民们的疑惑里，度过我大学毕业后的疑惑岁月。

那个山村的最特别之处，要算满河滩的白色鹅卵石，当地人都叫它雪石。记得《山海经》里，到处都记载着某山尽皆见玉，我怀疑有些地方是玉，有些地方只怕就是这样的雪石。野鸡河之外，我只在天柱山峰顶上见过类似的石砾，不过那是名闻遐迩的风景区，自然得了一个"天柱晴雪"的雅称。野鸡河的雪石，沿着弯曲的河道滩边，撕开两条白色的裙带，这些天工造化的尤物，依偎着清澈得没有丝毫遮掩的一河柔水，静静地赏玩着鱼儿的嬉戏，千百年就这么闺锁风景地构思在大别山深处，真乃风景不必见人，人也未必见得真风景。

宠着这尤物的，恐怕只有野鸡河的温情风流娘儿们，一大早，村妇山女们拎着竹制的花篮，满满地装着一篮的衣服鞋袜，来到河边，厚实的屁股坐到伸进水里的条状悬石上，两条腿便如两根玉笋，浅弯着伸进河水中，就仿佛雪石的白缎继续向水里延伸。野鸡河的女人，出落得的确妙不可言，最妙是那肌肤，那光泽柔润的白，便与那天然雪石恰到好处地相映成趣。

　　说实在的，我也算天南地北满世界赶热闹的人，女人的气质，女人的姿色，女人的煽动人心的美丽和媚情，自忖还是有些见识，可一想起野鸡河的女人，那些目不识丁而且不知山外竟是谁家江山的朴实村姑，仿佛自然深处的诱人，至今还未见在都市里有可能替代的。附近村落的男人们，大约叠积着千百年的好逑经历，编了一首挺动听的山谣，说是"野鸡河的女子多，不干活儿光唱歌，日里惹你骨头碎，夜里缠你钻床脚，人生一世几十年，做那皇帝又如何？"这些年来，时常有青年诗人送我大本的油印爱情诗歌，说是给些品评，每次将要下笔之际，就忽然想起了那些粗野男人们唱了一代又一代的歌谣，立即兴味索然，觉得这些才华横溢的诗稿，怎么就使人连眼皮都不想眨一下，更何谈血脉涌胀。

西风谷

西风谷乃是一座寺庙。

庙宇一排8间,高低组合恰当,临危千仞于西风山的悬崖绝壁之上,若是飘浮一叶轻舟,在方圆百里的花凉亭湖面流连,仰首而望,那西风谷如空中吊险,拂拂的与人间风景不搭边界,天然就是非神即仙该住的地方。

从前这里没有湖,山峰之间,裂着一线之天的峡谷,无数的峡谷中,西风谷只是最没有谷韵的一处。后来政府派来了足足几个师的人马,玩命玩了3年,垒起了高过百丈的大坝,见过的人都说这是一个奇迹。西风谷寺就沾了这奇迹的光,把它掩埋于山间林翳凡数百年的身影,悬挂在来往过客的头顶,见过的人更说它是奇迹中的奇迹。

盛名之下,香客云集,神灵尽在芸芸众生的争宠之中。凡三月三,五月五,六月六,九月九,远近三县九九八十一乡,都有男女老幼,不分霜雪晴雨,搂着鞭炮纸钱贡品,来此叩拜许愿祈祷,嵌在崖壁上羊肠小道,尽见蹒跚者蹒伏着跪行者,此等景观,天下恐怕唯峨眉九华可与之媲美。

寺内18位僧人,眉清目秀,气色甚佳,终日与舍后竹箫默相唱和,与寺前浮云尽情相依偎。岩间畦园,精心种植豆角、黄瓜、韭菜,沁香伴春兰秋菊而芳馥,竟是没有些丝的现代污染。僧人们饮的是野茶,野茶乃自然生长之物,专拣险峰危石处扎根,采摘晒制之后,只三五片嫩叶,就能缭绕出满屋的入神味道,极致处,所谓龙井毛峰铁观音者流,何能望其项背。人间享受,怎么就被这些无所事事的遁世之人占尽。

僧中老者,年届八旬,即是住持者弘远大师。弘远早年入过新学,是以琴棋书画之趣,样样都有精湛的表现。在山中住队的那些日子里,每有空闲,我就爬几十里的山路,向老者讨教几招围棋的门道。弘远前辈下棋,癖好避开打劫,行棋尽取平稳,用力务于绵延粘着之中,大势帷幄于心，小处能忍则忍，所以一派争而不斗的温煦求取世界的景象，坦然地胜算着，令你一丝发狠的意志也没有。每当中盘局势已定，以我的少年性急，必是推盘认输，以求再战三夺，当此时，大师总是淡然一笑，用爱抚的口吻告诉我，如此又是何必，所谓以胜负待棋，棋韵便已不复尚在，胜负之设，原不过告人当止则止而已，与兵刃格局何曾有半点相似，俗常棋道，去棋不下千百里之遥。

一盘棋之后，便到了用斋的时辰。僧人们热情地邀我同进膳房，围着一张暗红的檀木餐桌，品尝素食的丰盛。炊僧的手艺不凡，菜籽油清炒野地里的马芷草，热炸竹根下刨出来的笋心，冷拌木架上摘下来的嫩黄瓜，一碟一碟的摆放着，竟是满桌的色香，咀嚼一口，便知这些不吃肉的和尚们，日子过得清淡却不艰苦，饮食快感或许远胜我们豪饮暴食的宴乐之欢。

味美之后，我就站到庙前，凭栏俯眺，扫尽湖间的人世风景。忙忙碌碌的船只和过客，纷纷状若蚁若虫，渺小得几乎可以忽略。想起刚上大学那阵，我站在都市的古城墙上，望着满城的灯火辉煌和车水马龙，十分得意地暗暗自鸣，仿佛那都市就踩在作为胜者的我的脚下，仿佛我就是一个世纪前巴尔扎克笔下那位踌躇满志的拉斯蒂涅。这一切如今忽然就卑微和可笑，甚至连想起它的勇气都不充足。弘远大师俨然看出了我的心思，宽厚地为我开脱，说是占有未必绝对不真实，退处亦未必就是人生的至高境界，关键在于得体和合时，有此二者之维，则此与彼均能得道造化。这些话我至今还在回味，还在努力地用生命去给予阐释。

兰花嫂

大别山深处，到处都能见到兰花草。

兰花性乖，善良而不招惹，虽然毫不计较地挤生在野芥杂草丛中，却淡淡地散发着沁香，使那路中过客，仿佛感受到一种生命的慰藉，体验着世界的理解和温存，信心和力量，便在不经意的温情脉脉中孕育和亢奋。

兰分春夏秋冬，不同季节有不同季节的作为，春兰的清纯，夏兰的妩媚，秋兰的韧性，冬兰的自持，无时不在延伸着生存的惬意。想那兰花，草微而体弱，怒不能摇枝，恨不能落木，在争强斗胜的生命世界里，实在只能算是惹人怜爱的弱者。竟不知怎么就能柔里见刚，它的自信和恬静，它那份让世界活得开心的坦然和诚实，柔情和无私，大抵令名花贵草为之羞赧。

兰花嫂的性格和贤达，就像她的兰花名儿一样让人吃惊。兰花嫂的男人是界牌河的大队支书，一名憨厚得不知见面客套的地地道道的山民。某天晌午，法院刑庭的徐庭长匆匆到了我住队的野鸡河，说小王我们赶到界牌河去。从野鸡河到界牌河，中间需要翻越两座海拔千米的大山，每座山都是上坡一十八下坡三十六，夜幕降临以后，山间阴森恐怖，狐鸣狼嚎，猫头鹰、追魂鸦之类的鸟，惨泣似的阴死阳活着，冷汗控制不住就往外渗。后来我实在忍不住了，拔出手枪隔三岔五朝天示威，这样折腾到夜半时分，才讨债鬼似地敲开了兰花嫂的门。

男人简单地套了件衣服，便忙乎着进厢房钻厨房，等他拿了烟卷来与我们一起吞云吐雾的时候，我们还是没有等到任何吃的喝的洗的。兰花嫂倒是漫不经心，在她的睡房里穿戴得停停当当之后，这才热情地走出来，未笑出声前，满口的白牙射着雪光，就已经把下面的招呼预示得明明白白。这一顿，我吃得格外的香，看老徐头一点也不逊色。只是偶尔偷瞧一眼并排坐在条凳上的兰花嫂和她的男人，心里就仿佛有些不是滋味。看那男人，面色茫黄，背部微佝，一口牙齿黑得让你恶心。再看兰花嫂，体态端庄，肤肌嫩白，一双眼睛俨然会说话似的，机警地控制着在场的气氛和局面。其间，她悄悄走进里屋，拿来一双厚棉袜，让她的男人穿上，只这一个细节，我就知道她待她的男人，是城里人简简单单地说一个爱字所不能替代的。

第二天早晨，我们没有见到兰花嫂。她的男人说，村西一户人家临产，天没亮就去了，八成是难产。吃早饭的时候，我问兰花嫂的男人，她怎么会接生？男人憨憨地笑了笑，说是没有办法，这村里的难题，凡事都得有人去照料，谁让她是支书的老婆，逼得她一样一样去干，如今人家搞不清楚，还以为她是这里的支书哩。男人告诉这些的时候，一点表情都没有，似乎一切都是自自然然的事情，这使我潜在地对他有些敌意。

在界牌河的几天时间，广泛地接触了那里的乡民。这里距县城三四里路程，没有现代交通，闭塞和愚昧的证据之一，就是近亲结婚现象极其普遍，恶劣的后果，半痴半傻者，闾巷中每每得见。他们生存得贫穷而茫然，俨然自然生态，俨然山间的杂草和野芥。真不知如兰花嫂这样的女人，天生丽质，慧颖善待，怎么就那么心安理得地和他们困居在一起，而且充满热情地为他们张罗着。

返程的路上，刑庭的老徐头告诉我，他十次进界牌河，兰花嫂十次都是一样的周到。他一路没完没了地谈兰花嫂，她的身世和她的故事，嘴角边不时挂出口水两滴。至今我想起老徐头那情景那模样，都感到兰花嫂是一个非常真实的尤物。

龙湖岸边文南词

龙湖烟波浩渺，依偎着湖北黄梅与安徽宿松的地脉人缘。至于渔帆互唱，阡陌交通，鸡犬之声相闻，自有其千百年代代因循的草根春秋。在这吴头楚尾的偏远一隅，那些不入正史的泥牛耕作，那些远离都市的农家炊烟，那些乡土野趣无尽演绎的欣喜、满足、幽怨和叹惋，一次次以民间文化记忆的方式传承下来，也传承了生息于此的民众不屈的生活信念。龙湖岸边，一种被称为文南词的戏曲小调，就是这些记忆方式的代表。

与文南词初次相遇，还是在我的童年。那时正值"文革"，当造反派、红卫兵组织砸烂传统建筑、焚烧传世典籍之际，母亲带着我和弟弟妹妹们，在宿松新安岭周家湾上楼村的舅舅家躲避武斗。一个雪后放晴的傍晚，上楼村的村民们，三三两两，神神秘秘，不停地彼此耳语后，家家户户整齐地结束晚餐，全副武装的民兵，严密守护出入村庄的每一条要道。母亲带着我们悄悄走进生产队队部，只见一屋人头攒动，大汽灯照得如同白昼。原来，上楼村人"耐不住寂寞"，在这里偷演文南词地方戏。已经过去多年，当日所演剧目早已难以记起，但是，那节奏与旋律动人的"断丝弦"锣鼓，那清纯圆厚却又若叹若怨的"旦角哭板"唱腔，还有民间恩爱相守故事的娇羞与缠绵，却在我的心中留下深刻的记忆，偶尔点触仍活灵活现。

成年以后我才知道，上楼村人偷演的文南词地方小戏，是中国戏曲王国中小小的一粒珍珠。入了国家非物质文化遗产名录的文南词，程式、声腔和韵致，不乏深刻印痕于19世纪中叶的灯歌、灯舞和灯戏等表演形态。20世纪戏曲艺人在表演过程中自觉加进"断丝弦"锣鼓等辅助要素，提升了它的表现力。文南词腔调，由此在遥远的龙湖岸边几百年不绝于耳。

龙湖岸边的宿松人，日出而作，日落而息，且耕且渔。京剧舞台上叱咤风云的帝王将相，越剧舞台上千古传奇的才子佳人，对于农耕背景的宿松乡民而言,似乎都遥不可及。所以,他们将深蕴本地特色的文南词唱到旧屋祠堂,唱到谷场边垒起的土台,唱到芦苇荡里船体连缀的水上勾栏。宿松乡民唱出来的文南词,凡本乡本土,自苦自乐,方言念白,江湖做打,一律只有当地百姓悟得其中滋味,随剧中人物一唱三叹,陶醉忘我之中恸心感怀,潸然泪下。

实际上,即使没有文南词,地缘文化生成中,一定会有别的民间文化精神承载方式。譬如早在晚唐,客行宿松的罗隐就在《送舒州宿松县傅少府》一诗中,写下"春生绿野吴歌怨,雪霁平郊楚酒浓"。这"吴歌怨"和"楚酒浓",分明透露出龙湖岸边的宿松人在吴楚文化背景的叠合空间,以其特有的民间艺术方式,宣泄着生存的艰辛与无奈,与千百年后的文南词,皆是地缘文化的鲜活脉动。

再次走近文南词,是新世纪的一个初夏,观看一个业余文南词剧团的演出。那些从前是局长、国家干部、退伍军人、产业工人和地道村民的演员,怀着极大的参与热情,乐己乐人。那一刻,残破得几近荒凉的舞台上,每一位临时身份的文南词演员,都专注于自己的角色扮演。简单的乐队中,有操琴吹笛老者,敲锣击鼓壮年,大汗淋漓,极其投入,其调婉婉,其声切切。来自社区和村落的观众,兴奋着,热烈着,哼唱着,如醉如痴,曲终良久,方三三两两散去。这感人的一幕,鲜活地发生在中国当代乡村一隅。

(原载《人民日报》2012年7月16日)

想念老师

在秋风轻轻触摸北京众多校园的时候，老师们又迎接到与新学年一起来到的教师节。而我却倍加想念我的老师，想起深大校园里时时缓步独行的胡经之先生。

最早知道胡先生的大名是在1980年，那时我大学三年级。有一天在资料室里阅读报刊，读到中华美学学会成立的消息，其中提到胡先生将在北京大学率先招收"文艺美学"专业的硕士生。虽然后来我考到了南京大学，也时时读到胡先生的文章和著作，也隐约传来一些胡先生的近况消息，只是尚未谋面而已。

1993年的某一天，我刚刚当了副教授不久，忽然萌生出考博的念头，就打电话给正在广州暨南大学读硕的学生项仙君君，他在电话里兴奋地告诉我，说胡经之教授和饶芃子教授马上就要联合招收比较文艺学专业的博士生。事情就是这么简单，在1994年春节之后，我就来到了胡先生的身边。

第一次与胡先生见面，记得是由深圳大学校长蔡德麟的夫人刘哲静教授带我敲开了胡先生的门。让座，沏茶，问我吸不吸烟，仿佛来了久别的朋友一般，这一切，一下子就驱除了我一路的疲劳困乏以及拜师时的怯懦和拘谨。刘老师因事脱身后，我们立刻就谈起了学问，而且似乎先生对我的学术路数还比较满意。

于是我们之间的师生关系就这样平凡而又融洽地开始了，时常读到别人写的拜师记，渲染得热烈而又崇高，可是对于胡先生和我来说，一切都显得十分平常。那时我在广州的暨南大学和深圳大学各有一间房，两边运动，深大的那间宿舍就在靠海边的一幢单身教工楼上。每当云开月朗之际，我就站在楼顶，隔海遥望香港那边的街灯闪烁，不时生发出许多神秘感和梦幻感。有时候先生怕我孤独，就从深大新村赶过来看望，每每询问我在特区的经济承受力，还几次让师妹倪鹤琴小姐解我袋中羞涩之危。想起那些虽细微却让人感动的情节，便觉得人生平添了许多生活意蕴。这些简单却深刻的人生道理，我在先生那里真可谓受益匪浅。

老实说，我在年轻的时候非常恃才自傲而且冲动，自从1986年与余秋雨君并获中国首届田汉戏剧奖理论奖之后，便益发少年得志常现狷狂与轻浮，所以我在安徽大学校园里，因此而与别人有小结怨也就是情理之中的事情。但是来到先生身边，这些毛病的的确确是改了个透。日常交流中我逐渐了解到，先生少时便有佳绩，青年盛期在北大学习文艺学有成，很早就与周扬、陆定一和那些苏联来的文艺学家们有文字交道，《人民日报》《光明日报》《文艺报》等，时有先生阐幽发微的鸿篇大作，但即便如此，竟从不见张扬，更不见自负，默默地在北大校园里教书，也默默地到深圳海边传道授业解惑。人生化冷清为轰轰烈烈并不难，难的是化轰轰烈烈为冷清，做到宠辱皆忘，真正能够不为名所累，耐得寂寞，那才是至难境界。每当落霞拥抱深大，见先生一人轻步于小山之畔，凝注其背影，真有闲云野鹤的缥缈俊逸之感，于是就越发生出敬佩之意，并倍感自己之卑微。

在读博期间，暨大那边曾有一二心狭者对我的行为方式过意不去，便耳语先生，大有问罪之势。先生非常清醒，而且又极其善良，把我叫至家中，彻夜长谈直至天明，适逢师母不在家，我在乏极时竟躺在先生床上呼呼而睡。那个不眠的夜晚，谈着谈着就绕开了这些生活中的细微末节，从孔子"一日克己复礼，天下归仁焉"一直谈到鲁迅先生的"走自己的路，让别人去说罢"，学问夹着思想，思想携着学问，真可谓一夜不妨十年。我知道先生在批评，也在鼓励，不言而尽在言中，润物无声中使我更加明白大道之所，那就是所得所失之际，所有所无之间，从此我就坚信得一道足矣。

据说在我走后师弟张瑞缜博士身患癌症，这对先生打击很大。先生一向器重瑞缜，不在学问，更在人生修养。瑞缜与我20世纪80年代初就在南京大学一道攻硕，忠厚善良有谦谦君子之风，那时我就戏说，什么"周礼尽在鲁"，明明是"尽在瑞缜"，足具人生修养之不凡。所以他的患病以及后来的不幸逝世，给先生带来精神上的打击，不过先生几乎从来没有说起过，只是偷偷多了一些白发而已，所有的痛苦和感伤，只是深深地埋掩在胸中。

自从我到北京攻读博士后，然后又分配到中央机关工作，一晃就是五六年了。在这段时间里，我们曾两次见面，均是在学者云集的场合，竟未及深谈，向先生认真地道安，但是却时时在电话中听到先生的嘱咐叮咛，慎思，慎言，慎行，再来一次电话，则是再慎思，再慎言，再慎行。呜呼，如此者往，我将立何功、何言、何德，才能报答这位博学老者的关怀？

绵绵秋雨之后，北京是真的彻底的凉爽了，万寿山下昆明湖旁，已有不知名的叶儿微微泛红。伫立其间，遥望南国，念情似乎要使两眼潮湿，不禁深心躬问，老师，好吗？

（原载《深圳特区报》2000年9月11日）

第四编

即兴与随感札记

先锋批评：需要校正的第三者

我们可以把20世纪90年代最有活力的主要思潮，表述为"先锋批评"。如果说80年代最活跃的批评范式，更大程度上是整体情绪状态下的"生存焦虑"的话，则所谓90年代的先锋批评，就更主要地体现为一种个体观念突进中的"言说冲动"。

之所以说"先锋批评"主要体现为"个体观念突进中的言说冲动"，是因为那些比较有代表性的先锋批评家，其批评主旨并非为了充当"代言人"，即不是站在现实社会利益的角度来对当下中国文学说话、评估或者阐释，相反，它是一种"他者力量"，是站在设定性的理想知识维度来对文学现实进行"校正"，而且这些所谓"理想的知识维度"又主要是20世纪中期以来勃然兴起的诸种西方思潮。当先锋批评家作为中国当下文学及其所关联的现实的"校正力量"存在的时候，既不是站在中国问题的立场，亦不足站在纯粹的西方学术立场，而是拥抱着西方同时又牵扯着中国的悬空位置，实际上就是"第三者"。第三者的观念突进乃是显而易见的，这不仅由其与现实社会的文化反差所凸现出来，而且也常常为先锋批评家们自己说出来，例如青年批评家陈晓明就非常坦然地认为："批评是一项智力活动，一种敏锐的艺术感觉与复杂的知识的融合。批评既是知识的运用，也应是知识的创造，停留在陈旧的知识水准上的批评，并因此来显示老成重持重，那是中国当代批评惰性十足的根源。在批评知识的运用方面，我的过去和现在以及将来，都在破除狭隘的本土主义神话：所谓'中国人只能说中国的话'等等，在我看来，说这种话的人，只能是自欺欺人的井底之蛙，拉大旗做虎皮的投机分子"。这种几近宣言式的叙述，必然缺乏民族话语语境的理解，甚至会遭受极为简单但却极强烈的拒斥，所以批评家孟繁华感叹地指出："至今我们仍不难发现，在批评界就其观念层面而言，陈晓明可以引为'同道'者仍是寥寥无几，与一个阵容庞大的批评群体相比,他几乎是孤军奋战"。正因为观念冲动所引起的"谈论"和"倾听"的孤单,先锋批评家便不得不采取一种战略性的当代话语策略,那就是毫无节制的言说欲望以及作为这种欲望必然结果的"大声喧哗"。

"大声喧哗"当然是一种文化立场和言说姿态,无论从何种意义上说,其存在合理性都是不容置疑的,尤其在社会转型时期,当历史意识和社会精神状况显得疲惫和贫乏的时候,这样一种文化立场恰恰是激活民族文化生长和拓展人类文明生存空间的必要条件,由此而使我们拥有新的话题和可聊之语,而且尤其会使我们激动和情绪饱满,是精神再生产的强大刺激力量。就我们的描述能力而言,所谓大声喧哗无外乎如下两种情况:(一)语言骚乱。与20世纪80年代精英文化批评明显不同的是,其对僵硬的意识形态主题的对抗情绪,不是表现在意识形态话语语境内部的直接而裸露性的反抗,而是撤离之后的文化位移,以一种移心、移境、移语的姿态来实施其颠覆性策略。所以在我们看来,20世纪90年代的先锋批评,在某种意义上就是一个典型的民族文化进程中的语言骚乱事件。在这一目的性很明确的骚乱事件中,先锋批评家们大胆地抛弃那些使用得已经极为娴熟的写作范式和语词系统,在引进一批西方20世纪诸流派的基本词汇之后,勇敢地杜撰出自己的言说方式和新日常词汇。文学批评领域中的新日常词汇,以及这些词汇在实际言语中的结构状态,大异于中国文化既定传统而且同时也大异于西方当下,我们无法从传统批评定势或异域批评参照中寻找到它的知识定性或历史定位,即我们不能从已有的理解去实现对新日常词汇及其表述的准确理解,几乎所有的词都发生了意义或所指的变化,并且只有从新日常词汇的语境氛围本身,才有可能找到其变化的蛛丝马迹。我们知道,在20世纪西方诗学思潮中,先后有海德格尔和德里达两个典型的语言案例,曾使西方谈论场所发生倾听的困难。与之比较,我们同样可以把先锋批评看作一种中国式的语言案例,尽管是在减值的意义上作这种比较。大约从20世纪90年代初期就已经开始,那些从来以饱学自居的学院教授们纷纷流露出"看不懂"的情绪,城府稍深者采取一种无奈地兼容的姿态,而那些肤浅者则粗暴地埋怨其"不知所云"。在我们看来,这是再正常不过的事情,因为先锋批评家们所操持的新日常词汇及其特有的表达方式,是从精英文化场景撤离后的另外一码事,已经转移到另外一个战场,甚至使用的是另外的武器,所以自负的教授们出现"不知有汉，何论魏晋"的尴尬，就是形势的必然结果。虽然新日常词汇的词汇量非常有限，但却仍然形成了文艺批评界的语言骚乱，并且在正负两个向度都产生了非常强烈的影响。不管我们简单地说好还是说坏，亦不管我们究竟怎样心态复杂地抗拒或者参与，有一点可以确定，它们已经在某种程度上改变了我们的批评生活，我们已经经历而且正在经历着由于语言骚乱所引起的批评动荡。（二）命题泛滥。在80年代的批评背景之下，尽管已经较之过去很长一段时间而言，出现了非常可观的多元命题格居，但就社会思想空间的命题总量而言，而且就其与权力话语时代的单一命题的抗衡性而言，贫乏和呆滞之处还是很明显。到了20世纪90年代以后，先锋批评不断地进行命题轰炸，诸如思潮和方法层面的"新写实主义""新人文主义""新状态""新都市""新女人"……数不胜数；背景和表达意义上的"后知识""后叙事""后心理""后结构"……名目繁多；合法性和价值性维度中的"话语权力""游戏规则""社会神话""语言清理""边缘化""失语"……随手可拈。命题泛滥之后，批评的可言说空间和可阐释空间得以推进性的延展，无数令人耳目一新的问题，迫使批评界不得不随其一道追问这个追问那个，似乎每一种追问都将给我们一个世界揭秘的机会，给我们带来一种恍然大悟和噩梦醒来是早晨的惊喜之感。尽管我们在中国文学的实际空间里，并不存在"新写实"，并不能看见"新状态"，并不恋情于"新女人"，甚至压根儿就没引起过"新感觉"，但这些命题本身的语义翻新，却给我们至少带来两个好处，一是大家能够围坐在一起，饱享没有责任负担的概念晚餐（即承享一种文化自娱），二是能够给我们提供一些虚拟性的思路，说明中国文学批评存在着想象力和构思力。先锋批评家们所策划的命题泛滥，是与其语言骚乱相一致的，同样是90年代中国景观中的一道文化风景线，而且有其不可替代的魅力，究其原因，是因为在80年代里，即使最前卫最激烈的批评家，也只不过拥有着强烈的批判精神和反抗激情，却始终缺乏浓郁的问题意识，从这个意义上说，尽管命题泛滥的本身就是问题，但是有问题终归比没有问题递进了一步，问题出现得越多，必然是更大范围世界得以澄明的先在情态。之所以我们使用"命题泛滥"而不使用"命题丰富"，是因为在我们所能接触到的那么芜杂而且是由先锋批评家批发给我们的大量问题中，绝大多数都是"假问题"，是他们即兴虚拟和行文之际灵机一动的天才性产物，而不是社会现象本身以及文学生活实际逼迫他们提示出来的辛勤成果,这些"假命题"给中国文学、中国思想、中国文化带来很多"虚幻感""繁荣感""历史思想深化感",而实际上我们的文学进展以及思想成果,远远没有达到这一境界,所以最终是泡沫景观。

先锋批评及其策略性思潮的出现,是特定时期中国转型过程本身的必然产物,同时也是一个很难而且也不必要立即作出肯定判断的思想事实。处在这个位置的文艺批评家,仅仅从思想背景而言,至少面临着如下的背景诱引:(一)众所周知的"语言学转向"国际语境。20世纪的西方思想历程以及作为思想门类的文艺批评进程,贯穿着一条非常明晰的精神脉络,那就是从对传统形而上学的怀疑逐步走向根本的颠覆,因而也就伴之文艺学领域中传统范畴的逐渐退场和新设问方式的日新月异,而这一切,都是以对世界思考的语言倾情为调节杠杆的。对存在问题和生存问题的语言追问,形成以语言本体观为核心的语言关怀思想氛围。思想家们认为在文明的极限范围内,人类可以触摸到的最深刻而且最真实的东西,只能至于语言及其自我演绎的语言层面,并由此形成"语言崇拜"或"语言游戏"两个向度的诸多形态不同的思潮,当然也就包括与三相协调的诸多诗学流派。至少在文艺学和美学领域里,传统的真理或那些历时已久的范畴,那些命题和命题所依仗的基本词或关键词,就都在20世纪这一颠覆性的进程中瓦解和消失。从"分析"背景的罗素或维特根斯坦,到"现象"背景的胡塞尔或海德格尔,从法国的德里达到美国的福科,总之我们几乎无法找到可以与康德或黑格尔直接对话的话题和话语,即问题本身以及提问的方式,都已经有了根本性的转移。这是20世纪思想史的国际语境,然而由于中国在较长时间处于封闭状态,其语境压力也就无法构成对中国知识分子的直接威胁,直到改革开放国门洞开,这种威胁才有了可能性。但是对于20世纪80年代的中国知识分子来说,一方面其精力主要沉湎于对旧有伤痛的抚慰与哀诉,另一方面其对西方文化背景缺乏认识的连续性,因而也就很难有深度进入,浮躁之中得其"表"而失其"里",所以深层次的思想接触和文化对话,也就滞缓地延迟到90年代。先锋批评家们之所以恰到好处地得以"深度进入",除了历史机遇之外,还有一个优越性的自身条件,那就是他们较少负载有数十年思想僵固的沉重,外部的条条框框和内部的压抑心理都比较淡弱,因而有其自然趋势作为良好的接受条件。同时这一代人曾经全过程地参与过80年代以上一代为行动主体的思想实践和批评实践，能够较为真切地感受其中的艰辛和事倍功半，所以也就会在熟知时代的局限性之后企图打开另外一条可以继续延伸的思想通道。完全去自我构思显然没有可能，于是只好在拥抱西方的过程中获得理性思维方式，获得现代性突进中的力量和成熟的思想文化成果，至于这一切是否能够贴切于中国的生存现实和问题语境，那是来不及连绵地思考而且也的确思考不出清晰的问题脉络和思想有效性的。这是形成先锋批评的第一个历史缘由。（二）一定意义上的"失语"之危。失语问题是一个描述起来比较麻烦的事情，麻烦在于，首先什么是失语就颇为模糊，其次中国语境究竟存在失语与否也非常歧义，再次谁也并不清楚所谓失语命题到底是中国立场、西方立场还是超然其上的世界立场。我们这里的所谓失语，可以作这样的语义界定：一是指创造性缺失，二是指有效性缺少，三是指主体性缺失。就创造性缺失而言，通过20世纪80年代文艺批评的吸纳引进充实提高，我们逐渐清醒地认识到，在我们的文艺批评生活中，出现了应说和能说之间的非协调性，尤其缺乏属于我们这个时代的创构语词。而就批评史而言，则每一个时代都应有其相吻合的特色词或关键词，譬如中国文学批评史上，先秦有一整套道德主义批评词汇，两汉有一整套历史主义批评词汇，魏晋南北朝有一整套自然主义批评词汇，然而我们这个时代究竟拥有哪些词汇呢？这种自审必然会使自审者感到难堪和茫然。就有效性缺失而言，经过20世纪80年代中期以后新方法论思潮的洗礼，中国批评家在狂热和倾情之后，终于发现了一个残酷的事实：西方的现成体系和词汇，无论其在两方语境中多么富有智慧和闪光之处，然而面对我们的文本、我们的作家以及我们所拥有的广大中国读者，这些体系和词汇在具体操作过程中立即黯然失色。20世纪80年代新方法论的历史事件，使我们不免想起了古老的关于桔与枳的故事，而更为糟糕的是，经过这一事件的中国批评家，已经无法在说话之际脱离异域词汇，哪怕这些词汇已经纯然只是一些花瓶。我们不得不说别人说过的话，同时我们在说这些话的时候又说不到中国问题上来，焦虑和紧张就是自然而然的事情。就主体性缺失而言，在20世纪80年代整个文艺学的扩张膨胀之后，由于缺乏时代的"大我"和个体的"小我"在其中发挥中心控制功能，结果出现一个谁也不愿意看到的历史结局，那就是说与不说、少说与多说竟然几乎是同一回事，原因在于这些词汇在我们的表述中一方面是有形无神，另一方面则是言不及义，关键则是没有一个真正的中国主语位置，或者说主语位置端坐的并不是具有主体独立性的中国批评家，而是异域表述的代言人或者转述者。正是由于这些原因，我们说，一定意义上的"失语"是确实存在的。失语作为母语批评的危机，迫使这个时代的批评家站出来承担责任，以完成救危的使命，而先锋批评的动机和行动出发点，大约就正是这种"救危"的形势产物。

先锋批评在理论层面和实践层面都有不俗的表现，但离成熟的当代中国批评建构又有着比较大的距离，动机和效果的反差非常明显，在它企图承诺"校正"使命的时候，或许更面临着自身的校正，否则就将不过是世纪末位置的一种文化时髦而已。

（原载《粤海风》2001年第1期）

九十年代：日常迷恋与边缘落寞

就90年代文艺创作而言，它给社会受众到底带来了什么，或者换句话说，它对人们的社会生存方式到底起了什么样的影响，在我们看来是无法用简单的判断所能表达的，而我们所能表达和陈述的，则是从这些影响中提要出来的显性特征以及这些特征所表征的社会现象。在我们看来，日常迷恋与边缘落寞就是一定程度上的文艺效果产物，尽管文艺作品事实上并不是产生这种结果的惟一因素，但却是一个极为重要的诱因性前提，所以特别提出来予以描述和分析。

所谓"日常迷恋"是指，人们放弃对诸如"崇高""英雄""承诺""责任""使命""终极价值""目标追求"等一系列非日常性范畴的高度信任，放弃生存的深刻性与高尚性，转而对"活着""当下""及时性承享""周围环境""柴米油盐""现实经济利益""感情游戏""娱乐性"等的倾情和沉湎。这种"平面化"和"当下性"的生存姿态，在一定程度上消解了人们的政治投入激情和道德完善信念，并且使过去被认为细微和琐碎的所谓"无志之举"，逐渐转化为真实的存在内容和生存意义本身，当这种转化成为全社会性的普遍追求和公众的基本旨趣的时候，不管上层建筑和意识形态是否完全确认其合法性，都已经事实上出现了社会转型，或者更严格地说，社会基础已经转型。文艺生活导致"日常迷恋"的社会影响结果，当然有非常复杂的中介过程和社会氛围，这里只是将其中三种基本实现途径提出来予以讨论，也就是说，文艺正是通过这样三种"意义"的社会实现，促使广大受众走入日常迷恋的。

其一，"抽象幸福"的神话终结。这个命题的意思是说，90年代的文艺通过一系列相关性的作品不断地向广大受众证明，终极价值意义上的"抽象幸福"其实并不存在，人在"以有涯逐无涯"的生存方式的日常延伸过程中，永远也触摸不到那些极端美好的东西，诸如没有任何条件、任何前提、任何依赖性的所谓纯洁友谊,生生死死相依相许全然不顾寒窑栖居衣衫不济的所谓真心的爱情,活着就是为了别人从来不以自己的快乐为快乐的所谓高尚情操,精神至上物中无我有钱就给别人买车票的所谓"无私境界",等等,都在很多作品里直接抑或间接地被看作是子虚乌有的神话,是生活的变态而不是生活的常态,所以是不应该倍加歌颂的,而在此之前,文艺作品总是不遗余力地劝勉、诱导、教育和渲染这些生活价值目标,而且总是希望其读者和观众,把他们的主要生活精力和热情都投入到对这些目标的追求上来。当这些"抽象幸福"被当作神话而使其意义终结之后,"现实幸福"也就理所当然地在日常意义的真实肯定中成为文艺作品的表现趋向,我们虽然还无法准确地称量出这种转折中的合理性与不合理性、进步性与非进步性的比例与比重,但是可以肯定这种转折已经在90年代的文艺生活中普遍发生,并且已经很大程度上从文艺生活蔓延至人们的日常生活。转折发生之后,艺术影响了生活,生活同时也改变着艺术,文艺作品与日常生活间逐渐形成互为影响的双向互动结构,从而使抽象幸福的神话得以彻底终结,于是也就有了目前我们所看到的文艺现实和生活现实,看到作家们和大众们,正每天忙忙碌碌地为"五斗米"甚至"一瓢饮"奔走着奋斗着,并且尽情承享这种奔走和奋斗的快感。

其二,市民礼赞。这个命题的意思是说,90年代的文艺正在重塑市民形象,重新认识和解读市民空间,重新评价市民阶级的存在总量以及这个总量所拥有的生活观念和审美观念,并且在所有这些"重新"中带有非常明显的肯定倾向性,这种倾向性被当作一种普遍的写作立场贯彻在文艺创作之中。众所周知,"市民"这个词在较长一段时间里总是被冠以"小"的修饰限定,"小市民"指称通常在言谈中含有一定的讽刺意味,在那种历史语境里,"小市民"和"小市民习气"总是与一种特定的人生观和价值观联系在一起,与一定的生活情趣和生活态度联系在一起,并且带有否定意义。所以,在那种语境的文学文本里,小市民便与小聪明、小忙碌、小情调、小事情、小快活、小得志、小利益、小成功、小冲突、小娱乐等数不尽的"小"意义叠合,被作为一种否定性的生活空间来加以艺术处理。但是在90年代以后,随着中国社会城市化进程的急剧加速和市民社会的空前膨胀,市民社会力量和市民社会生存方式便发生了根本性的地位变化,并且文学艺术从一开始就起着刺激这种变化的历史催化剂作用。在

90年代文艺作品里，城市生活空间和市民生活题材的比重明显增大，普通市民的形象往往占据着叙述结构的中心位置，用传统一些的说法就是纷纷成为作品的主人公或重要人物形象，市民们的日常生存关注中心逐渐成为文艺作品的热门题材和突出主题。文艺作品似乎要努力营构这样一种价值陈述氛围，那就是非常耐心地告诉其受众，市民生活乃是最真实同时也最幸福的生活，能够当一个衣食有安日日有乐的小市民，无疑就比当帝王将相才子佳人要强，强就强在小市民能够将每一个细微的生活部分充分地享受得有滋有味，使其具有"自由"而且"自律"的良好生存品格。而这种品格，正是那些"大人物""大出息""大进步""大成功"所无法拥有的，后者更多地钟情于遥远目标而不得不疏忽整个过程中的细节连续性和细节本身。这种"告诉"的目的说到底是要建立一个新的人间乐园，姑且谓之"城市圈"，它与以陶渊明为命名代表的中国经典时代的农业幸福至境"桃花源"构思相仿佛，只不过有"乡村之梦"与"城市之梦"的形态区别而已。这种我们称之为"市民礼赞"的写作思潮，使90年代中国文艺在广大受众中产生了较为强烈的影响，这种影响充分地体现在社会的市民生活热情和市民化进程之中，并且直接成为"社会转型"和"市民意义转换"的激活力量与催化力量。

其三，并非拜物教的拜物情绪渲染。这个命题的意思是说，90年代的文艺具有一定程度的物质情绪和欲望倾向，并且这种情绪和倾向与"抽象幸福的神话终结"和"市民礼赞"一脉相承，由此而在文艺表现中自觉抑或不自觉地弥漫为诱惑性的艺术氛围，这种诱惑显然容易使受众产生关于"物"和"欲"的冲动、激情、崇拜、迷恋、幻想乃至疯狂等情绪状态，是神话中心主义破灭之后毫无节制地走到另一极端的负面后果。对欲望化写作方式而言，物质烦恼和情欲困境乃是最基本也最现实的生活矛盾，因而物质解放和情欲解禁就是最迫切也最高尚的人生幸福，现代性首先就是诱惑性，个体动力就在于从精神迷茫中逃脱并因此可以获得捧在手里抱在怀里的物化幸福。以欲望调动为主旨的文学艺术（尽管这只是90年代文学艺术的一部分）试图给大众以解蔽，其"蔽"被认为是精神幸福或虚幻理想的可能性，其"解"则被认为是从此真的就"活着"而且活得可触可摸，这种"去理存欲"的文学艺术表现空间，在新近的文艺批评文章中通常被表述为"欲望化写作"，不仅使世界平面化而且使世界物质符号化，从而使人类的生存本质简约化为最直观的当前现实，惟当下才是真实，人生不过一定时间长度的物质存在过程，精神的起点、归宿以及限制性牢笼都是物质。当文艺作品中充斥着这样一些潜在的意义命题和价值观念的时候，也就必然要把浓重的拜物情绪透过艺术传播方式，感染和影响社会。之所以说这种艺术表现仍然只能称作为拜物情绪，而不能更进一步地称作拜物教思想，是因为一方面它还缺乏宗教形态的认识深刻性及观念终极性，另一方面它还未走到绝对排斥精神和审美的地步，其对物质的理解基本上还是与日常生活叠合在一起，所以不是精神牺牲给物质，而是物质在日常生活中的意义升值。

所谓边缘落寞的意思是指，人们采取诸如"缺席""退处""散淡""远离中心""回避矛盾""隐匿""自娱""游戏化"等人生姿态，并且这种人生姿态和人生情绪在文艺作品中得到非常广泛的展现，通过各种艺术接受方式，在社会受众中引起一定程度上对这些人生姿态和情绪的认同与模仿。在我们看来，文艺对边缘落寞的倾情以及这种倾情的受众反应，亦主要表现为三个方面。

其一，对"中心"的疏远。就中国历史的整体进程而言，中心依恋和中心倾情乃是不同时代人们的主体心态和主要实际生活形态，中心作为社会控制力量，在支配人们的政治目标、生活旨趣、经济利益和生存欲望的同时，也不断地诱惑着人们从"隐"走向"显"，从"低级"走向"高级"，从"位轻"走向"位重"，从"失意"走向"得意"，这实质上也是儒家思想长期占据意识形态核心地位的必然结果。偶然例外的情况很少，除了魏晋自然立义冲击波之外，便只有零零星星的个人行为相对逍遥和离心，强大的向心社会生存结构丝毫没有而且从来没有因此而动摇过。但是这种历史局面却在世纪末受到强烈的离心冲击，人们在文学生活中（因而也就在社会生活中），不仅对中心的存在意义和地位失去信心和表示怀疑，而且故意表现出疏远的姿态，甚至还会更进一步，表现出较为浓厚的拆解情绪和边缘自乐情绪，"边缘"在90年代也就常常被神化或神秘化，诗化或理想化，其状亦如从前人们对中心的"过度"和"过分"。作为情景剧的大批电视连续剧，情节和场景都与社会生活空间处于隔离状态，仿佛世界就真的只不过是一个轻喜剧的小生活氛围。作为知识分子生活小照的大量报刊小品文，也一改从前的问题面目与讨论风貌，在把纯粹个人体验乃至隐私转化为写作事实的过程中，使阿猫阿狗和小花小草成为叙述中心和重心，从而也就明白无误地昭示其对于"中心"的厌倦情绪。文学的中心悖离，应该说在一定程度上给社会的精神空间造成了影响，并且这种影响的积极意义和消极意义混杂在一起，绝不是简单的肯定和否定所能断论的。

其二，对"真实"的怀疑。社会存在的真实性问题，自古及今都是特定意识形态指向的方位标志，即什么样的意识形态立场，就决定其什么样的社会存在真实性判断。90年代的文艺程度不同地参与了对"信任危机"事件的策划，受众从中获取的印象，常常是矿泉水是假的，赚钱的机会是靠不住的，教授学者是装腔作势的，厂长市长是阳奉阴违的，法律是被操纵的，文化是被亵渎的，刻骨铭心的爱情一定是骗人的……如此等等，表现出对真实性的极大的消极态度。这也就是说，面对中国社会形态迅速从传统模式向现代模式的转换，90年代文艺显得很恍惚，比较多地流露出虚无主义和拆解主义的表现倾向，因而也就更多地从怀疑的一维向受众进行表达和诉说。事实上，任何时代的写作方式，尽管必然会体现其时代的个性特征，会有轻重比例的结构分别，但从更阔大的历史空间观照，则必然是价值肯定和价值怀疑的对立统一和总体平衡，过分强调社会存在的肯定方面或否定方面（这里的社会存在不能狭义地理解为国家事实或政治状态），或者过分渲染人类文明的极端真实（终极真理性）和极端虚假（终极否定性），都会程度不同地在受众空间里，煽动起或强或弱的非常态生存情绪和信念热情。就文学活动史和社会生活史而言，这种"煽动"是时有发生的，并且不断地引起较为强烈的正面社会效果抑或负面社会效果。其规整和校正，则有待整个社会的精神生存空间的"容允"性调节，并因这种调节而形成历史意识的波动曲线和文学进程的冷热起伏。

其三，对"自娱"的执着，在大众化直接就是传媒化的背景下，文化逐渐形成自己的生产和消费空间，文化产业使传统的"审美实现"变得软弱无力，而代之以物化形态的坚强有力和波澜壮阔。这种历史情境无疑是一种深刻的压迫，导致审美追求意义上的文学创作日益感到疏离和被抛，并且滋生着作家艺术家创作心态的苍凉感和孤寂感。关于这一较为尴尬的文艺处境乃至整个文化处境，阿尔多诺曾作过长期的研究，以证明其现代性外衣下的弊端。当这种弊端在90年代的中国境遇中出现的时候，作为对审美消解和传媒泛滥的抵抗，所谓"精神性"的作家艺术家们，就在逆反心态的支配下，扛起守护精神家园的生存独立性的旗帜，开始有意识地提倡文艺生活的自娱品性，在自娱性体验中完成其价值实现和行为旨趣。自娱之求的结果是，审美体验在审美创造过程中完成，精神的深刻性和先锋性，仿佛只有纯洁而且纯粹的精英们才有权利去占有，舍此便是芸芸众生的乌合，物性狂欢的苟且，没有彼岸的此在平面，没有升华可言的浅薄消费，总之，自娱已经成为一种极为狭隘的自恋情结，一种以反抗为起点却以阿Q精神为终结的精神悲剧。这一取向的哲学根源，可以上溯至克罗齐主义，尽管它远远超出了克罗齐主义所能涵盖的范围，而其现实触发点，则是学理层面的"向内转"，尽管"向内转"毫无疑问具有不可低估的文艺发展促进作用。较长时间的自娱自乐后，文艺在受众中不可避免地产生其负面影响，其最突出之处，就是对文艺的信任危机。信任危机之前，文学艺术作为人类生存的依赖性精神空间，以"第二世界"的文化角色起着文明递进的均衡作用，受众对文艺的普遍信任和高度尊重，是基于他们相信文艺与其共同着命运、融贯着血脉，认为文艺将永远是使其超脱和升华的现实使者。但是这一切被"自娱之欢"的狭隘性所打破，由此而有信任危机，在他们意识到文艺家并不存在于他们的真实生活之中的时候，在他们亲眼目睹文艺作品的不知所云或不着边际的时候，就宁愿去选择金庸或梁羽生，宁愿在以古代为符号的正义神话中获得艺术性的瞬时承享。于是，文学杂志的订数一天天往下递减，剧场里的演出一晚又一晚地空空荡荡，银幕上尽见好莱坞的情节和嘴脸，或者干脆溜进歌厅里麻将桌旁。文学艺术的魅力走弱，当然是转型社会过程中的诸多复杂因素所致，但问题是，作为文艺家来说，更应该从自身的角色意义和位置价值去分析原因，更应该懂得是我们首先抛弃了大众而后才是大众的反唇相讥。但是，这个问题至今还没有得到文艺家们的清晰理解，足见自娱的陶醉之深之酣。

日常迷恋与边缘落寞，既是90年代文艺创作的一个新向度，同时也是文艺受众的影响性结果，因而是整个文艺生活的一种新变化。这种变化尽管我们还无法完全给予危害性定位，但其负面效果则显然是不言而喻的。

（原载《粤海风》1999年7/8月号）

文化的贫困与文化的解困

一

在"科学至上主义"和"经济目的论"的价值观占据社会生存中心位置的背景下,文化的意义和价值就被迫退处为补缀和附加,一些必不可少的文化工作在政府机构和社会组织那里往往只是在求取表面均衡的层面上得到重视,而个体性的社会成员,在这一基本目标方面的松懈,则更是危及到其日常生活结构中的人生观和价值观、幸福观和社会理想信念。工业文明在它迅速推进的过程中,不断地把文化的人类整体意义简化为物质价值形态,因而也就在不断地制造生存新境况中的文化贫困。

所谓文化贫困的意思是指,社会整体和个体的生存结构中,非文化要素的现实含量明显大于文化要素的含量,文化已经无法作为文明整体框架来统辖对现实生存的意义阐释及其现实本身。没有合理性解释秩序和解释过程的单项性价值膨胀,造成社会或个人的生存失去均衡,这种失序和失衡,使人作为文化存在的事实远远小于作为经济抑或作为技术的存在事实,我们可以把这一境况描述为,人类整体抑或个体因抵抗不住某种利益当前的过分诱惑而恍恍惚惚地抛弃家园。所以,从根本意义上说,文化贫困也就是精神贫困,它与物质贫困对称于精神物质多元结构模式,而与经济贫困、技术贫困、宗教贫困等一系列相关范畴统一于多元结构模式。

文化贫困既有其绝对形态,亦有其相对形态。绝对文化贫困是指对文化的占有量严重匮乏,社会综合文化指数急剧降低,国民文化素质出现实际上的弱化,人在日常生活中的文化参与低于其他参与的平均值,公共文化空间萎缩或者个人文化权利未能真正获得,这种情况更多地发生在发展中国家,而且尤其容易出现在社会转型时期。相对文化贫困的意思是指文化的结构功能未能形成对特定社会的框架力量,高值生产力及其生产方式的递进未能与之相适应地出现文化跟进，文化与社会乃至人类命运发生不同程度的价值冲突，一系列文化自身矛盾极大地妨碍了文化在社会机体运动过程中的协调功能和润滑有效性，文化目标和文化价值取向出现歧义或者缺乏明晰性，这些情况较多地发生在发达国家而且尤其在某种突进的过程中。当然，无论是发达国家还是发展中国家，都有其不同程度或不同义项的绝对文化贫困与相对文化贫困，而且从根本上说来，文化贫困是与人类的生存命运相始终的，只不过有时矛盾渐缓而有时则矛盾激化而已。旧的文化贫困消除以后，过一段时间又会出现新的文化贫困，而人类的使命和社会的责任，恰恰就在于不断地解决文化矛盾和改善文化境遇，这也是对特定社会价值判断的一根铁尺。

　　一般地说来，人们容易接受经济贫困概念，而且也容易观察到经济贫困事实，这是因为人们能够找到评价这一贫困的量化尺度，并且第一层次的需要直接构成对人的现实危机。但当这一评价方式平行移位到文化状况时，就会引起拒斥甚至导致怀疑，文化的深层性和非量化特征往往遮蔽了客观上存在着的评价系，而它作为一系列社会问题的间接性前提原因，也同样会因这种遮蔽而被官方和民间共同忽视。事实上，文化贫困与经济贫困一样，是我们每天都能真切感受而且必须真实面对的存在事实，清醒地认识到这一贫困状况并努力地加以改善，是真正提高社会和个人生存质量的必由之路，在社会评价的贫困系列中，单一地解决某一种贫困只能是面对突出矛盾时的权宜之计，全面进步和可持续发展必须贯彻解困行动的协同原则，否则就不可能实现任何一个整体性社会预设目标。

二

　　分析研究中国的文化贫困，应当充分顾及中国的国情，而且社会主义初级阶段文化贫困与资本主义晚期文化贫困之间存在着本质性区别，区别就在于前者是社会条件的无奈，而后者却是富裕的社会条件把个人逼迫得无"家"可归，被动性和主动性在这里直接就是问题相异的边界。但是由于长期受左思潮的影响，我们往往不愿意承认中国存在文化贫困，在把社会主义当作终极成果而不是现实过程的认识误区中，文化贫困的社会矛盾也就长期得不到有效解决，并且至今一定程度地掩匿于改革开放的实际进程之中。

从目前的情况看，农村文化贫困突出地表现为供应不足，而城市文化贫困则更突出地表现为需求不足，彼此呈现出截然相反的供需矛盾结构特征。无论是政府文化投入还是社会的文化利益分配，农村与城市的比重都应该受到公平性的质疑，一些农村地区实际上已处于绝对文化贫困线之下，其文化权利和文化收益均得不到有效保障，也缺乏相应的文化法规来维护其合法文化权益。与此同时，对城市的高投入并未从根本上改变城市文化状况，需求不足是因为城市居民还没有自觉地接受文化优先的人类基本法则，缺乏有效的文化方式当然也是导致城市文化矛盾的一个重要原因。两种结构误差的最终结果是相同的，那就是农村居民和城市居民的文化消费，在整个消费结构中的比例偏低，而在更高层面，则是生存的文化内涵弱化以及社会文化氛围淡化，我们更多地是在"活着"而不是哲学家们所说的"栖居"。

无论城市还是农村，当前的文化贫困主要集中在两个大的范畴之内，一是日常文化范畴，二是审美文化范畴。审美文化范畴内出现一定程度的文化贫困实际上是很容易被理解的，因为我们一方面是无暇，另一方面则是无缘经常触摸到真正的诗性和艺术性。在文艺的价值含量和审美可接受性都比较低的情况下，粗制滥造和奉行完全商业化的艺术价值是可以理解的，因而无法在社会土壤上建构起强大的审美文化空间也同样是可以理解的，与此不同，日常文化贫困常常不被人们察觉，无限的细微和无穷尽的忙碌导致木以代林，仿佛我们每天遭遇个别事实而非身处普遍事实。日常文化贫困是更值得我们引以为危机的所在，它在生存体的细胞和血液的意义上连累着生存。个人在这种境况中一方面无法获得"充实"，另一方面又无法满足"闲暇"，而"充实"和"闲暇"是个人生存的最直接现实，日常文化空间一旦不能确立起均衡性，日常倾斜和日常陷落便难以避免，而这些恰恰是"麻将风"和"卡拉OK热"所无法解决的日常危机。更为严重的是，个人之上的日常文化精神和日常文化秩序的缺乏，使法制和体制之外的日常行为变得十分困难，"真、假、是、非、对、错"的一切尺度几乎都无法贯彻到个别事实和社会细微之中，"友谊""爱情""信任""互助""诚实""公正"等等，在非意识形态层面已经成为怀疑对象，一个校长可以凭藉党章和宪法教育学生如何树立信念和理想，但是一个家长却无"日常互约性"可凭，并且无法有效地告诉子女如何去规范自己的日常行为。一些地方已经意识到了日常文化精神和日常文化秩序的当前危机，但并没有找到问题的有效解决方式，例如无法使先富起来的人逃离成为"有钱的穷人"的厄运。之所以一段时期以来人们热衷于怀念"清华四导师"、追忆"章黄一脉"甚至崇拜钱钟书先生，说明知识分子的自信心正在自我动摇，在学术的职称取向和学术策略主义到处可见的背景下，知识分子很难上升到对人类命运和社会进步予以文化关怀的层次，低俗化往往使知识分子自身也沦落为急需文化关怀的扶贫对象。知识分子文化贫困有一个很明显的显示特征，那就是原创性缺失和学理性缺失，如果说原创性要求过于苛刻的话，那么学理性则是对每一个知识分子的最简单要求，问题是这一简单要求也是当前很多知识分子所难以做到的，所以，不仅他们不能代表知识维度或者真理向度发言，而且往往正是以抛弃学理性作为获得知识分子称号的代价，琐屑的日常利益使知识分子在玩弄和亵渎知识的游戏中面不改色甚至得意洋洋，因为他们毫不担心历史和真知将会作怎样的拷问。对一个健全的社会而言，知识分子文化贫困最为可怕。

三

任何一个发展中国家，都不仅要致力于经济脱贫，而且同样要努力于文化脱贫。中国自改革开放以来，小平同志始终强调精神文明建设与国家进步的协调性，作为精神文明建设核心组成部分的文化建设当然也就倍受关注，因此，我们提出逐步解决文化贫困问题，正是从精神文明建设的总体目标来考虑的，因为它关系着国家的未来发展战略和综合国力能否增强，关系到中华民族可持续发展的长远大计。

解决文化贫困问题的第一个基本思路是转变观念。转变观念的基本语义指向在于，全社会性改变过去把文化工作当作附加和装饰的认识，尤其是要矫正那种把文化仅仅看作文艺活动的"小文化"见解，努力把文化纳入社会发展和国家进步的综合考虑要素，克服短视和急功近利的思想，全方位、多层次以及长时间地推进文化建设和文化积累。要把文化意识贯彻到社会规划和运作的每一个具体环节，使社会或个人都能够意识到文化不是"软问题"而是"硬问题"，从而营造全社会的知识氛围和文化价值取向。只有转变观念和提高认识，才有人人从事文化脱贫的强大原动力。

解决文化贫困问题的第二个基本思路是加大投入。所谓投入包括"硬投入"和"软投入"两种方式，就"硬投入"而言，增加文化投入在国民经济和社会发展总指数中的结构比例非常重要，确保一个百分点就意味着文化基础设施的大面积改善，而且尤其要倾斜于农村地区、欠发达地区和西北边疆地区；就"软投入"而言，必须尽快建立比较完善的文化法律体系和政策体系，以及满足不同社会要求的文化评价体系，从而形成积极而又充满活力、消费而又不断积累的文化生存机制。无论是"硬投入"还是"软投入"，我们都可以考虑改变传统的以计划经济为背景的投入模式，在发挥国家主渠道的同时，充分提高不同要素在文化投入中的结构比例，在调动多种积极性的基础上形成广阔的公共文化空间和有凝聚力的主导文化氛围。

解决文化贫困问题的第三个基本思路是优化知识分子群体。毫无疑问，知识分子代表着社会的文化评价系，是文化的先锋引导力量，也是社会组织成员中的高文化人群，但目前的实际情况是，庞大的知识分子群体参差不齐，一些投机化和策略化的所谓知识分子，把知识和文化当作巧取豪夺的工具，另一些平庸知识分子则既不愿意追求新知也不努力于文化进取，他们利用旧体制的保护性而无所忧虑地抱着铁饭碗和大锅饭。学历职称的知识含量和文化含量虽然急剧减少，但这并未从根本上波及学历和职称的无条件优先性，这在农村劳动力过剩和工人大范围下岗的社会转型背景下显然缺乏公正性，因此，优化知识分子人群，使知识分子一部分脱颖另一部分则淘汰的趋势已经别无选择。有效的办法是迅速使依附于体制的大批知识分子转化为自由职业者，公平地与社会其他各阶层一道进入就业市场，从而确保真才实学的知识分子能够占据高文化的工作位置，如此，则不久的将来，我们就会在知识竞争和文化竞争中诞生出大师和巨匠，他们也就会为我们创造出各个领域进入世界前沿的辉煌文化成果。在我们看来，优化知识分子群体和提高知识分子的文化含量，是迅速提高民族文化水准和综合文化国力的重要一步。

（原载《粤海风》2000年3月号）

新流行状态：位置批评与商业批评

位置批评和商业批评，是 90 年代中国文化语境中的特有文学批评现象，尽管韦勒克在《文学理论》中也曾轻描淡写地提到过商业性因素影响的问题，而且这个问题在法兰克福学派那里也曾作为分析批判对象，尤其是阿多诺和葛兰西，更分别从不同的角度写过详尽的阐述文字，但是把商业批评作为一种批评形态来加以研究，而且其本身真的可以构成独立的研究对象和命名客体，则只能发生在 90 年代的中国。而所谓"位置批评"，则更是具有中国特色的文学个案，它同样是 90 年代文艺批评的重要表现形式。可以这样说，它们共同构成了 90 年代文学批评的一道风景。

一

位置批评当然不可能是学理意义上的批评范式，但却是 90 年代中国文学批评的一种极为普遍的社会现象，是研究视野绝对不可忽视的批评状态。

位置批评实际上是一种职业批评，是指从事某种特殊职业而进行的文学批评，这种职业存在于官方、半官方以及民间团体，如文艺或文化主管部门，宣传部门的文艺机构，报纸的副刊，文艺杂志或社科学术刊物的文艺批评版面，出版社的编辑岗位，批评家协会或文艺理论学会以及影视机构中的文艺单位，诸如此类，栖身着一大批以文艺批评为现实生存之道的文艺批评操作者。他们既不完全代表官方意志，更不可能完全代表民间意志，而且所作的表态和承诺，又都不是独立学术个体的个人意志。他们代表岗位说话，以位置优势获取中国文学的在场发言权，又以位置为渠道迫使社会各界倾听，具有左右社会格局的言说力量。我们把这样的批评称之为位置批评，而把这些岗位上的成名人物，称之为位置批评家。位置批评家及其位置批评的出现，使得90年代的中国文学批评更加扑朔迷离。本来，这样的职业以及从事这类职业所撰写的批评文学，在过去同样也有，而且往往因其位置优势而使批评更加真切和亲情一些，但他们大多是以纯粹个人的陈述方式来介入的，所以仅仅是整个文学批评界的一种补充力量。即使是在80年代，这些岗位的绝大多数人都还不会以瓜分文化利益的姿态介入文学批评，而是以一种牺牲精神去从事组织和服务性的工作，他们对岗位和位置的坚持与固守，体现出的是职业精神和职业道德。但是90年代就不同了，处在岗位位置的人们纷纷直接出场，譬如文联召开讨论会的时候，发言最充分的可能就是文联里的人，尽管大学和研究所里的学院派专家也偶尔会应邀参加，但已经只是捧捧场的次要角色，有时甚至会有一种遇恩后的荣誉感。90年代的文学批评会议最为繁多，甚至常常开到人民大会堂里去，这是80年代乃至以前的文艺批评连梦想也不敢如此大胆的事情。此种辉煌当然是位置介入的结果，然而当我们每一次从报纸上浏览出席会议者的名单时就不难发现，学院派的文艺批评家大多不在其列，出场的大多是那些岗位和位置上的文化人，并且冠之以"批评家"或"著名文学评论家"。

位置批评力量的显现特征，在我们眼里大致表现为两个方面：

（一）他们可以操纵和策划。在现代社会情境里，任何大众效应都是通过传媒得以实现的，对此，西方马克思主义学派曾有过精深的研究。具体到中国情境而言，位置批评家们则占据着大众文化传媒的操控位置，有时甚至会利用组织的功能，策划出各种各样的文化事件，其中包括大量的文学批评事件。在整个90年代，至少流行有三种重要的策划方式：1. 会议策划方式。把持着文化权力的位置批评家们，策划出无数的文学批评性的会议，诸如作品讨论会，作家研究会，评奖颁奖会，影视观摩会，成果展览会，名人纪念会，地域文学座谈会，等等，所有这些会议，都直接间接地扩张了他们的文学意志，程度不同地形成其对社会公众的文学召唤力量。这种召唤，不仅会遮蔽整个社会文学生活的真实面目，而且本身就是一种文化暴力。在这些会议批评里，位置批评家们大量兜售他们粗制滥造的廉价批评产品，以数量压倒质量，实现其对全社会文化消费的最大配额占有，从而事实上成为文学生活和文学状况的强大调节力量。毫无疑问，在整个文化倾销过程中，并不排斥优秀成果的存在客观性，而且也不排斥一些位置批评家从一开始就怀有"文学救危"或"文学改良"的善良动机。但问题是，一方面即便如此也会受到合法性的质疑，另一方面，他们毕竟只是其中的很小一部分，根本不足以均衡整个文学策划思潮的负面效果。2.出版策划方式。所谓"出版策划方式"的意思是指，位置批评家们通过新闻、报纸、电视等广义出版行为，人为构思某些文学倾向或文学主张，从而形成规模效应或氛围效应。90年代以来，很多文学刊物都已经失去了从前的沉着，浮躁地卷入策划潮流中去，我们目前所知道的诸多90年代文学流派或文学思潮，之所以被人们称为虚假文艺现象或泡沫文学现象，究其根源，就是因为它们大多是一种出版方式策划的结果，是某些刊物或出版社的编辑先生们，坐在办公室里的杜撰结果。3.评奖策划方式。当代文学发展到90年代以后，无论是数量还是质量，都并没有出现长足的进展，有些文学门类甚至有大面积滑坡的情况出现。但是，非常奇怪的是，进入90年代以来，各种文艺奖励却特别繁多，有全国性的大奖，亦有地方性的小奖，有一年半载的稳定性奖项，也有临时拼凑起来的奖励名目，各种诱惑性的奖励已经成为左右90年代中国作家的重要调节力量，在文学行为引向获奖行为的创作误区中，大批中国作家的创造力和思想责任都受到了非常沉重的打击，精神的物化趋向一方面现实地给了作家们一部分利益，但另一方面却隐然已长久性地损害了作家们的生存特权。奖励及其操作中的评奖过程，很大程度上成为一种社会性的文学批评尺度，尽管只是由一部分位置批评家借助位置的力量来予以实现的，却在一定程度上实际成了普遍性社会功能的一种表述方式，有时甚至会演绎为一种主旋律表述。总之，通过这些策划方式，达到了位置批评家们策划和操纵文学批评的目的。

（二）他们省略知识背景。政治权力话语在80年代受到较为深刻的清算之后，尽管它仍然作为官方语言形态继续发挥作用，但其一元性的法定权力已经不复存在，于是，90年代的文学批评空间，在一种多元文化氛围的格局之中，有可能在冷静客观的平常心态下，开始学理性的文学批评知识建构，即历史已经绽露出一个以和平与建设为生存格调的文化发展机遇。如果这一代文学批评工作者懂得如何去珍惜这个机遇，非常严谨和求实地从基础工作做起，从批评理论和批评实践的知识积累和知识规范做起，则当代中国文学批评的完整体系及这个体系的成熟的当代实践，就都有可能出现。但是，如果按照这个发展脉络，当代批评工作者就必须能够坦然应对一个冷酷的现实，那就是以牺牲自己作为拓展未来的代价。在知识积累的初级阶段忍受寂寞，这是不可省略的历史过程，古今中外莫不如此。对于位置批评家们来说，这一省略几近残酷，甚至几近死亡判决书，因为他们所拥有的位置发言权，就在所谓"知识神话"中彻底地化为乌有，甚至乌有得比学院里那些所谓"迂腐"的教授们还要彻底许多。于是，他们也就不得不联合行动，或者更准确地说是不约而同地行动，勇敢地开展知识反抗，或者更准确地说是反抗知识。在这种进攻策略中，知识被贬斥为教条，学习过程蜕化为天才耗损，"知识分子"的称谓据说教授们已经没有资格，而且只有这些到处开讨论会出没于学院和研究所之外的知识分子或者社会精英，才懂得用人文关怀的姿态去对待文学和文学批评。在所有这些省略知识背景的反知识进攻中，位置批评家们开始策划一套社会权力话语，或者说传媒权力话语，抢占命名权，在演绎"抢得天下便是王，抢不到天下便是贼"的传统游戏中，掳掠社会文化利益，而且直接带来盗墓者式的文化伤害残局。并不是说位置批评家就没有一点知识，也不是说抢占中就没有一个真实意义和科学意义的命名，而是说他们破坏了知识秩序，把知识园地糟蹋得遍体鳞伤，在他们出尽风头的时候，正有历史老人在文化幽深处黯然神伤，而且还要把反知识体系的毒果扔给未来的一代。读90年代的文学批评，其中很大一部分文章是知识意义上的斩头去尾，不着边际，信口道来，逻辑混乱，同时还语意肯定得似无商量，命名和评估之中尽见霸道的风貌，而这霸道之"道"，就与文学批评的存在之道没有些许关系。很多位置批评家都声称是"自学成才"，文学批评对他们而言不过是雕虫小技，于是也就在反知识神话的过程中，虚构出建成知识论的神话，或者说"自学神话"。

二

与位置批评有所叠合但浪潮更为广阔的是商业批评，商业化的文学批评几乎席卷了中国文学批评界的各个角落和各个层面，而且大多数文艺批评家及文艺批评工作者都有所卷入，所不同的只是有入深入浅之分，自觉与不自觉之别。所谓商业批评的意思是指，在商业文化的巨大冲击下，一些文学批评的审美价值维度已经是没有灵魂的空壳，其所替代的乃是经济利益驱使下的虚假声张。批评家们自觉不自觉地受商业文化的熏陶，程度不同地演绎为物化意义上的操作者和逢场叫喊者，因而所有的活动都是商品中心的所附之毛，这样的文学批评，我们称之为商业批评。商业批评或者说商业化批评的存在，已经是不可否认的90年代文学批评事实。

商业批评形成的背景缘由，毫无疑问是特定历史时代的合力生成，但我们认为有三点最为直接，那就是：1. 现实挤压；2. 心理逆反；3. 观念解构。

就"现实挤压"而言，批评家们不得不面对这样的尴尬局面，在整个社会分配秩序的合理比例形成之前，他们的劳动报酬率极低，甚至连最简单的劳动形式，其价值换算率也要略高几筹。传统的虚假公有制结构，正在社会转型过程中迅速向商品化的市场经济形态演化，商品大潮已经不是作为一种社会现象引起人们的兴趣，而是作为整个社会的立身之本制约着全体社会成员的现实生存方式，即使那些离直接商品行为最遥远的社会内容，也最终会与商品性或商业社会方式直或间接地连接到一起。批评家们在普遍的生存艰辛之后，迫不得已放弃批评的形上唯一追求，逐渐达到形上与形下的有机统一，甚至最后的形下压倒形上。大势之下，文学批评成为日常交际方式，作家与作家之间的合化，批评家与批评家之间的同谋，作家与批评家之间的酬答，更甚者则有高额利润稿酬，看不见的"红包"……；同时也成为现实生存方式，文学批评为了给文学活动增加社会辐射力和经济生长点，便顾不得经典批评的那些条条框框，赤膊上阵走到前台，策划文化事件，追求轰动效应，刺激读者购买，吸引大众关注，而批评家就在这种批评的商业化操作方式中获得生存的一席之地。批评从无价转为有价、待价、沽价，批评家的主观位移当然负有不可推卸的责任，但是物质界面的挤压无疑有其更大的责任。尽管有些挤压是合理，但毕竟更多方面对批评家是不合理而且无奈的。

就"心理逆反"而言，我们可以先对80年代文艺批评有所回眸。在整个80年代，文学批评怀着一种凝重而又崇高的心情，对文学这一社会中心事件进行全方位的理论表述和实践阐释，甚至往往会从终极趋的高度来严格要求文学及其文学事业。批评家们以严肃的心态对冷峻的文学，积极投身于古典的发掘，对异域的吸纳，对马克思主义文艺学体系的诠证，所有这一切无非是一个共同的努力，就是祈求中国文学早日复兴乃至早日走向世界，为此而付出了老中青三代批评家的呕心沥血。虽然那时候商业大潮已经来临，精神劳动与物质劳动的反向落差已很明显，但这并未从根本上动摇文艺批评家们的事业中心意识，并坚持认为精神生存方式与物质生存方式之间必然不会构成永久性的对立关系，这才有"精神坚守"或曰"守望精神家园"一说。但是形势发展到90年代以后，批评家们的文化精英情结渐渐散淡，长期坚守的结果竟然是坚守者的现实唐·吉诃德，边缘化已成不可改变的空白，以文学去救社会之危以及救文学自身之危，似乎成了一个没有意义的游戏圈。耐力总是有限的，批评家们是人不是神，于是就开始出现松动和溃败，就有批评的社会转型或早批评对日常方式的迎合与附着。问题在于，一旦迎合，就有对此前坚守的强大逆反心理，就会把事情推到另外一个极端，从相信一切都是真实都有真理，到看穿一切真实怀疑一切真理，到这个时候，批评性质及其操作方式的商业化，就是再自然不过的事情了。

就"观念解构"而言，我们认为以德里达为代表的解构主义的文化影响，也是90年代批评家定向商业批评的一个重要缘由。我们知道，德里达认为文学的意义只不过在"延异"（différance）之中，也就是说，意义存在于意义差异，所以确立延异也就是一个过程，是一种阐释替代另一种阐释的游戏。因此，语言不过是游戏之为，所要约束的实际上只不过是"游戏规则"，舍此便无任何其他真实意义可言。解构主义这种对意义真理观和语言真实观的颠覆。以及对游戏观的阐发，正恰到好处地均合着刚刚从80年代浴血奋战中去过来的疲惫的中国批评家，并且不与商业文化氛围构成矛盾，于是，当中国批评家并不可能在彻底解构主义的后现代性层面上理解游戏之为时，就会相似性把这种随意兴趣转移到批评的商业操作中去，虽然并无延异可言，可抛弃真实性却是彼此相仿佛的。实际上，每一种西方哲学思想或理论思潮传播到中国以后，都不会按其本来的学理脉络和精神结构在中国发生作用，它们往往会被一种中国式的本土理解转换功能和转移重心，解构主义的中国命运同样会是如此。

商业批评作为一种90年代较为突出的当下性批评形态，其具体表现可谓斑驳陆离，我们在这里仅仅能够择举其要，以作为认识这一现象的参照，而全面的描述及的分析，则有待进一步的研究。其一，文坛应酬式。就中国文学史而言，自古及会都有文人间迎往送答并以诗文酬唱的文化习惯，譬如"唐初四杰"们的浪漫故事曾经使得多少人心弛神往，那是一种诗性的交遇灵性的相拥。这种交遇和相拥直至今日还有其文化残存，但就其主要状况而言，90年代意义上的"酬"则早已非"心"而已经是"物"，所谓文坛应酬，就是指为钱写作，谁出钱为谁写作，并且什么样的写作方式、写作话题都可以完成，谓之"交稿"，一手交钱一手交稿，甚至先交钱后交稿。其二，经济粘着式。这种评论写作方式的特点在于，评论有以敏锐的目光捕捉对象，那些对象可以是人也可以是单位，可以是一次活动也可以是一次晚会，所有的对象都有一个共同的属性，那就是有"实惠"可以事后获取，而且必须有实力值得信任。比较典型而且为国内文坛有所了解的例子，就是一位富绰的香港女作家，因为这种"实力"而一下子"粘着"了大陆三百多位批评家的肉麻捧场，其中据说不乏京城里的批评大腕。某计划单列市的一家出版社，为了追求出版效应（经济与社会影响），从全国各地以各种手段收购一批文章，结果把一部由中学生撰写而且还很稚嫩的小说，吹成了第二部《青春之歌》甚至有过之而无不及。其三，新闻炒作式。批评家为了扩大自己的影响，提高自己的批评地位，离开作品空间和演绎逻辑，通过大众传媒的新闻方式，策划批评事件甚至某种文学运动，精心构写主题词，反复琢磨关键词，密切注意大众趣味词，不顾一切地自布自吹自擂词，在传媒极为发达的今天，我们几乎每天都能读到这样的语词，以一种完全商业化的程序和操作规则来对待文艺批评，以谋取中长期利益。其四，序跋广告式。自刘勰《文心雕龙》列序跋之体名称以来，自古及今，在汉语文章的皇皇历程中，有多少优秀序跋读来沁人心脾，或褒或贬，或称或斥，或絜领或提示，或背景透露或人心揣测，总之是各擅其辞，与本著构成得失互补的协调关系。但读我们今天的序跋，无论是批评家给作家写的序跋，还是此批评家为彼批评家出的序跋，一律的没有尺度、没有原则、没有立场，往往以一种广告的话语方式来进行序跋写作，有些写作甚至让你觉得不仅作者寡廉鲜耻而且评者更让人恶心。一种极为美好的传统写作方式，或曰特殊的批评表达模式，就这样在当代的序跋写作批评里走向语言深渊。

商业批评在90年代的充分出场，对文学批评的未来走向提出了严峻的挑战。随着工业社会和后工业社会的不断深化，艺术生产方式如何在物化社会中确保其协调性或者坚守其独立性，都是深刻的人文话题，必须有待系统而缜密的研究。我们在这里仅仅对商业批评有所描述，虽然暗含着立场，但毕竟表达得不够充分，原因就在于它还在进程中，所以方置我们的当下处理态度，以求获得全社会的公共性问题解答。

（原载《粤海风》1999年4月号）

电视广告与视觉骚乱

既然大学里的传媒学院都已经遍设广告专业，关于广告研究的所谓学术著作以及体例不一的广告学教材也已经充斥书店，那么很显然，对电视广告的正面价值乃至社会意义的影响所及也就是不需要讨论的话题，因为电视广告在整个广告谱系里具有举足轻重的地位。

正因为如此，那些电视理论家也就理所当然把电视广告之议看作所议中的重要议题。例如，一个流行的电视观念就是，电视广告是电视本体存在结构的有机组成部分，从特定的意义上说，它对于电视的存在具有命脉意义，甚至严重到没有广告效果的电视台一定会是短命的。

但对于极度泛滥的电视广告而言，我感到十分枯燥、乏味、厌烦甚至愤怒，每当正常的视觉生活承享之际，莫名其妙的电视广告会将人从某种情景中野蛮地拉扯出来，就像从古代闺房中把妙龄少女拉到野外一个前不着村后不靠店的荒野乱林之中，当此时，我对电视广告会感到本能地仇恨，并且肯定地认为它实际上就在制造视觉骚乱。

视觉骚乱的根据在于，电视广告的视觉叙事除非将其主题意义诉求与别的视觉叙事隔离开来，否则它就只能像现在这样，由电视利益的魔掌进行随意的切割和分拆，在非互约性的交流过程中强制群众被电视广告任意宰制，而且这种宰制的猥亵性还突出的表现为，愈是镜像生活具有诱引魅力，或者愈是这种生活处于激情处、亢奋处、焦点处、关键处，这种猥亵性的电视广告视觉宰制就愈是强烈和多发，这不仅使观众对视觉叙事的某种连贯性完全被破坏，而且常常会使某些性急的观众因短暂撤离而彻底丧失接续的机会，乔纳森·E·谢勒德把电视中的伏特加、内衣、紧身胸衣等的修辞性广告说得那么充满诗意和审美性魅力，如果是不同的独立叙事片断，所有那些说法或许都已到位，但问题是他们曾在世界各国电视台有过多少野蛮的叙事分拆和视觉拼贴，而这些分拆和拼贴，曾让数以亿计的世界各国观众受其猥亵，使其视觉生活质量程度不同地受到影响，果真如此的话，则视觉修辞越强，电视广告在视觉生活情景中所带来的视觉骚乱及其负面影响就越值得我们引以为警觉。

  我们还必须警觉性地注意到，电视广告在形而下层面还会不断地给人们的日常生活制造这种骚乱，对于深受电视广告其害的我们却对此一时一刻也不会忘却，而且保留对电视广告及其所依仗的视觉叙事应允者追究经济责任甚至法律责任的公民诉权。众所周知，正是电视广告的不负责任的视觉叙事，使多少父老乡亲购买到劣质种子、农药而颗粒无收，使多少前往异国求学的青年因蒙骗而身无分文飘落他乡，使多少善良爱美的女性玉容破损终生饱受毒性化妆品留下的残疾，一言以蔽之，电视广告在堂而皇之的视觉叙事权力下制造过多少罪恶性的视觉骚乱，只是这一话题已经超出了文化反思的意义边界，亦即不应该由我们承担其骚乱清理的社会使命。

（原载《南方电视学刊》2007年第3期）

视觉文化时代的人本弱化

任何人类生存方式和生存手段的进步,最终都必须以人的完善或人的发展为旨归,这不仅是文明的逻辑参照同时也是文明的历史向度,但电视在现时代与人类所发生的关系中,人本弱化现象足以引起我们的焦虑。

电视作为视觉文化时代的标志性生存方式,人们在充分享受它的日常惬意甚至财富效果之后,往往只看到它的生存积极意义和人类附着功能,却不愿反思它的负面价值以及对人类究竟会不会有所伤害,而这种反思的缺席,就导致了视觉文化时代的人本弱化,此类畸形,我们至少可以分拣出:(一)想象力萎缩,(二)情感麻木,(三)漠视生命体验。

想象力萎缩是因为电视在与人的照面过程中,它用完全视觉呈示的方式为世界揭蔽,给事态澄明,这样一种照面关系的结果,就是使人在获得观众或视觉假相以及对视觉叙事的心理依赖,最后也就会积淀为对世界和事态窥秘兴趣的丧失以及对想象的疏淡乃至拒绝。电视人的策划和想象发挥到足以将各种视觉碎片缝合为完整的视觉叙事之际,也就意味着那些接受者正在程度不同地放弃想象的机会和权力,人类个体抑或整体如果不能在已经形成客观事态中保持清醒的去魅理性,其想象力萎缩将会在进一步的电视化或视觉文化泛滥中成为人类精神生长的灾难,对此,阿多尔诺、马尔库塞、霍克海默和洛文塔尔等激进主义知识左派们的某些批判确实能给我们以启谛,尽管他们往往是从另外的逻辑线索入手。

情感麻木是电视视觉动机的最大存在悖论。由于电视能突破时空限制的某些边界,所以它获得了个人参与和整个在场状况中的直接移情优势,这使电视的视觉动机由此而不断地进行大众煽情,从而能在煽情的扬长避短中从情感支配的角度实现对大众的役使,这种役使对电视而言乃是利益实现的最根本维系。但事与愿违的是,大众在长期役使后会产生极其严重的情感麻木负面性,特定个体甚至会出现强烈的情感麻木综合征,从前那种对外部刺激的情感敏锐和内在体验的情感细腻在电视的滥磨之下消失殆尽，极端的结果，不仅是人的对屏幕上的拥抱、接吻或生离死别无动于衷，而且更是战争同步直播中大众一边悠然饮着可口可乐一边笑谈间欣赏着纳杰夫那边的血肉横飞，这一切似乎与人类的情感本性已经没有多少必然的联系，其麻木几乎至于罪恶的境地。

漠视生命体验从某种意义上说乃是包括电视在内的视觉文化的宿命。由于电视的出场优势就在于视觉虚拟，包括时间虚拟、空间虚拟、意义虚拟、故事与人物虚拟等等，目的都在于诱引大众进入第二世界，意图在第二世界镜像中完成生命个体在第一世界理应出场的缺席，以至于电视大众在心理层面已经实现了第二世界对第一世界的有效替代，亦及虚拟叙事对真实体验的生命置换，置换之后，生命及其各种玩味不尽的体验反倒变得没有激情和生机。长期凝视电视者，会程度不同地把自己的幸福与痛苦、爱与恨、奋发与沉沦、感动与同情等维系于电视情景之中，视觉叙事会使凝视者感到身边遍布着困倦、苍白、平淡、琐屑乃至缺乏意义，会对真实的生命体验持疏淡和冷漠的态度，甚至并不相信自己的生存蕴涵远远超过那些劣等肥皂剧中的人物命运。

总之，视觉文化时代在给人的生命创造新的拓值空间的同时，也给人的生存本身带来一系列弱化效果，对于这些负面价值，人们总是习惯于掩耳盗铃而不愿提及。

（原载《南方电视学刊》2007年第1期）

电视意味着什么

　　电视作为二十世纪的一大文明奇迹，从一开始就被人们当作一种传媒来理解，更进一步发展为公共文化空间，由此而有新闻和娱乐的两大杠杆功能。在打破空间和时间的边界限制以后，电视获得了直接化和在场化的巨大效果，这一效果使个人和社会都获得了日常的兴奋，甚至有填补时间缝隙的意想不到的作用，所以对于我们来说，几乎每个人都离不开电视。对我个人而言，不仅因电视而拥有了生存繁忙，而且因电视而拥有了真正的闲暇，在把生命支付给繁忙和闲暇的过程中，我会真诚地向电视礼赞。

　　但问题引申以后，或者说电视对个人和社会进步占有之后，它还仅仅是受我们召唤和调动的工具吗？在法兰克福学派最初发现了工业社会的现代性疾病之后，很快人们就惊讶地发现，在人和社会的电视化过程中，电视正越来越摆脱人的主体性控制，并以强大的反文化力量颠覆人类的文明优先权，尽管这一切都是在我们每个人的身上发生。为了表述的清晰，我们不妨把电视时代的人称为电视人，并且按照个人对电视的不同沉湎程度，来决定其究竟"电视人"到何种程度。

　　电视人就像网络人一样，与人类情感产生分离，彻底的电视人从根本上说便无情感可言。从前的窃窃私语广泛地传播到千家万户，连幼童也知道某一个忧郁的成年女子爱上一个不回家的人，但是这种事件已经不过是一种平面化的表述，没有任何所谓恨也悠悠愁也切切的深刻体验内涵可言，所以使人只能以没有激情的姿态随便溜了一眼便弃之如浮尘。经年累月的电视经验，使儿童成为少年，又使少年成为中年，最后演绎为老年，这整个演绎过程实际上就是情感钝化过程，人们开始丧失情感能力和情绪功能（尽管其程度因人而异）。面对电视的人们变得越来越不愿意激动，那些忧郁、烦恼、痛苦、惆怅，那些怜悯、同情、哀叹、焦虑，那些冲动、狂热、饱满、浪漫，那无数说不尽的情绪状态和情感体验方式，都因电视没完没了地"直接化"表述而消失得无影无踪。试问，在电视时代，还会有诗吗？

人对电视的依恋，更大程度上乃是由其在场性效果所致，它的传媒效应成为更小范围的新闻魅力，都无不是通过这一诱惑功能所达到和实现的。人们总是会相信，通过电视就可以到达事件地点和接近事实，而且认为这就是不出门而知天下事的最佳现代诠释，久而久之，复制的事实就逐渐替代了本事，并且把人们的注意转移到复制中去。在这个注意转移的过程中，有两个环节值得质疑，其一，是谁决定了当前的世界正在发生这些事件而不是另外一些事件，这个遴选者位置的"谁"究竟合法性和合理性何在，或者更进一步，电视通过"谁"和"谁定"以后，究竟是使我们离世界状况更近还是更远了？其二，电视的实录使人们容易相信，事实是可以复制的，并且电视对事实的传奇性复制可以使无限的人直接在场，但问题恰恰就在这里，一方面事实是不可以复制完毕的，充其量只能有限复制，另一方面它只能带来无数人的虚假性直接在场，仿佛我们同步审视海湾战争场景，可以说我们在场，但我们又的确没有真的在场。电视在模糊这种在场效果的过程中，最大的疑惑就是弱化了人们的出场积极性，电视化在场实质上就是人类无限个体的隔离化离场。正因为这两个环节的质疑，使我们对电视的直接化效果产生了负面理解，即我们看到了电视万花筒的另外一层意思。试问，在电视时代，涉身电视的时候还能涉身事实吗？

人类发明了电视文化形态，发明了一种新的文明存在方式，那么，究竟意味着什么呢？在我看来，它似乎可以理解为文化克隆，与生命克隆一样，既富有延展的无限活力，也隐藏着人类命运的种种危机，由于它比生命克隆要早大半个世纪，其正负两面功能应该为我们更深刻地加以理悟。

那么，电视作为文化复制现象，其"复制"合法性的"授权"何在呢？就当前的世界状况而言，无外乎两种授权方式，一是图像权力形态，二是经济权益形态。电视机构、电视者（生产方）、电视人（消费社会空间）就被这两根绳子牵扯着，个个寻找电视所带给自己的利益，所以人们对电视竟是如此的信任，甚至信任出美国人命名的所谓"电视综合征"，好像如今我们离开了电视就不能活，而且事实上就真的至多只能"苟活"。

这意味着这项技术使人类大有集体沉湎之势，乃至假如有人说电视的疑处，就会立刻引起众怒，或者干脆搬走你的电视机。没有电视机的"苟活"在当前显然是痛苦的，但问题是，如果我们对电视只是一味地沉湎，而不是不断地理清人与电视或文明与电视的可控关系和合理框架，则我们最终将在"苟活"只怕也保不住的文化灾荒甚至文化毁灭中活着也未尝可知。

电视给我们带来了说不尽的幸福和快乐，但是电视已经或将要拖埋我们更说不尽的幸福和快乐吗？

（原载《南方电视学刊》1999 年第 6 期）

"使文化"抑或"使用"文化

古者圣人设计出"以文化之而世兴"的文化济世使命，从那时候开始，无论是官学还是私学，无论是教书还是读书，大家都背负着一个崇高的神圣使命，那就是为了最大限度地"使文化"。

电视就是视觉文化时代的文化使者，它能提供我们这个时代最为有效的"使文化"效果。对于余秋雨、易中天或者于丹们来说，他们的文化普及或者知识大众化行为本身，即使不排除程度不同的利益策略主义隐匿其中，但依然总体上体现着"使文化"的行为特征，所以，尽管那些批评者对文化普及和知识大众化的某些细节不足非常到位，或者哪怕是他们浑然不知的"硬伤"揭露得清晰而且准确，也依然无法从根本上质疑其合法性。

问题在于，电视台在把埋怨情绪和纷争事态转移到解释者身上以后，情绪和纷争的真实性就会自然而然地流失，也就是在把余秋雨、易中天以及于丹他们抛为抵挡事态的牺牲品之后，电视台就成了坐收渔利的既得利益者，而这恰好与其策划初衷相吻合。就电视的利益立场而言，"使用文化"的利益欲望远远超过其"使文化"的社会使命。"使用文化"中的文化，对使用者而言就是观赏之物，就是赚取钞票的商品，就是向利益目标大献其媚的应召女。

曾有电视制片人醉后狂言，那些学富五车的学者有何了不起，小小的策划，还不是趋之者众，应召者速，真是有钱就能有文化，有策划就能玩文化，戏耍文化。如果这样的案例不仅真实而且普遍的话，那么很显然，"使用文化"较之"使文化"，对电视而言不仅更现实，而且热情更高。电视台召唤李敖，当然是因为李敖有文化，但同样不能忽视的是电视台并不青睐他博大精深的学术文化，而是更热拥于他的嬉戏文化风格或者谩骂文化姿态，所以李敖与电视台的合谋乃是以"使用文化"作为维系的，大众并不能从那些节目里得到的更多的"使文化"性受惠。所以对合谋者李敖而言,他可以破口大骂孙中山、鲁迅一直到马英九,却张口大吹他崇拜有加的"我的好友刘长乐老板",这样的吹捧口吻,在我所看过的"李敖有话说"节目里,只有上帝和莎士比亚有些殊荣,在"使用文化"的双赢中,李敖让刘长乐排在上帝和莎士比亚之后享尽文化殊荣。

使用文化并没有错,电视要赚钱同样也没有错,错只错在电视不该拿"使文化"的崇高伪装来忽悠社会和大众。无论在何种意识形态背景之下,这种忽悠都有违起码的文化伦理。

(原载《南方电视学刊》2007年第2期)

光圈和色彩交织的文学画廊

沿着浩荡的长江,乘着时代的航船,我来到了"日出江花红胜火,春来江水绿如蓝"的江南,踏上了"九山环一湖,翠螺锁大江"的钢城马鞍山,走进了光圈和色彩交织而成的文学画廊。

多么炫然多姿、耀人眼目的世界呵!

单是这小说创作,便以其丰富,以其精巧,以其思想的深邃,以其艺术的魅力,扣住了我的心弦,打动了我的灵魂,引起我深深的思索。

一、红色的生活画面

红色,按照审美心理学的见解,那是壮观,热烈,激情。在1984年《采石》的长长的文学画廊里,便有不少是这种火热的时代生活写照。

周立新的《春夜人难眠》(第1期)提出了新产业革命的一个严峻历史课题:竞争。吃惯了大锅饭的人们,现在面临着更加复杂的挑战。东风拖拉机厂的"猛虎"牌拖拉机一贯称誉全国,是信得过的"畅销产品"。但是,A市的订货会已过去了八天,却只订出了三万台。"拳打黄河两岸,脚踏南北二京"的厂长尚虎,虽历来"能谋善断",现在也着急了,竟迈开令他的部下"悬心吊胆的踱步",而且"一只只烟蒂在烟缸里燃烧熄灭。"这岂止是一个东风拖拉机厂和尚虎的处境,而是整个工业、整个经营业、甚至我们整个社会所面临的局势。小说的得力处,也就在于写出了虽是静静的春夜,人们却不能够安眠休憩,而是胸膛里全都"正燃烧着一盆炽烈的火"。

刘天明的《人字瀑前》(第2期)则是我们时代生活的另外一个侧面。在我们这个时代,自然不乏像江蓓蓓这样的人,眷恋大城市的生活,最后竟沉沦到美元港币的耀眼金光之中。但我们时代的年轻一代,更多则是松岩和吴小鹃这样的形象。他们情操高洁,蓬勃向上。他们不是祈求着享受,而是努力于创造。小说以鲜明的对比手法和映衬技巧,把火热的时代主旋律饱蕴艺术意味地演奏开了。

文学,无疑是有时代性的,而且它总是密切地注视着同时代最敏感、最激烈、最壮观的社会生活。视文艺复兴,启蒙运动,前后期批判现实主义和前后期浪漫主义,皆莫不如此。当人们对于生活本身还显得有些漠然和唐突的时候,文学便捷足先登地把时代生活的奥妙艺术化地揭示出来,人们便从"时代的镜子"里,经过信息反馈过程,达到了对社会本质和规律的认识到理解。《春夜人难眠》和《在人字瀑前》的意义与价值也恰恰就在这里。

但是,总的看来,《采石》画廊中这样的画面却似乎少了一些。而就这两个作品而论,无论是形象型的塑造,还是文学语言的基本功,都还少了一些火候。

二、蓝色的内在世界

蓝色,使人联想到的是宁静,是潜在的奥妙,是生命的内在世界。

王才锡同志的《藏在心底里的一片绿叶》(第2期)乡音袅袅,乡情溢溢。作者文笔朴实自然,情节流畅。那遥远的孩提时代的追忆,那若悲若伤的情调,还有那同读者滴下酸泪的景象:"忙碌了一天的人们都进了家,野外看不到人影了,屋顶到树梢也渐渐地看得模糊了,四周没有一点声音,偶尔有一声两声的鸡鸣狗叫,而这样声音也最终听不到了。一只只黑色的蝙蝠,贴着地面不出声地滑翔着,天上的星星一个一个地现了出来,发出冰冷的光。"读着这样的文字,着实叫人的心弦发出震颤之声。其实,这篇作品的内在价值更在于,它真实而有分寸感地把握和揭示了儿童的心理特征,从而把成年的读者带回到五光十色的、"不可企及"的童年时代。"好哇,春水抬老婆了",二猴和他的伙伴们是这样看待"我"和"翠叶子"的。"哥哥,比比看吧,要是我多了,就匀给你。"这样的诚挚情感,人与人之间无私的坦荡交流,在充满杂念尘污的所谓"大人们"精神上应引起何种情绪反应呢？"月亮上面有人吗？""唉，就是上面有人，也不知心好心坏。"那么可爱的疑问，多么令我们惭愧的回答。孩子的心灵中，已投进了社会的阴影，已有遭受扭曲的端倪。这样的文字，便是断肠的文字。

江洪的处女作《漂吧，失去彼岸的船》（第1期）是一篇耐人吟读的好文章。对于人的内在世界，作者挖掘得较深，观察得较细，表现得亦较动人。就心理运动过程的刻划而论，作品有着鲜明的层次感。诚然，确如作家高晓声来信所言，"青年毕竟是青年，对手比他年龄大得多的人是不易充分理解，因此，描绘人物，有时候就显得单薄了。"（见《采石》1984年第1期）但是，这篇作品的主要成就，则在于心理活动描绘得真切动人，而且富有一定的生活哲理。当作品主人公的这位老妈妈即将离休的时候，又突然遭遇儿子丧生的厄运，使孤单、寂寞中又夹杂着痛苦和悔恨。这便使得人物心理的挖掘更深入了一层，也更动人和易于引起读者的情感共鸣。也许有人会认为这篇作品把干部形象描绘得暗淡了一些，其实在这一点上，我很同意吕宕同志给该刊信中所说的话："……作者对事物可以有他自己的看法，只要不违反四项基本原则，为什么一定要和编辑的观点看法相一致呢？调子是否低了点？我觉得在同类题材上，调子也不一定要一个音阶，一个题材可以从这个角度来写，也可以从那个角度来写，角度不同，调子自然不同，强求一致就不成'音乐'了，只能是概念化。"就这两篇作品而论，都以"主体"情感的宣泄和揭示为写作角度，虽然选择的是老年、青年和少年三个不同的年龄层次，然而却都浓情溢溢，光彩烁然。略嫌不足的是，两者都还存在着谋篇布局的不谨巧和拖拉的毛病，如能在情节发展的节奏和衔接点方面再成熟一些的话，作品将会生辉不少。

三、灰色的现实思考

灰色，是深邃；是情感的郁郁不安，更是思想的冷峻考索。在《采石》1984年的小说创作中，以对现实的探讨和思考，提出严峻的现实社会主题的作品，也不乏力作。这中间，当以《呵，人言……》《炸瘤》为佳。

颜屏的《呵，人言……》（第1期），它提出了这样一个社会问题：在社会主义社会的新型人与人的关系中间，彼此应该是以理解为基调的。但是在现实生活中，情形有时恰恰与此相反，所谓"人言可畏"仍然是会带来灾难的社会存在。作品写了一个出场不多，然而却形象突出的邮递员的形象，在女青年薛雯陷于"那一个个汉字在狞笑着，一撇一捺都像是一把把钢刀利刃向她刺来，一个个标点符号在滚动着，一点一圈都化成一掬掬污水向她泼来……"的危境之时，他没有计较她曾"鄙夷地"喊他"戴绿帽子"的以前的过错，而是无私地默默无闻地将一封封中伤她的明信片妥善地送达。尽管如此，这人言依然像疯狂的洪水淹没了他们，不但薛雯备受折磨与痛苦，而且这位可爱的邮递员最后竟然"为了给什么女人送明信片，他那个谈了好几年的对象都和他'黄'了。听说，领导上把他调到市郊段上去，也是为了这码事。唉！跳到黄河洗不清啦……"这样的结局，无疑具有作者的深刻见解的。

何根松的《炸瘤》（第2期），写的是这样一个情节：公司经理到某铁厂检查工作，发现铁炉中结了一个瘤。他要考核这个厂长，拿出其炸瘤方案，并要厂长的三个部下为厂长打分。世故练达的正副调度长在犹豫了一下之后。都给了个100分，唯独二铁车间"书生气十足"的主任只给了厂长56分。爆破结果，厂长的方案是错误的。这个简单的故事情节的"力度"在于，为什么部下对上级的错误方案要给一个满分？也就是暴露了我们的干部构架中，存在着许多潜在的"瘤"，而这些"瘤"，恰恰就是妨碍"四化"进程的羁绊。所以，这个"炸瘤"，便是要对干部中的不健全因子予以剔除，对于一切杂质和污水、滞塞和梗阻进行疏通。

在对现实思考的这两篇佳作中，我们能隐隐约约地从那字里行间窥视到"伦勃朗的色彩"，也就是严峻的现实主义的文学风格。可惜的是，这种色彩稍为淡了一些，因此，它们也就在对社会现实问题的把握，对社会的内在奥秘的理解高度和艺术反映的深度方面，显得"力度"不够。应该说，这是颇有些遗憾的。

四、透明色的人物雕像和艺术光圈

透明，便是本色，便是美，便是完美而充分的表达。在《采石》1984

年文学画廊里,不少小说成功地塑造出了透明色的人物雕像,即文学典型。我们知道,典型是文学的形象中心,是文学的主要追求所向,而典型人物是典型文学画面中的一个个闪光的定点。

在众多的"闪光的定点"中,我认为最具艺术火花的当推潘志豪的《琼斯先生》,它是一个颇具特色的短篇,它较为深刻,也恰如其分地剖析了一个资本主义国度的工程师的内心世界,形象真实,令人信服;相形之下,显示了我国干群的美好心灵和高尚情操。

琼斯这个形象的成功之处在于,作品真实地刻划了小说主人公的复杂的性格内在构成。一方面,他"上身一件大红格的衬衫,下面穿着牛仔裤。浑身散发出一股粗野的嬉皮士味道。"但是另一方面,他又告诫工人们不要"迷信权威""要坚信真理";而且,当曹副厂长将工人们拖进那无聊而冗长的会议时,他会恼怒已极,表示"我讨厌亭式的人物"。"琼斯"既有其热烈和外露的情感宣泄,同时更有其冷静的理性控制。他爱上了翻译张冰泓,而且颇近如痴如醉,但是,一当他得知张冰泓已有所爱的时候,他仍然表达着夹杂忧郁的祝福:"是的,幸福之神吻了你的脑门。张小姐,愿你走好运。"因为他深深地懂得:"爱情有它的土壤,没法移植。"总而言之,"琼斯"这个形象显得血肉丰满,充满生气,也活灵活现,因而也就富于透明感。当然,这也与这篇作品的老练的笔调及自然流畅的文字功夫分不开的。

如果说《琼斯先生》是透明的人物雕像的话,那么,石语的中篇小说《远方山村的来信》便要算作透明的艺术光圈。可以这么说,这篇小说要算是《采石》1984年小说创作中的力作了。它的透明感就是它的浓郁的艺术氛围,就是由多层次交织的光圈建造起来的境界。如果引用李清照的一句词来总结的话,便是一种"梧桐更兼细雨"的透明境界。

首先,这篇作品大手笔地驾驭着社会生活,它不局限于将那刀光剑影的斗争生活予以血肉模糊的再现,而是更多地从人的角度出发,将生活与斗争诗意化、艺术化。如作品一开始,便呈现出"敌人,还是敌人的敌人"这样一个变幻莫测的人物关系世界,给读者以富于吸引力的悬念。又如女主人公晏殊,既不是叱咤风云的沙场宿将,亦不是蓬勃英姿的女中豪杰,而是一个情趣缠绵,深深笼罩着一层浓郁的宗教氛围的小姐,然而,正是这位小姐,在她的内心深处却掩抑着炽热的正义烈火,她在为革命斗争默默无闻地工作着。此外，将斗争生活巧妙地与宗教氛围糅合在一起，也是作品诗意化的得力手段。

其次，作品充溢着淡淡的悲剧氛围，人们从这氛围中所得到的，是生活的体验，心灵的净化和深深的思索。所谓"梧桐更兼细雨"，当然是一种情意绵绵的幽深的艺术意境，而中国美学的传统追求所在恰是如此。要做到这一点，创作主体的艺术功力至关重要，惟其如此，才能创造出符合艺术的本质定性的，由复杂的色彩和光圈组合而成的境界。我反复地阅读和欣赏了这个中篇，而每次都会被它的悲剧氛围所打动、所感化。小说的开头，一个年已迟暮的老人"违情悖理，抛下刚结婚的唯一女儿，独自去一个荒凉偏僻的山村落户"；小说的结尾，又是这位老人爬上了开满野花的山坡，默默地祈祷在晏小姐荒凉的坟前；首尾贯合，悲情伤绪往往袅袅而出，动人心肠。"未来者"们于是便在这真诚的感动中萌发出新生的念头，小说的目的旨趣不是便自然而然地达到了么？

当然，这篇作品亦有它的不足之处，如有的语句缺乏文学的意味，变成了政治的概念讲说，有的地方出现叠合的情况，在情节的节奏和衔接方面便不是那么十分圆满和顺畅。

"大江东去，浪淘尽千古风流人物。"伫立在东去的船头，我真诚地向《采石》，向钢城，向马鞍山的可敬的文艺同人们祈祷：祝福你们在今后取得更加硕果累累艺术的丰收。

（原载《采石》1985 年第 3 期）

第五编

有点学术味道的学术札记

论文学观念的时代变异

一

文学的产生同时也就是文学观念的产生。最早的文学是神话和传说。马克思说:"任何神话都是用想象和借助想象以征服自然力,支配自然力,把自然力加以形象化"①。这也就是说,人类的早期阶段还不完全是自然的主人,他们不是按照世界本身的规律去理解世界,而是按照自身的主观意愿去想象外部世界。表现在文学上,就是文学不能够去反映和再现出物质自然和人类社会存在的"真",也就是呈现为一切被反映的对象都在神话和传说中"虚假化"。但是,它本身却又真实地反映了人类童年的天真,并显示出一种美的"朴"。惟其如此,我们今天才能用欣赏的目光去研究公元前六世纪的《伊利亚特》和《奥德修记》,以及中国的《淮南子》和《山海经》;惟其如此,马克思才在他的《〈政治经济学批判〉导言》中称赞古希腊神话"就某方面说还是一种规范和高不可及的范本"②。

早期人类生活在异常恶劣的自然环境中,当他们的生存命运完全受到自然的主宰和支配的时候,他们理所当然地要盼望能有射杀九日的后羿出现,有征服洪水的禹和盗来圣火的普罗米修斯出现。这是幻想,但幻想中却凝聚着人类根本利益的功利,即幻想的功利。所以,幻想的功利就是早期人类的文学观念的实质。

社会生产方式的变更,人类生产力的突破性的发展。阶段和私有制的产生与形成,导致了文学和文学观念的历史转折,古希腊文学由神话时代进入了悲剧时代。产生了悲剧作品《被缚的普罗米修斯》《俄狄浦斯王》

---

① 《马克思恩格斯选集》第二卷第113页。
② 《马克思恩格斯选集》第二卷第114页。

《美狄亚》，造就了伟大的悲剧作家埃斯库罗斯、索福克勒斯、欧里庇得斯。到了这样的历史时代，社会分裂为不同的集团、不同的等级和层次，于是，生存竞争的矛盾便在社会内部全面地展开了。社会存在决定社会意识，道德、伦理、宗教、文学，一切精神范畴内观念形态的东西，都在一定的意义上服务和报效于主体的现实生活追求和政治纷争，一切都带有或隐或显的功利目的和倾向，这功利目的和倾向，抑或是"单纯的主观观念传声筒"，抑或是"从场面和情节中自然而然地流露出来"。

由于生产的不发达，人类的追求被严重地限制在物质利益方面，而且精神形式甚至也直接参加到这种利益冲突中去，所以文学也就实际上被理解为现实的功利。现实功利的精神形式便成了私有制的漫长社会中的文学观念核心。虽然在历史的延伸轨迹中有所变化，有所发展，但却终于没有摆脱这种观念的质的定性。中国文学史上，从《尚书》的"诗言志"①，到孔子的"诗可以兴，可以观，可以群，可以怨"②，从柳宗元的"及长，乃知文者以明道"③到今天的"为人民服务，为社会主义服务"等等，渗透在这些文学主张、文学观念中的底蕴，有哪一条不是与现实的功利密切相关。当然，由于民族、阶段、时代等的差异，人们对于功利的理解和要求往往是不相一致的，但是却研究有着共同的逻辑一致性。在这漫长的历史阶段中，自然亦不乏人提出过企图排斥功利的主张，譬如明公安派的"性灵"说，清王士禛的"神韵"说，以及法国十九世纪梅里美的"唯美主义"文学主张，无不以排斥功利为己任，从未真正的离开过"功利"。

工业革命的几次浪潮对社会的推动，使生产力以加速度的态势迅速向高水平迈进。随着信息时代的到来和公有制社会的逐步进展，社会内部结构亦将发生质的变化，由于个性力量能够得到较大的调动和发扬，于是群体间抗衡和对立范围、性质、程度和社会意义都有了较大的变化。兼之，物质需求的相对满足使得多数社会成员的精神兴趣转向精神生活需求，这样，观念形态的内容便充实进了新的历史内容。因此，私有制社会的文学观念"现实的功利"便演变为"超脱的功利"。但"超脱的功利"并不是目的性中排斥功利性，而是人对于物质利益的驾驭和超越，是人对于自

---

① 《尚书·尧典》。
② 《论语·阳货》。
③ 柳宗元《答韦中立论诗道书》。

然、对于社会、对于彼此间结成的关系有了空前清醒的认识和特别深刻的把握，是人类对于物质世界的高度解放。

如果我们把"真"理解为"规律性"、把"善"理解为"目的性"、把"美"理解为"愉悦性"的话，"幻想的功利"时代的文学观念又表现为主体的求真欲，那就是人类对于模糊朦胧的自然奥秘的新鲜感和浓郁的兴趣；"现实的功利"时代的文学观念又表现为主体的向善欲，那就是作家自觉不自觉地把文学当作自身思想情感表达的一种手段，带有强烈的群体纷争和个人恩怨的色彩；"超脱的功利时代"的文学观念则不然，它表现为无论是创作主体还是欣赏主体，都要求文学能最大限度地与人和谐地统一起来，给人以审美的最大精神满足。

"幻想的功利"——"现实的功利"——"超脱的功利"，这三个否定之否定的历史之链上的重要环节，从根本上说来，是由人认识人自身的发展水平所决定和制约的，因而也就是由社会生产力的发展水平所决定和制约的。早期人类的生产力水平低下，人们几乎认识不到自身的价值，因而只能在幻想的自然中去求得安慰。私有制社会的人生产力水平高，但又不能达到可以完全驾驭物质的程度，于是人的价值、阶级群体和民族的内涵等都只能从现实的竞争和搏斗中得到证明，就像人作为自然的奴隶一样，此时人又作为人的奴隶，因而只能从异化的形态中获取满足。当代及未来社会的人已经或将要进入社会生产力的高度发展阶段，与此相应，人的认识水平也有了长足的发展，自然、社会、阶级等，都已经不能或即将不能作为限制个性力量自由发挥的外在现实了，也就是正在逐渐达到马克思所说的"人是人的最高目的"的历史阶段。在这样的条件下，文学便既不是"虚幻的安慰"，也不是"竞争的满足"，而主要是"审美的享受"。

二

我们从宏观的角度，粗线条地把文学观念的历史划分为上述三个大的发展阶段。但这只是从文学观念的本质方面进行历史的综合归类，而没有触及到文学观念演变的外在表现方面。实际上，即使"幻想的功利"这种精神形式或者"现实的功利"这种精神形式，在它们起主导的、支配的作用时期，文学观念依然是一个运动和发展着的实体，是一个经常处在时代变异中的不安分物，甚至在一段极短的历史时期内，这种变异在某种意义上也会大得惊人。

欧洲中世纪是神统治人的时代。神作为人的本质力量的异化形态，被认为支配着一切物质实体的精神实体。因此，整个时代都被强化地认为文学是神的"放射物"，也就只能是神的颂歌或赞扬。但丁的出现，一反几百年居统治地位的文学观念，提出了"诗为寓言"说的文学主张。他指出："为着把我们所要说的话弄清楚，就要知道这部作品的意义不是单纯的，毋宁说，它有许多意义"。①而且，但丁不但从思想内容角度反对一体化的神颂，还提出了文学表现的历史新形式，提出用"俗语"（指同官方教会所用的拉丁语相对立的民族地方语）来写文学作品，因为"在这两种语言之中，俗语更高尚，因为人类开始运用的就是它，因为全世界人都喜欢用它，尽管各地方的语言和词汇各不相同；因为俗语对我们是自然的，而文言却应该看成是矫揉造作的"②。正是由于但丁在理论和创作实践上代表着社会运动的新的意愿，率先举起了文学观念革命的旗帜，于是文艺复兴的人文主义浪潮终于掀起在欧洲的大陆和海洋。

如果说，文艺复兴的先驱者们的文学观念革命在某种意义上还是羞羞答答的话，那么，到了薄伽丘、达·芬奇、卡斯特尔维屈罗这里，便呈现出全新的气象了。就文学观念来说，他们摆正了文艺对现实的关系，坚持"文艺摹仿自然"的传统现实主义观点。莎士比亚在《哈姆雷特》中劝演员要"拿一面镜子去照自然"，而且他们还朦胧地意识到了文学的理想化与典型化问题。钦特尼阿就说过："历史家有义务，只写真正发生过的事，并且按照它们真正发生的样子去写；诗人写事物，并不是按照他们实有的样子而是按照它们应当有的样子去写，以便教导读者去了解生活"。③同时，他们还明确了文学的服务对象。卡斯特尔维屈罗说："……诗的发明原是转为娱乐和消遣的，而这娱乐和消遣的对象我说是一般没有文化教养的人民大众，他们并不懂得哲学家在研究事物真相时或是职业专家在工作时所用

---

① 朱光潜《西方美学史》上卷 138 页。
② 但丁:《论俗语》。
③ 朱光潜:《西方美学史》上卷第 160 页。

的那种脱离平常人实际经验很远的微妙的推理，分析和论证……"① 正是由于文学观念的剧烈的时代变异，才有可能出现人类文化史上空前繁荣的文艺复兴时期的文学。

但是到了十七世纪，当法国开始领导新古典主义运动的时候，文学观念便又是一变。法国经过百年战争终于在1453年战胜了英国，成立了封建贵族和资产阶级上层联合的国家政权，就像马克思在《路易·波拿巴的雾月十八日》里曾指出的那样，"依次穿上了罗马共和国和罗马帝国的服装"，"穿着这种久受崇敬的服装，用这种借来的语言，演出世界历史的新场面"。② 于是，在等级明显的社会结构中过着规范化、僵硬化生活的贵族统治者们，在笛卡尔的冷冰冰的理性主义哲学信条的左右下，便不能不产生以布瓦罗的《论诗艺》为代表的模式化的文学观念："因此，要爱理性，让你的一切文章，永远只从理性获得价值和光芒"③。表现在形式上，便是对文学要求的铁的"三一律"。这种文学观念很快被社会普遍接受，人们的文学兴趣和批评尺度都只能以此为标尺，所以，甚至连高乃依的名剧《熙德》因没有严格符合那一特定时代的文学观念也遭致失败的命运。

从中世纪至文艺复兴，再至新古典主义，文学观念的异变是非常明显而且没有停止过的。首先是麻木型的，继而是热情型的，最后是理智型的。

三

当前，我们的文学所面临的是更为广阔的社会现实。

首先，整个世界的社会生产力发展节奏正呈现出空前未有的全新景象，新的工业革命正以蜀江春水之势改变着当代人的生活。电子计算机技术的发展，使人类更快地进入信息社会。到八十年代末，电子工业将成为地球上最大的产业部门。这说明，整个社会的生产方式都将出现历史的更新，而生产力的迅速发展，理所当然地要引起意识形态内容和结构的变化。美国的社会问题专家约翰·奈斯比特的《大趋势》和阿尔温·托夫勒

---

① 朱光潜：《西方美学史》上卷166页。
② 《马克思恩格斯选集》第一卷第603页。
③ 布瓦罗：《诗的艺术》。

的《第三次浪潮》都为我们作了精辟的阐述和广阔的展望。

其次，自十一届三中全会以来，思想解放的火花已闪光到生活的每一个层次和方面，西方的思想文化大量地被介绍到中国来，在解冻人们僵化已久的头脑方面起到了相当大的积极作用。于是，人们便迅速地从观念上走入自觉和反省。诸如存在主义、弗洛伊德哲学、现象学等西方的现、当代哲学流派，也都在较大的程度上冲击着我们凝固不变的精神意识，而马克思主义哲学本身也从长期歪曲的囹圄中解脱出来，恢复了其本来的理论面目；同时，还对更新人们的精神意识结构起了决定性的作用。哲学的力量在于改造人们的灵魂，而首先被改造的，则是那些最敏锐地吸收外界思维信息的人，继而便在全社会的广泛范围内得以铺开。于是，人与人，人与自然，社会的纷纭复杂，心灵的变幻莫测，终于在理论的范畴意义上得到了妥善的解释。哲学的冲击和解放在我们这个时代是有它的历史杠杆意义的。

其三，我们刚刚从"现实的功利"高峰阶段走过来，在记忆犹新、刚刚过去的昨天，文学还尖锐地表现为对立着的两极，一极是"单纯的主观观念的传声筒"，文学获得的是政治上帝的奴仆的地位，成为服务于某一狭隘的政治企图或斗争目的的工具和手段；一极是"苦闷的象征"，压抑到了一定的限度，人们便谋取一种解脱和抗压抑的机会，当政治舞台上寻求不到这种机会的时候，便自然而然地到被柏拉图瞧不起的文艺王国里来挖掘，从而在自己塑造的生活里获得了生存的满足。但是，无论是此一极还是彼一极，久而久之，总要产生大众的"抑反心理"，进而又走到了新的不满足阶段。所以，文学本身的发展历史也迫切要求人们对于文学的需要有一个较大的转机。总而言之，无论是社会生产方式的高速发展，还是哲学的冲击以及由此而引起的高度的自觉，或者文学发展本身的历史逻辑，都为当代文学观念的时代变异提供了充分而且必要的条件。问题是，当代文学的观念主要表现为哪样一些特征呢？

我以为，首先是娱乐性愈来愈成为文学的格调，人们再也不愿意依靠文学去求得对于沉重的精神负担的解脱，既不希望文学像但丁的《神曲》那样成为中世纪的丧钟，也不祈求文学如鲁迅的散文和杂文那样成为刺向恶势力的匕首和投枪，而要求文学成为一种享受，成为人们物质满足之余的精神补充，而不是以此作为去谋取物质满足的某种途径。因此，即使关系着国计民生、民族兴亡的严肃政治主题，也都往往要在艺术的虚幻化中添加着诙谐和幽默的成分，欣赏主体由此而进入比较轻松的艺术接受过程。这种情形无疑会使持"现实的功利"的文学观念者不可思议，然而却必然是当代文学的未来方向。在这一点上，一些进口影片倒是可以给予我们诸多启示的。如《王中王》《胜利大逃亡》《热带丛林历险记》《虎口脱险》等，这些影片无不饱蕴着深沉的社会现实课题，然而他们给予人的却是娱乐性的艺术享受。冯骥才的《神鞭》，其可读性和社会传达性便无疑比张承志的《北方的河》大得多，尽管按照传统的文学观念，后者的价值比前者大，但未来的文学史将会把位置颠倒过来，因为那将是另外一种价值判断标准。

其次，生活的哲理启迪取代现实政治主题，也是当代文学观念变异比较突出的标志。人类的未来历史，政治毫无疑问将退居次要的地位，经济活动——人与自然的矛盾展开将成为主要的方面，人对于人，对于社会本身的认识与剖析势必成为文学最关心的中心问题，这种趋向，自从我国的工作重心转移以来已日益明朗化了。因此，从观念的理性认识角度来看文学，无论是创作主体还是欣赏主体，都要求文学作品在形象的画面中饱蕴着生活的情致，寓示着对生活哲理的启迪，让人去品味，去领悟，去受感化，而不是单纯去受教育。这样一来，相对于文学作品的价值构成来说，教育作用的地位也就必然随之降低。所以，张锲的《改革者》除了艺术因素方面的某些缘故外，人们之所以没有像当初读蒋子龙《乔厂长上任记》那样的反响，就是因为在欣赏主体这方面发生了文学观念的变化，而创作本身却依然原地踏步。

其三，文学观念的时代变异还比较多地表现在文学的形式方面。社会的发展。人的发展，必然导致不同时代人的文艺心理结构的差异。当代文学必须正视这一现实，使之与文学的时代心理结构相一致，相对应，否则就将成为不受欢迎的陈年流水账。譬如，文学表现呈现出印象化的倾向，能使读者在较短的时间内把握住有整体感的形象空间，留下完整印记的刻痕，但无追根溯源的必要。譬如，当代文学情节发展的节奏也出现了愈来愈快的态势。社会生活方式的急剧改观，一方面是社会生活本身的进程表现为快节奏，一方面则是人的思维方式的快节奏。既然主体和客体两方面都呈现为快节奏的态势，那么，作为观念的物化形态的文学作品，毫无疑问就要在情节的发展节奏方面大大加快。传统文学手法的静态描写、细腻刻划、冗长叙说等等，在这里都必然受到不同程度的排斥。

总而言之，我认为任何一个时代都是由流动态的历史之线与当代的稳定态的观念之点交织而成的社会平面，因此，任何一个时代的文学观念都将因社会生产方式、生活方式的变更而发生相应的时代变异。如今，我们已经进入了一个人类历史的崭新时代，在某些传统的文学方式已经不能适应人们的文学欣赏的需要时，在文学观念上所出现的许多新的态势，也就深为广大读者所欢迎，这是必然的，而且是不可逆转的。

（原载《华东冶金学院学报（社会科学版）》1986年总2期）

论文化差异与谐同对文学母题的不同限制

一

文化研究已愈来愈成为当代社会科学的一种基础研究。近年来，我们对于民族文化和域外文化的研究都有实质性的进展，这是值得欣慰的一方面，但是，也还有忧虑的一方面，那就是学理研究中对文化（尤其是社区文化、地域文化及民族文化）构成的不同单元偏重差异论而漠视融通论，甚至仅仅认为"问题不在于是否承认不同的共同体之间的差异，而在于如何分析这些特性的成因"。[1] 差异是客观存在的对象事实，所以从寻找差异的角度入手来研究文化的特性和某一种文化的功能状况也就无可厚非。

文化作为一个整体，本身就包括两方面的结构特性，一为差异，一为谐同。就差异而论，人类整体因不同地域而分为不同的生存群体，由原始的氏族发展而为民族而为国家，到今天又发展为跨国度的东方与西方。环境的因素在自然和社会领域都有不可低估的影响制约作用，浅层如肤色、人种、生活习俗，深层如心理、价值观念、审美情趣，无不受地域环境所影响。就谐同而论，正是"文化的出现将动物的人变为创造的人、组织的人、思想的人、说话的人以及计划的人"[2]，但是，说到底文化是由人的行为和活动所带来的，人不是被动的动物，这样我们就可以从人本身的角度来研究整个人类文化的内在一致性了。就像我们考察每一个民族的文化都可以找到两种文化间的无数的差异点一样，一旦我们换一个角度看问题，我们同样可以找到任何两个或更多差异甚大的民族间存在着无数相同和一

---

[1] 中国社科院哲学所"哲学与文化"课题组：《实践与文化——"哲学与文化"研究提纲》，《哲学研究》1989年第1期。

[2] 马林诺夫斯基：《在文化诞生和成长中的自由》，见《多维视野中的文化理论》，浙江人民出版社1987年版，第107页。

致的地方，从日常生活细节到思维方式，都会是这种情况。

文化差异是相对意义的，因为它存在于不同范围或者群体限制之中，它在这个梯级上是一种差异但在那个梯级上却是差异的消解。譬如在安徽最典型的近代文化代表是徽州文化和潜桐文化，徽州文化是一种发散形的开放文化（重商）而潜桐文化是一种崇圆形的封闭文化（重官），这两种富有个性特征的地域文化一直延续到今天还可以找到它的脉络，但无论是徽州文化还是潜桐文化，当放到民族文化的大概念之下，就自然而然地统一到民族文化的整体特性中去了。依潜桐文化的桐城文化论，历来也还有"东乡习文，西乡习武"的区别。在历史上楚文化所覆盖的地区，文化的差异已不是以地域宽阔的群体计，而是可以体现在同一个乡村甚至一座山脉的阴面与阳面。在皖南山区的个别地方，国语普及之前有两个邻乡不能通语的现象。中国历史上有"阳春白雪，和者盖寡"的成语，过去人们都有些误解，以为那曲子属庙堂之音属典雅，而"下里巴人"的通俗为蛮声，其实不然。"阳春白雪"是秦文化的代表，"下里巴人"是楚文化的代表，秦人到楚地做官且仅三百人众参与唱和，"阳春白雪"之不受欢迎就是必然的事情了。

目前学界热衷于东西方文化差异的宏论，差异当然也是可以罗列到很多的，但我总以为这样大而化之的差异实在不算什么有讨论价值的文化差异了。同样，文化谐同也是相对的，古希腊人喜欢说世界上绝对没有两片完全相同的树叶，那是希腊人的幽默，有一点可以肯定，别说具有相对集合意义的特定文化整体，就是在两个文化个体身上，也决没有绝对的文化重叠，我们总是有条件地在一定的人群中间规整共同的文化习性，由此而形成不同范围意义的所谓社区文化、地域文化、民族文化及东方文化和西方文化等。《木兰辞》中"天子坐明堂"的"明堂"，与美洲太阳庙在形态结构上就透露着文化谐同的消息。明堂是为天子进行宗教和典礼而设计的小宇宙模型，所谓"上（指汉武帝——引者注）欲治明堂，未晓其制度。济南人公玉带上皇帝时明堂图。图中有一殿，四面无壁，以茅盖屋，屋通水，水环宫恒，为复道。上有楼，从西面入，名曰昆仑。天子从之"。[①] 这种黄帝时代就有的昆仑台，其大地环水宇宙观的建筑表现并非独独存在于

---

① 《汉书·郊祀记》。

中国,"大多数的神庙在神庙外与神庙围墙内部都有一个'圣湖',到了宗教节日'圣船'就划行在圣湖上",[①]与埃及的金字塔、美洲的太阳庙保持着原始太阳崇拜的内在一致性,即远在新石器时代,原始人在太阳观测活动中形成了人类的四方位空间观念,不同文化群体的人们共同留下十字形、X形成⊕形的图案或建筑,实在是一种深层文化底蕴谐同的历史化石。由这两方面的分析可知,文化谐同与文化差异都是相对的,没有差异就没有谐同,反过来没有谐同亦无所谓差异可言,所以研究谐同与研究差异,都具有人类文化的普遍价值。

对于特定的文化整体来说,差异面是确立其个性存在的最主要因素,如学术界论及的所谓黄河文化与长江文化,就都各有自己的典型文化特征,前者体现为一种凝聚型文化,后者体现为一种发散型文化,所以现代商业文明由欧洲渗入中国之后,东南沿海省份和长江两岸的省份最具备接受机制(当然,这更与现代商业文明渗入中国时的交通和地理条件有关系)。一种文化的差异面往往在该文化的绵延过程中得以深层的积淀,成为更加深远的历史文化制约因素。就一个民族来说,民族文化的差异面往往被视为最决定其独立文化品格未来指向的东西,我们现在所讨论的文化寻根就是寻找这样的东西,艺术哲学家丹纳曾说:"一个民族在长久的生命中要经过好几回这一类的更新(指法国资产阶级革命——引者注);但他的本来面目依旧存在,不仅因为世代连绵不断,并且构成民族的特性也始终存在。这就是原始地层。需要整个历史时代才能铲除的地层已经很坚固,但底下还有更坚固得多,为历史时期铲除不了的一层,深深地埋在那里,铺在下面。"[②]一个民族有自己埋在下面的东西,一个时代有一个时代的特殊风尚,一个地域有一个地域的民风习俗,总之,差异面确立了文化存在的个性品格。

但是,任何一个层面的特定文化整体,都不是孤立静止的存在实体,必须统辖在更广阔文化层面上与别的文化实体保持某种谐同与一致,彼此才能统一连接起来构成庞大的人类文化群落。差异在文化的各个方面都会存在,但同时谐同也同样存在,在任何两个相去甚远的差异文化中,也会

---

① 穆斯塔法·埃尔——埃米尔:《埃及考古学》,科学出版社1959年版,第36页。
② 丹纳:《艺术哲学》,人民文学出版社,第353页。

存在着同样多的文化谐同。语言作为文化的深层构成要素，一般说来是不同文化的重要标志之一，但英文和中文的翻译可能性说明在符号学意义上这两种语言有着人类文化的谐同本质。根据文化学家的普遍观察，人类文化正迅速地朝着整合的方向发展，社区文化、地域文化和民族文化的狭隘性也正在这个过程中逐渐得以消解，整合与消解之所以成为可能，就在于不同层面文化的内在谐同，所以露丝·本尼迪克特才敢断论："自有人类历史以来，整个世界上不管哪个民族都能够接受别的血统的民族文化。人的生理结构中并无任何东西去妨碍这种接受。人的行为有什么特殊变化，完全不取决于他的生理构造。人在不同的文化里所形成的解决各种社会问题——诸如婚姻、贸易等——的方法，虽有很大差异，但在人的原始能力的基础上都是同样可能的。"[1]

唐以前，像任何其它农业国家一样，中国南北地域文化特征一直比较突出，表现在民间风俗方面尤其突出，譬如婚姻，北方与南方的婚姻习惯差异很大，但是，无论是南朝还是北朝，早婚现象却是一律的普遍，这是不同婚姻体制下的共同弊端。实际上，虽然爱斯基摩人和撒克逊人的日常生活习俗相距甚大，但是只要从他们纹饰的审美表达的意旨接近这一点就可以清楚地看出：这两个民族的生活底蕴还是处于人类文明的等值天平上的。一个地域的文化可以因为交通和地理的因素而形成自身的固有特色，一个民族的文化同样也可以在精神文明的历史渐开线上显示出自身的个性品格，但所有的地域都是人类共同征服的结果，所有的民族都是人类文化的一个有机组成部分，人类作为一个整体，按照卡西尔的观点，都是一种共同的文化符号，"它们趋向于不同的方向，遵循着不同的原则。但是这种多样性和相异性并不意味着不一致或不和谐。所有这些功能都是相辅相成的。每一种功能都开启了一个新的地平线并且向我们展示了人性的一个方面"[2]。

总之，文化差异与文化谐同是人类文化两种最基本的结构特性。对文学创作来说，文化对文学母题的选择的限制，也是围绕着这两根杠杆而展开的。

---

[1] 露丝·本尼迪克特：《文化模式》，王炜筹译，三联书店1988年版，第16页。
[2] 卡西尔：《人论》，见《多维视野中的文化理论》，浙江人民出版社1987年版，第262页。

二

文化状况不同，人们对文学的需要也就不同，对文学母题的理解及对特定文学母题的题材开拓和素材处理也就不同，文学由此而走向丰富和多彩多姿。

《孔雀东南飞》与《木兰辞》均为魏晋南北朝时代的民间优秀抒情作品，也都以能为的女性为形象塑造的核心，所谓"十三教汝织，十四能裁衣，十五弹箜篌，十七知礼仪"（《孔雀东南飞》），"旦辞黄河去，暮至黑山头，不闻爷娘唤女声，但闻燕山胡骑声啾啾。……同行十二年，不知木兰是女郎"（《木兰辞》）但是，两首民间诗歌作品却是在不同的母题空间去实现女性形象塑造的，前者为爱恋母题，后者为战争母题。如果我们还细致一点地考察，就会发现北方少数民族创作的诗歌战争母题更多一些，而南方山野文化气氛中情爱母题更多一些，之所以形成这样一种文学格局，便是文化差异的结果。《唐书·乐志》说："北狄乐其可知者鲜卑、吐谷浑、部落稽三国，皆马上乐也"，①《北史》卷九八《高车（铁勒）传》说到铁勒部落数十万众"乘高车，逐水草，畜牧蕃息"，"合聚祭天，众至数万。大会，走马，杀牲，游绕歌吟忻忻"，《北史·奚传》说奚人于孝文帝太和"二十年（496年），入寇安州，时营、燕、幽三州兵数千人击走之"，凡此种种，都说明北部地区一直处于少数民族与汉民族的战争状态。游牧文化与缺乏稳定性的农业文化在这种战争状态下不停地移动和徘徊，所以那种旷漠宏达风格的战争母题就自然成为文学表现内容的核心，《敕勒歌》之"敕勒川，阴山下，天似穹庐，笼盖四野。天苍苍，野茫茫，风吹草低见牛羊"的背景，何以不是《木兰辞》文化背景的诗意写照。《孔雀东南飞》出于今阴柔入痴的黄梅戏的源地怀宁小市，时属庐江府，为潜（山）桐（城）文化的发祥地。潜桐文化为春秋战国时代楚文化的余脉和遗波，田园境地，民风淳厚，性情柔顺热情，历来山野间唱之风不衰，从文化学的角度属于封闭型的山林田园文化，女尚淑性。《孔雀东南飞》产生的时代恰刘馥到任的年代，政治清明生活安逸，因而地域文化的既有特色便愈加展示得充分，"数年中恩化大行，百姓乐其政，流民越江山而归者以万

---

① 转引自《乐府诗集》卷二五《横吹曲辞·企喻歌辞》。

数。于是集诸生立学校,广屯田,兴治芍陂、七门、吴塘诸揭,以溉稻田,官民有畜",① 所以《孔雀东南飞》扬女性而取爱恋,这与《木兰辞》就形成了比较突出的地域文化对比。

任何一个层面的文化都不是固定不变的,社区文化、地域文化和民族文化等都因为时序的变更而有所转换。文化本身也是一种多元的存在,构成文化的某一要素在特定的历史时空占据了文化的核心内容位置,则对文学母题的选择也就必然有规模性的同步(当然这不排斥会有作家作其他的选择),在某些时候就会形成特定文学史断面的母题思潮(这与风格思潮一样具有文学史意义和批评史意义)。最典型的例证要算魏晋南北朝时代山水文学的兴起。由于士族势力的南移,稳定的江南农业文化受到来自中国北部都市文化的搅动,蛮而丽的江南自然状态在没落退隐又以庄子哲学为生存精神支柱的士族的苦心经营下成为人工开凿的社会化园林,完完全全是"自然界成为人的无机的身体"(马克思语)了,于是在文化阶层(包括没落地主、南移士族和颠沛的文人)中就形成了一种占主导地位的自然隐逸文化或者说闲适文化、逃避文化,这是哲学、宗教、人生现状和自然条件四方面的合力结果,于是就有山水移情母题的潮势汹涌,于是就有谢灵运、颜延年、鲍照、谢朓等名家,于是也就有诸如"野旷沙岸净,天高秋月明"(《初去郡》)、"池塘生春草,园柳变鸣禽"(《登池上楼》)这样的名句。这样的现象并非独存于中国,其他民族的文学历史也同样可以找到无数的证据。

欧洲文学史上,人本价值母题在文艺复兴运动以后曾经成为欧洲各国作家最感兴趣的创作母题,在此之前,《圣经》文学的旨趣在于神的赞美,宗教母题文学在中世纪几乎是涵盖一切的(这当然不包括诸如骑士文学、城市文学等民间创作思潮),正如恩格斯所指出的那样,"中世纪只知道一种意识形态,即宗教和神学"。② 但是后来欧洲晃动了,1358 年法国爆发了扎克雷农民起义,1378 年意大利发生佛罗伦萨市的梳毛工人起义,1381 年英国发生了瓦特·泰勒起义,1524—1525 年德国则掀起了以闵采尔为领袖的大规模的农民战争,马丁·路德和加尔文的宗教改革则从精神领域给

---

① 《三国志·刘馥传》。
② 恩格斯:《〈社会主义从空想到科学的发展〉英文版导言》,《马克思恩格斯选集》第 3 卷,第 390 页。

教会以沉重的打击，于是神学文化便开始黯然失色，而人学文化开始像和煦的春风揉拂欧洲人的心灵，在这样的历史文化背景下，《被解放的普罗米修斯》《十日谈》《巨人传》，直至《哈姆雷特》走红并确立其不可替代的名著地位；可见，人本价值母题后来在欧洲文学史上一直发生着深刻的影响，正是其大规模历史文化深层转换后的产物。

  文化差异对文学母题的限制，不仅表现在母题的选择倾向，更表现在对母题的开掘努力，因为母题只是对题材和旨趣作范畴性的限定，文学作品是血肉丰满的，所以最终仍然要从素材表现的角度作出努力，才能使一定的文学创作显示出活泼的品性。就民族文学而言，每一个民族都有自身的特有民族生活内容和民族生活结构，因而民族文学总是在开掘和拓展的层次上去表现普遍的人类共同母题。在上一个跨世纪的历史过程中，中国和印度都正处于民族觉醒的剧变阶段，所以也就很自然在本世纪上半叶的文学领域显示出对民族自我保护母题的追求兴趣，这只要从茅盾的小说创作和普列姆昌德的小说创作的比较分析中就可看出。无论是都市题材还是农村题材，茅盾的小说都在着力描述民族生活的现实窘境，描述从朴实的农民到狡猾的民族资产阶级在外来文化威压下的挣扎的痛苦，旨在唤起民族的觉醒和抗争。普列姆昌德的小说创作，从《戈丹》到《圣洁的土地》，都是以印度人民的郁闷和躁动为核心展开的，他的作品"不管是生活习惯，还是言谈话语，不管是衣着服饰，还是语言文字，也就是在一切领域，他都有印度民族精神的自豪感"。[①]同样以民族自我保护母题为创作的出发点，茅盾所表现的情绪是淋漓尽致的对异族的对立情绪，强烈呼唤的是民族工业自立和民族农业自给，对民族资产阶级持的是同情的态度、保护的态度。普列姆昌德则不然，由于印度文化已经是一种成份非常复杂的混血文化了，所以作家所企求的并不是对异族的驱逐，而是对异域文化体制及这种体制的印度移植表示抗逆，所以对民族资产阶级持否定和拒斥态度的，他甚至借《祭祀》中的卢伯莫尼之口说"即使独立实现了，如果仍然保留这样的财产所有权，而且知识阶层仍然这么贪婪自私，那么，我说，这样的独立还是不实现为好"。

---

 ① 德利罗基·那拉因·蒂契德：《普列姆昌德的民族情神》，见《印度现代文学研究》，中国社会科学出版社1980年版，第277页。

此外，文化差异对诸如母题表现风格和母题价值地位等也都会有程度不同的限制。譬如宗教母题的文学创作，这在世界上各个民族都占较大的比重，当人们在此岸世界得不到满足或者解释的时候，就要到幻化的彼岸世界去寻求解脱。为了避免理解上的麻烦，我们还是以自然宗教为讨论对象。我们知道，太阳作为自然宗教的崇拜神还有许多其他的名称，如苏利那、沙维德利、密多罗、普善、阿底提、毗湿奴，当然也还有许多中国名字，所有这些名称都是文化差异的产物，表现在不同的文学历史范畴中，也就形成了不同的母题表现风格。一般地说来，太阳神在宗教文学都是以光环态的神圣庄严笔调表现出来，但不同文化形态中的太阳却也往往相异甚远。在传统的印度图腾文学中，"太阳可以看到一切，无论是善还是恶。因此做恶的人得知太阳能看见肉眼看不见的恶事。无辜的人在一切求助都无济于事时，总会向太阳表白自己的无罪"，[①]但在中国的《淮南子·本经训》中却有这样的文字，"逮至尧之时，十日并出，焦禾稼，杀草木，而民无所食。……尧乃使羿诛凿齿于畴华之野，杀九婴于凶水之上，缴大风于青丘之泽，上射十日而下杀猰㺄……"显然，这完全是作为一种恶原型来给予理解的，足可见文化差异对母题风格的表现因民族的不同而多有限制，有的热带民族甚至以一种戏谑和揶揄的态度展开宗教母题，这是风格研究所必须关注的。

三

文化的谐同，决定了一切的地域文化和民族文化都必须统辖于共同的人类符号整体，也就决定了一切的地域文学或者民族文学都必然拥有人类社会的一切生存母题，这是人类文学中各种文学可以相通的根本所在。

不同的民族都有其自身的文明渐进和文化突变的历史，这决定了该民族在时间定格位置上对什么样的文学母题作出倾向性选择，一般地说来，民族的生存状况和涉外涉内矛盾状况制约着民族文学的趣味指向。本世纪中叶，中华民族遭受异族入侵，数万万国民沉沦在战火硝烟之中，这

[①] 麦克斯·缪勒:《宗教的起源与发展》，金泽译，上海人民出版社1989年版，第187页。

就是中国现代文学史上抗战文学产生的历史背景。抗战文学一部分属于战争文学，即直接以战争的艺术渲染来展现民族的生存状况，作品重情节和场面，苏联文学史上的《静静的顿河》是战争母题的现代典型例证，抗战文学中如柯仲平的小说创作就是属于这一类。另一部分是民族自我保护母题，即以民族精神的弘扬为作品的基本旋律，重情绪升华与人物凸现，强烈地表现着民族自身安全卫护的思想意识，通常那些塑造民族英雄的作品就属于这一类，法国文学中都德的《最后一课》和莫泊桑的《羊脂球》就是典型的民族自我保护母题的力作，抗战文学中《赛金花》就是这一类的代表作。

几乎在同一个历史平行位置，美国文学正是所谓西部文学走红的历史季节，产生了一大批代表性作家和代表性作品。我们知道，西部文学是一种自然征服文学，虽然那中间常常大量混杂着人与人之间的血腥争斗和对于人类的贪婪心理所作出的深刻的揭露，但总的格调是张扬一种西部精神，即对于自然征服的人本力量的歌颂，这种人类冒险意识的现实展开实际上是继承了文艺复兴以来人文文学的传统的，拉伯雷在《巨人传》的扉页上就旗帜鲜明地写着："冒险是宇宙的生命……一切都因此而欣欣向荣"，这可以看作是美国西部文学在另外一个民族文学中的历史先锋作品。之所以会出现民族文学母题选择的如此大的差异，那是因为中美两国的绝对历史位置是一致的（处于二十世纪中叶），但两者之间的相对历史位置却相去甚远，（中国是一个离现代工业文明尚有遥远距离的挣扎着的传统民族，还是封建的闭锁的缺乏人本觉醒意识的价值观念淡薄的国度，又正处于内忧外患的历史阵痛之中。）所以，二十世纪中叶的中国文学与美国文学从最基本的母题兴趣开始就是缺乏共同性特征的。

但是如果我们从最宏阔的审视位置去研究全世界各民族的文学就不难发现，不同民族的文学选择最终总是与其他民族的选择是一致的，只不过这种一致并不直接表现为绝对均衡的历史发展平行，而是一民族选择特定母题在此时而另一民族却在彼时，这不仅仅由于民族的现实处境所致，而同时是因为文学的发展有其自身的特有历史。人类文学发展过程中母题选择的终极一致性从根本上说来是文化谐同所致，即人类的自然关系展开和社会关系展开，都必然发生在任何一个民族的民族生活中，正因如此，所以即使在地域相对隔绝的历史年代，几乎每一个民族都在结构变换的形态下重复着相同的文学母题，有些母题甚至是完全叠合性的跨地域重复。

我们知道，图腾崇拜在一切民族都占有相当的精神地位，作为其中之一种的蛇崇拜几乎也在相当多的原始民族中存在着，这就产生了文学领域中原始意象的蛇郎母题，根据芬兰学者阿尔奈和美国学者汤普逊的搜集，这些故事散布在挪威、瑞典、丹麦、俄国、立陶宛、爱沙尼亚、捷克、匈牙利、德国、奥地利、爱尔兰、意大利、希腊、土耳其、波多黎各、多米尼加等数十个国家中。其实，蛇郎母题在亚洲各国文学中也广为散布，印度、缅甸、日本、孟加拉国、朝鲜及东南亚各国都有流传下来的作品，而在中国，汉、满、朝鲜、回、维吾尔、藏、撒拉、羌、东乡、壮、傣、布衣、水、侗、黎、高山、仡佬、傈僳、崩龙、苦聪、基诺、彝、苗、瑶、土家等各个民族，亦都有蛇郎母题的口头文学或书面文学作品。这些作品采撷不同的创作素材，或婚嫁事件或报复心理，也表现着不同的创作主题，日本的蛇女婿故事多对恶原型作鞭笞，印度的蛇王子故事多对轮回图报的善意予以夸张和宣扬，中国的蛇郎则完全是农业国家中的田园意趣，其主题所取是劝善咒恶兼而有之，所以大多是皆大欢喜的诗意故事。虽然主题倾向不同，但其文学意象却都统辖于同一个蛇原型的母题范畴。

日本人西村真次研究世界文化格局时持移动观，因而也僵硬地到吉它与印度古代维拿中找合理解释的文化移动脉络，按照这种见解则蛇型母题是互相影响和渗透的产物。诚然，在地域封闭解除以后文学母题兴趣的相对靠近和题材渗透素材跨空间都是一种潮势，这种潮势对世界文学的发展起着推波助澜的作用，但这种作用应该理解为结果而不是原因，即正是世界文学母题的必然存在才使这种交流和互为影响作用成为可能，所以刘守华先生说："中国蛇郎故事重伦理，印度故事重情爱，日本故事的情与理较为朦胧……在一定程度上反映出它们民族文化的特色。彼此间的影响渗透，虽使故事呈现斑驳的色彩，却不能因此而贸然断定它们是移植的外来品"，[①] 这是颇有见地的。

文化谐同决定了文学母题的世界性共同选择，决定了各民族文学都是世界文学的一部分而为全世界人民所共同享有，决定一民族的文学为它民族所翻译、借鉴和移植等成为可能。文化谐同是人类的族类基质，既是

---

① 卢蔚状编：《东方比较文学论文文集》，湖南文艺出版社 1987 年版，第 28 页。

世界文化的历史起点，也是人类文明终极目标，误会和隔膜在交流中逐渐消退，无知和偏狭在更高层次的面对自然的挑战中得以科学化的涤除，在这样的历史潮势之下，相同历史定格位置的共同母题兴趣使全人类同时参与时代文学思潮，文学由此而更加热烈、更加活泼、更加富有人类生存价值。

（原载《徽州社会科学》1991年第4期）

文学与时代·历史·民族

文学与时代、历史、民族的关系是文艺理论老生常谈的问题，也是古往今来的作家、艺术家和文艺批评家都关注已久的问题，应该说，在这些问题上应该已经有一个基本一致的正确观念了，但是事实却不然，在我们这里依然是混淆不清的东西，所以有必要从观念本身来矫正我们看待文学与时代、历史、民族间关系的理论视角。

一

文学和时代的脉搏共同着节奏，文学是时代的最敏感的神经，时代的风云变幻与社会沉浮总是通过文学的壮丽画卷展示出来的，还有刚刚见诸报端的提法，那就是文学与时代的同步说和文学的当代性研究，如此，都是围绕一个核心展开的，即文学在任何时候都是以所在的当代生活的广阔背景为基础的，文学总是保持着某种时代的趋向或者说态势。

这些提法，无论是描述性的提法还是命题性的提法，都对，但是，并不都有效，也就是说并不是所有对的命题对我们今天来说都是有效命题。科学的发展与人类认识的深化要求命题愈来愈清晰、深刻、准确和反映着最核心处的一般的抽象的本质，而不是局限于大实话的泛泛而论。

文学自然与时代密切关联着，问题是，所谓文学的当代性，所谓文学在以时代为大背景的艺术表现中所保持的倾向到底意味着什么？如果说就是仅仅要求文学与时代同步的话，那么会生发出许多误解的。因为按照这种粗线条的规则，那些以图解政治口号、被动地受制于具体的政策条文和人为运动的作品也就是当代性很强的作品,而"四人帮"时代的那些毫无术意味可谈的文艺作品也要跨入上乘之作的行列,而这种结论的错误则是很显然的。

按照我们的理解,文学与时代的同步关系应该是宏观的同步关系,本质的同步关系,是指文学的最基本的精神必然是与时代生活的最基本的精神密切相关的。因此,文学总是与作为一般本质存在的时代精神发生交流作用的,至于是否以时代生活的事件为文学的题材,那是另外一个问题。当文学作品最充分因而也最深刻地表现了时代精神的时候便最充分地体现了其时代性或者说当代性。譬如鲁迅先生的《狂人日记》,就最充分地反映了处于精神觉醒状态的现代中国在它的奋起一击、回眸怒视于两千年血淋淋的封建历史时代整个社会所蕴藏最闪光、最有爆发力的时代精神,所以这篇作品才能够在五·四运动爆发以前像历史的沉钟鸣响而惊醒着尚处酣睡状态的中国国民千千万万。

何谓时代精神,这反倒是一个比较复杂的问题。六十年代初,邵荃麟提出过"时代精神汇合论",这在当时无疑是非常难能可贵的,只可惜的是,时代精神汇合还只是一个良好的开端,还是比较浅层或者说比较现象地看问题的理论,而作者和大多数理论工作者还来不及沿着这一良好的开端深入地探讨下去,就被铺天盖地而来的政治风暴所吞没了。

恩格斯在《致博尔吉多斯书》中曾说过这样一段话:"政治、法律、哲学、宗教、文学、艺术等的发展是以经济发展为基础的。但是,它们又都互相影响并对经济基础发生影响。并不是只有经济状况才是原因,才是积极的,而其余一切都不过是消极的结果。"①又在《致布洛赫书》中说:"经济状况是基础,但是对历史斗争的进程发生影响并且在许多情况下主要是决定着这一斗争的形式的,还是上层建筑的各种因素……"②这两段话大概可以成为我们理解和认识时代精神的一条比较好的思路。

很显然,恩格斯不认为社会的发展、时代的历史运动是一个简单的纯线性的经济基础决定上层建筑的关系,原因和结果间的关系是远比我们过去所理解的要复杂得多。因此,我们不妨这样去理解,社会大系统的系统

---

① 见杨柄编:《马克思恩格斯论文艺和美学》,第756页。
② 见杨柄编:《马克思恩格斯论文艺和美学》,第758页。

质是由各单位的质的合力作用产生的，是远比简单相加的能量要大的，因此，"合力论"就可以看成是一种解释时代倾向和时代精神底蕴的一把行之有效的钥匙。一个时代的时代精神是由社会的经济的、法律的、道德的、宗教的、文学艺术的等各种方面的系统生成而产生的。文学在自己的涵量中便以揭示这种合力生成的时代精神为重要任务之一。

正因其如此，所以我们才要求作家艺术家必须沉入到生活的最深处，去体验、理解、分析和把握生活的真正意蕴，而不是赶时髦、追浪头，只有这样，我们的文学才有可能比较好地与特定时代的时代精神统一起来，而不是局限于内容和题材的新，那种持此类同步观者无是舍本而逐末，流于表层而失之深入的。文学与时代要真正地统一，只能是与时代精神的同步，惟其如此，才有可能产生真正的文学而不是宣传品或者道德教科书。

二

无论在何种意义上，文学总是与历史紧密地联系在一起的（这当然不是指每一部具体作品而言，而是就宏观意义来讨论的）。当我们观察和研究其一确定的或者偶然的文学现象时还往往不一定如此，但是一当我们将审视的目光投向漫漫数千年延伸开来的文学发展轨迹时，文学与历史的特定意义上的一致性便是再也明显不过的事情了。恩格斯在《致斐迪南·拉萨尔》的信中谈及文艺理想时曾说："德国戏剧具有的较大的思想深度和意识到的历史内容，同莎士比亚剧作的情节的生动性和丰富性的完美的融合，大概只有在将来才能达到"。[①] 由此看来，文学不仅在过去，而且在现在和将来都要与历史发生着必然的联系。

作为古希腊悲剧的前兆或者说雏形的祭祀活动中的羊神颂歌，我们现在已经不能完全说清其具体内容了，但是，却可以设想那受到人们祭奉和顶礼的图腾或者某种更为神圣的力量，大约都是人们观念中的旧有历史，而且这观念中必然保留着往古留下来的历史痕迹，就像发生在低等生物原始感觉中的"印刻"现象一样。这从中国的《山海经》《淮南子》《庄

---

① 见杨柄编：《马克思恩格斯论文艺和美学》，第415页。

子》等典籍中的许多神话也可以得到某些启发甚至佐证。射日的后羿，补天的女娲，造字的仓颉，播种的神农，等等，自然不是往古的真切的历史史实，但是无论如何却又不能不都是历史的影子，而且是真实的影子。所以，尽管行吟诗人荷马作为《伊利亚特》和《奥德修纪》的定型者并没有亲历"伯罗奔尼撒战争"，但是我们今天却可以从作品中找到这一战争乃至更早以前即发生在原始社会向奴隶社会过渡时期的无数战争的历史影子。这就告诉我们，早期的文学（至少是比较成熟的文学）是以表现历史为出发点的。

文明社会在纵向和横向的延伸与扩张，文学本身的内在发展，产生了作为独立的文学部类的历史题材创作。而且在每一个时代、在每一种民族的民族文学史上，在诗歌、小说、散文、戏剧等不同体裁的文学领域，都诞生了一系列伟大而不朽的佳作，如中国的《水浒》和《三国演义》，英国的《失乐园》，德国的《尼伯龙根之歌》，等等。中外文学史上的许多伟大作家，也大多企图在历史题材的创作王国中一展抱负，扬其文气。莎士比亚的剧作在发展历史题材方面的功勋与业绩可说到了无与伦比的地步。即使是在物质生活和精神生活异常丰富的今天，历史题材也依然是文学创作的重要方面。美国以十九世纪"淘金热"为题材的"西部文学"，日本以二次大战为广阔社会背景的"人道文学"，拉美以异族入侵为引子的"独立文学"，等等，都是非常红火而且在世界文坛上占有重要地位的角色。建国以来我们也取得了不少的成果，从《林则徐》《甲午风云》到《秦王李世民》，等等，应该说都是有所作为的。由此可见，文学在过去和今天都同样以表现历史为其重要的自身使命。

文学要表现历史，这已不成其为问题了，问题在于表现什么。不少人都自觉不自觉地在创作和理论方面片面地追求历史现象的再现，甚至连细节方面的某一不严格合乎历史实际情况也大加指责，因而便只能满怀热情地在作品中展现历史的现象外观，小说中则是诸如楚文化等文化形态的大量资料堆积，而有些以民主革命时期的历史为题材的作品则几乎显微镜精确般地模仿历史人物（包括正面人物甚至领袖人物，典型的例子如《西安事变》）的声容笑貌、衣食住行等。相反，某一作品如果不是按照此种模式来创作，对作品更多地采用艺术想象和艺术幻化的手法，便遭到文艺批评界的苛求甚至挞伐（如《马克思流亡伦敦》）。这实际上已经离开了文学,是用历史的观念来看待作品而不是用文学的观念看待作品。令人不解的是,这种观念的淆乱其实早就为亚里士多德所排除,而竟至今天仍然支配着我们。他说:"显而易见,诗人的职责不在于描述已发生的事,而在于描述可能发生的事,即按照可然律或必然律可能发生的事。历史家与诗人的差别不在于一用散文,一用'韵文';希罗多德的著作可以改写为'韵文',但仍是一种历史,有没有韵律都是一样,两者的差别在于一叙述已发生的事,一描述可能发生的事。"① 这段素朴的文字人们都以为理解透了,其实并未透彻,也就是没有从根本的意义上矫正和规范自己的文学观念。

文学所要着力表现的是历史精神,也就是深深地隐藏在历史深处并且内在地制约和影响特定历史时代的全部外部事件的底蕴。文学只要把握和表现了这种深层的历史意蕴,它就是在文学的意义上最大限度地忠实于历史,作品也就必然具有较高的文学价值。至于它是否绝对要用历史的外在面目(例如人物、事件、具体境况、单个的细节)来作为文学表现的材料,或者美其名曰是现实主义的法则,则是完全不必要的。关于这一点,当代日渐发达起来的拉美文学非常能够说明问题。当拉丁美洲在自由、独立和解放的浪潮中以崭新的姿态站立在世界的一方时,殖民地历史的风风雨雨就必然要成为拉美文学的反映对象和思索空间。而当代拉美文学之所以能够崛起于世界文坛,一个重要的原因就是他们能够深刻地把握和艺术地表现着这一段历史的深沉的意蕴,而不是一味地纠缠于历史上确曾发生过的具体的是是非非,因而达到了文学与历史精神的和谐和统一。譬如阿根廷著名作家豪尔赫·路易斯·博尔赫斯的作品,就典型地代表了这种类型。他的《心狠手辣的解放者莫雷尔》以及《坐在门槛上的人》,如果从历史学的角度去寻找依据,可说相去殊远甚至近于荒唐,但是从文学的意义上予以接受,便必然被其内在的历史精神所打动。

因此,文学在任何时候都是愈走向成熟,就愈离开历史远一些,分别于历史的差异大一些,同时又在深层的意义上更加沉实地反映着宏观历史的本质。《三国演义》《水浒》等优秀历史小说,几乎都是越在它的早期流传阶段,越接近于确曾发生过的具体历史事实和历史人物,越是到了定型和成熟的阶段,"虚构化"或者说"艺术幻化"的程度就越高,历史的

---

① 伍蠡甫:《西方文论选》(上卷),第64—65页。

本来面目就越淡化、模糊甚至消失。这其实就是艺术辩证法的一条重要规律。但是，说起来容易做起来难，即使像姚雪垠这样的大作家，都会自觉不自觉地偏离这一规律。他的长篇历史小说《李自成》，无论如何只能给人展现特定历史时代和特定历史事件的外部世界，几乎成了冗赘繁杂的历史现象的组合，而所缺少的，便恰恰是人们需要从文学中体验和把握的幽深处的历史精神。

这难道不需要我们从观念上重新予以矫正么？

三

世界上大概还没有一种文学不是首先植根于民族生活的丰沃土壤而后才走入世界文学之林的。无论在何时何地，文学都必须首先是民族的而后才是世界的，所不同的是，民族是一个发展着的具体人类实体，它本身必然逐步从狭隘的规定走向广义的泛化，在民族的影响、交流、扩张和延伸中拓展，趋向于大一民族的极限线——人的民族的极限性。尽管这种极限情况永远也不可能完全达到，但却能使民族间的一致性愈来愈走向质的深化与量的增殖，而伴随着这种深化和增殖，文学中的民族生活内容也就相应地逐步泛化，最终逼近于世界文学与民族文学的高度统一。也只是在这个意义上，所谓文学"愈是民族的，就愈是世界的；愈是世界的，也就愈是民族的"，才具有真理意味，并且避免理解上的歧义。

所以，在理论上提出寻"根"和在创作实践上追求民族精神文化的优秀传统，相对于我们过去所处的彷徨与迷茫的境况来说，无疑是意义重大的。在过去的一段时间，人们往往误解了文学的品质，因而在西方现代派的强烈冲击面前缺乏冷静的分析思考而陷于手足无措的状态，某些同志甚至沉湎到以为文学观念的现代化仅仅是形式技巧的现代色彩的死胡同之中。因此，为了打破过去僵化的格局，关于文学与民族关系的思考就必然会重新提到重要的理论地位上来。但是，我们的理论和创作实践是否由此便找到了它的正确位置呢？或者换句话说，我们的寻"根"是否切合着文学的品质呢？我以为不然。至少在理论和创作实践中都存在着弊端。

首先是一味地从文化的角度出发而产生的文学表现传统文化的创作

潮势并不尽如人意,这就是在很多作品中大量地流露出来的思古之幽情,将原始状态的或者半朦胧状态的历史文化当作纯粹的民族精神性格,谓之"返璞归真",这与现代社会的人迷恋于非洲、亚洲、印度洋和太平洋中一些岛屿上原始部落的非文明文化是一样的情况。所谓《有一个美丽的地方》,仅从表层的角度看来是写对少数民族生活的艺术渲染,然而只要稍微注意一下,就不难看出作品情绪中的追求所向是一种什么样的文化方向。在这种潮势下,特定民族的历史文化已经不是作为文学的大背景而存在,而是直接恒等于文学本身的内蕴,这是历史的误解。因为说到底,任何民族文化都是内蕴丰富、复杂多样的,而文学说到底也只不过是其中的一个组成部分罢了。如果说特定民族文化构成就是一个系统的话,文学则只是其中的一个单质或者单元而已。我们一方面应该把文学放到整个文化系统中来表现,但另一方面也切切不可省略中间的一切必要的"中间环"或者说"中介因素"。所以,正确的看法应该是,民族文学表现的是民族文化的特定的部分,是民族文化结构中的深层的审美心理构成方式。文化蜕化,文化还原决不是代表着人类光明前途的文化复归,也悖离着文学的品质,只不过游离于民族考古学与历史民俗学之间罢了。

其次就是理论界寻"根"热中表现出来的逆方向寻根文学品质的倾向。有些理论家和理论文章往往站错了文学研究的基点,表现为理论视角或者说着眼点的仰视而不是俯视。以为愈是往上回溯民族文化的历史,就愈能从文学的定性方面找到文学的民族文化之"根",结果是只能获得一具再简单不过的、赤裸裸的、纯粹得近乎可怕的民族原始文化的僵尸。岂不知文学的民族之"根"是深层的民族审美心理结构,这种结构方式是不断完善、不断从低级走向高级的,它必然要在漫长的民族文化延伸发展过程中,在吸收外来文化和自身的内部更变的同时日趋晶态化、积淀化,深层化、丰富化。只有这样的民族才是健康的民族,只有沿着这样脉络探寻文学的合理流向才能使文学忠实而有效地作用于民族的发展。因此,理论上寻"根"的正确途径应是由遥远的历史深处向着广阔的现代社会,而不是由这里重新于逆反的方向张望着蛮荒的古代文化,是俯视而不是仰视,是着眼于现实而不是着眼于历史,是沉实感而不是失落感。

因此,我以为,文学与民族的关系,或者确定地说文学品质的民族特性,应该是在文学中努力表现出民族的精神来。民族精神当然是比较丰富的、宽泛的，但是可以肯定，任何一种民族都有在自身的文化进化发展过程中实现出来的带有旋律感的民族精神，由此而在意识形态的王国确证一民族之不同于它民族，一个民族的文学之所以相异于别一民族的文学。譬如，民族的审美构成，就是彼此相异的。朝鲜族人对于英格兰人的袒胸裸臂的人体审美表现方式，在过去和今天无论如何都是接受不了的。所以，任何文学，只要表现了一定的民族精神，就必然在本质上具有着文学的民族性，而不应局限在题材、细节乃至一切具体表现形式和技巧中的自然式摹仿。阿城的《棋王》写的是当代生活，然而却渗透着他自觉的民族觉醒意识。当代日本的很多优秀作品也不是直接反映日本民族生活内容的，但是，还有什么比这些日本文学更具有民族文化色彩呢？因此，在理论上对于本民族的民族精神的自觉把握，并指导着在创作实践中深层地揭示这种意识到的民族品性，才是文学与民族间关系的本质要求或者美学要求。鲁迅先生的作品，就最出色地对民族精神的闪光的一面和灰暗的一面给予真正的文学表现。他的很多作品尽管都不是写原始形态文化，然而却最深刻地揭示了汉民族文化的本质，通向着民族的最深层和最幽深处。

（原载《南京大学学报（哲学社会科学）》1986年12月）

论民族文学向世界文学转型的动态过程

民族文学与世界文学两个概念，或者说两大范畴，其结构关系，往往在民族中心主义或民族消解主义的观念中被淡化，并很大程度上成为制约民族文学发展和世界文学实现的理论障碍。因此，研究民族文学与世界文学的结构关系，目的在于显示出某种学理清晰性，并且在比较文艺学的视点高度获得民族自觉选择的设定价值目标，从而为世界文学格局中的民族文学取向提供理论参照。如果确实能达到这一目标，那就不仅是文艺学本身的理论进展，而且更是中国当代文学实践的动力。

显示出学理清晰性的前提，必须将"民族文学"和"世界文学"这两个中心概念加以严格的限定所谓民族文学，是指筛选（共时筛选和历时筛选）后的母语创作文学成果，这些成果代表着不同历史时代的文学水准和文学成就，并且在民族精神意识史上产生过程度不同的影响（共时影响和历时影响），具有普遍性接受品格和绵延性存在品格。那种把民族生活过程中一切母语作品都看作民族文学的观点，或者把凡具备民族性风格特征的作品都圈定在民族文学范围内的观点，本文将不采取。所以比较文艺学视野里的民族文学，实质上就是民族文学优秀成果，在一定程度上具有意义叠合性和命名价值一致性所谓世界文学，是指那些不仅在民族范围内发生发散性影响，而且同时对其他民族的精神生活产生辐射性影响的作家作品。世界文学是不同民族文学中超越民族内部精神作用力的作品之世界性融汇，既具有马克思所说的"公共的财产"价值属性，亦具有赫尔德尔所说的"自由交换"存在属性。

一

　　民族处于自然生存的时代背景之下，完全可以理解为一个相对的封闭系统其政治、经济、文化宗教，其契约系统和道德伦理系统，都只是单向度的"自在"事实，以至当一个民族构建自身的价值目标时，并不考虑外部生存空间的限制或参照，因而容易形成一种绵延的态势，在纵向位移中积淀出很多凝固的东西。

　　由于只是"自在事实"，所以处于自然生存时代的各民族文学，彼此只能无奈于封闭和隔离的状态，并且呈现以下几种格局特征：第一，尽管各民族面对的是相同的宇宙和自然的困境，但是由于地域条件的分布差异，它的生存取向和生存界面往往各有侧重。盎格鲁·撒克逊民族深处海洋危机，汉民族深处内陆洪水危机，闪米特民族则久陷沙漠酷旱危机，如此等等，这导致它们对世界的知解力和理解力从一开始就显示出不同的指向。第二，尽管各民族文学都以神话这种文学样式开创其传统，但是其表现的符号体系和命名体系却完全不同。语言作为民族的最基本确定性之一，它会以一种强制性的力量制约着各民族的神话系统。正是这种符号体系和命名体系的原初相异，才导致了民族精神生活沿革过程中的非叠合历史惯性，导致了各民族文学叙事方式的隐性传统和原型结构的潜在控制。第三，尽管各民族在隔离状态下缺乏文明冲撞和社会竞争，缺乏相互间的艺术模仿和文学影响，但是民族文学的生长并未因此而减慢或者萎顿，民族精神主体完全是在一种自在状态下，智慧地构筑着生存家园，因而也就智慧地铺陈出民族文化的早期辉煌。总之，自然生存时代的民族文学，是一个并不看重"他在"事实的自律系统和封闭界域，按照现象学的说法，它只在它自己的路上，自身即为世界。

　　因此，我们只能把自然生存时代各民族文学之间的关系以及它们对世界文学的占有，称之为"隐性同在"。所谓隐性同在，即是说那个时代的文学，尽管因历史情境的限制而未能获得其外部展开，未能取得与其他民族的有机联系（辐射抑或接受），并且未能在价值比较和域外接受的过程中判断哪些作家或作品具备世界性品格，但它的量和它的质，总是与其他民族相同尺度意义上的作品构成内在的价值比较关系，像矿藏般掩埋在那里，它们（一民族与它民族）都"在"，只不过其"同在"关系是隐蔽的和暗含的而已。这种遮蔽,将在民族交往时代获得澄明,即它的世界文学价值将只有在跨民族接受过程中得以实现。这也就是接受美学学派所坚信的:"作为不可分割的结构因素,在时间中历史某一点的文学生产,其共时性横断面必然暗示着进一步的历时性以前或以后的横断面"。[①] 而所谓"以后的横断面",便包括民族文学的后继历史阶段的域外伸展在内,它在何种程度上实现其域外伸展,也就在何种程度上获得世界文学量值。

清楚这一点之后,问题就转换为另一个提问,即我们如何判定在封闭系统内,何种民族文学或民族文学内哪些作家作品,能够实现其世界文学的价值转型?答案当然很多,诸如欧洲中心学说、拉丁传统论、"天下王土"观,以及其他形形色色民族本位主义,都在陈说本民族的文学源起传统乃是世界文学意义上的优秀代表。这些观点甚至往往与政治情绪或者血缘道德情绪纠缠在一起所以也就往往难以显现学理的清晰和客观我认为马克思的"范本说",在解释自然生存时代民族文学的世界文学潜在禀性时,最富有学术魅力。马克思说:"困难不在于理解希腊艺术和史诗同一定社会发展形式结合在一起困难的是,它们何以仍然能够给我们以艺术享受,而且就某方面说还是一种规范和高不可及的范本。"[②] 范本当然可以作结构主义的理解,即把某种文学事实(文学时代、文学范畴文学母题文学类型乃至文学作品)看作典型的"代码"或"代码群",一种杰出的或者影响绵远的内在精神构架。范本当然还可以作神话主义的理解,即把全部文学史看作是一连串神话原型的推演和转型,特定民族神话就在归类描述后成为一切民族文学的"模子"。这些模子甚至被荣格表述为人类普遍深层地藏着的集体无意识,"模子"也就因此而不证自明地成为世界文学之源。我们则对范本作历史唯物主义的理解,将其放在价值维度上,放在与民族特定历史时期政治、经济、文化的动力结构中,使其作为民族文学杰出表现的裁定尺度。按照这种裁定,希腊神话乃是古希腊社会的文学硕果,也可以说是"高不可及"的硕果。又因为希腊社会是那一时间位置上人类生存群落中"正常的儿童"之一,所以这种硕果同时也就可以裁定为那一时期的世界性范本,因而能够成为人类历史上的世界文学。这并不排斥更为广

---

① Hans Robert Jauss, Foward an Aesthetic of Reception, Theory and History of Literature. Volume2, University of Minnesota Press. p.38.
② 马克思:《〈政治经济学批判〉导言》,《马克思恩格斯选集》第2卷,第29页。

衰的空间里,还存在着"中国范本""印度范本""埃及范本"或者"巴比伦范本"等,而且也不能将这些范本。视为历时性永远延宕的模仿对象,而应将其限制为历时性传统,或者更为具体的杰出文学事实。从某种意义上说,任何有着完整文化史的民族,一般都存在过民族早期文化境遇中的文学范本关键在于,并非所有的文学范本都处于相同的价值梯级,这从各民族范本在后继历史时代的辐射面便可以获得解释。一些范本永远只能是民族范本,而另一些范本则不仅是民族范本而且是世界范本。总而言之,处在自然生存时代的各民族文学,其世界文学价值属性的"隐性同在",完全取决于特定民族文学范本的自在基质和如何澄明这些基质的未来历史命运。

二

民族交往时代的历史起点,当然建立在民族生存能力的基础上。无论是战争交往。还是和平交往,最后的结果都是文化的对话、对流、对位,由此而有文化的新生孕育,因而也就有文学的辐射、位移、接受,以及民族文学与世界文学生存状态的崭新格局。

民族交往是世界文学价值实现和民族文学辉煌的重要历史杠杆,其在世界文学意义上的功能特征,主要体现在如下几个方面:其一,它为自然生存时代各民族文学"范本"的域外辐射,现实地提供了"以后的横断面",从而使"隐性同在"的世界文学存在,得到价值实现意义上的澄明。恰恰就是这种澄明本身,不仅使得世界文学的形成和推进有了可能,而且使人类的类存在史进入了一个质变性的历史阶段。此前是族的自觉居于优势地位,此后则类的自觉统辖着族的自觉,这使族文明视野的人类存在理解的狭隘性,在外向张望的过程中不同程度地被克服。其二,在民族交往的过程中,特定民族的本位话题很难导致其他民族的言说兴趣和精神关注,所以一开始就只能以双边或多边的联系纽结点,作为人类文明贯通的基本资料。从动力学的角度看,文学交往辐射的一方总是努力寻找致发外部效应的刺激点,所以首先往往把那些既具民族范本性又具外部交往性的作品介绍给别的民族。从接受学的角度看,文学交往认同的一方总是以本民族的审美期望域（the horizon of aesthetic of reception）作为民族精神家园的守护神，因而也就只能认同那些"边界位置"的输入文本。全面交往的直接文化效果，乃是无数这样的"边界位置"网络性地在世界各民族间联系起来，而其间接文化效果则是各民族的世界理解深度和宽度都得以提高，并且在潜移默化中改造着自然生存时代的狭隘的心理，以及其他相关联的民族集体无意识，于是在这两种文化效果的交互作用之下，世界语境便慢慢地稳步形成（争执性谈论抑或契合性谈论）。世界语境毫无疑问提高了人类生存的文化张力，因而也就与之相适应地为世界文学的推进和民族文学的生长，提供了民族内驱力之外的强大激活力量。所以世界语境作为交往时代的结果，作为人类文明运动过程中的"文化场"，就同时对民族文学和世界文学两方面都发生力学推进作用其三，交往的作用不仅使民族吸收了外来作品的文学营养，而更在于激活了民族文学的内驱力，它在语境风险的背景下，迫使民族更有效地进行民族精神主体性的建构。语境风险发生在交往过程中，因为处于文学交往中的民族，开始遇到了竞争和挑战。它一方面承受着文化渗透超过极限后的文化颠覆之忧，另一方面又享受着民族精神成果域外辐射的亢奋。几乎所有民族都祈求着既最大限度吸纳营养，又最大限度拓展外部空间，而且还不丧失或损伤民族自我的生存位置。这种极端理想，既造成了民族在交往过程中的语境压力，同时也培植了其文化竞争的热情。所以不管它在世界语境中实际会占有一个怎样的位置，都会对民族精神主体的凝聚性建构和民族文学的内驱性生长，起到不可低估的促进作用。

因此，我们可以把这个时代的民族文学关系和世界文学生长，称之为"显性粘接"。但这只是平面模式意义上的描述，而在深度模式上，则至少可以切分出三种粘接方式，而且这三种方式之间，既可以看作逻辑平行关系，更可以看作历史递进关系，它实质上是人类文明在流汇过程中的血泪史和亲情史。方式（一）介入式。所谓"介入式"，是指一民族的文学，在军事暴力、经济暴力或者宗教暴力等背景依托之下，直接进入别一民族的精神生活空间。处于接受位置的民族，几乎是在失去民族整体性守护的状态下，被迫进行域外精神消费。这种消费本身，客观上会存在正反两方面的接受效果，关键在于，不管效果的积极与消极与否，方式本身都是一种文化暴力行为。强制意味的文化倾销，将大量的作家作品（包括大量的非范本性作家作品）移位到军事征服（古典形态）或者经济征服（现代形态）的民族生存空间，并且努力演绎为该民族的范本甚至一种重新选择的传统，从而深层次地改造着被征服民族的精神生活方式和价值观念，在文学上还包括文本创作叙事系统的转型。方式（二）诱导式。所谓"诱导式"，是指特定民族的文学范本，在非暴力的背景下，辐射地传播到另外的民族文学空间，但它并未被当作"范本"传统和直接精神消费品，也就是它只能成为输入民族的"辅助性精神生活资料"而不是"基本生活资料"，因而其影响的范围和反应的强度均较有限，然而其文化发散功能，同样不可低估。因为这类文学范本在进入输入民族的生存空间以后，可以转化为具有激活作用的精神催化剂，从而诱导该民族的精神空间发生能量裂变，引起文学创作范围内的新质生长，甚至会出现颠覆民族文学传统的文艺思潮。诱导式区别于介入式的最明显的地方，在于它没有军事暴力或者经济暴力的直接干预，基本上是人类文化传播的一种纯粹方式，因而显得自然而然，似乎富有人类文明的普遍温情，减少了文化扩散过程中的破坏性．强制性和对抗性。它既不是中心话语的简单延伸和重复，又不是边缘话语的僵硬维持和守成，而是在中心和边缘之间致发文化能量裂变，产生出一种富有新生意味的话语系统和文本空间，从而也就可以看作既是民族文学的新进展，亦是世界文学的新收获。方式（三）拿来式。所谓"拿来式"，是指特定民族的主体精神处于强大而清醒的状态，它在建构独立生存价值和独特言说方式的民族文学的过程中，自觉地敞开内倾指向的民族封闭系统，把民族文学的生存价值放在世界文学格局的参照系内加以秤量，按需求取地吮吸其他民族的文学营养，而且这种求取过程始终保持"拿来"的姿态。命名是从接受位置考虑的，它表明在文学交往中，并非接受者总是处在被动的状态，因而是民族文学影响和世界文学发生的丰富性的理论反映"拿来"意味着受者的自觉，表明这时候处在受者位置上的民族，获得了民族的精神自我解放，而其主体性的强大，正确保着外纳的预定目的性得以实现"拿来"也意味着受者的需要，表明这时候处于受者位置上的民族，其文学状态正在内驱力的作用下推进到了一个蜕变和更换的历史位置，而其"需要"机制的建构，正是一种民族文学走向世界文学的开始"拿来"还意味着受者的文化补充方式，表明这时候处于受者位置上的民族，它在吸纳外部世界文学营养的过程中，首先是观念地把别的文化系统（其中包括中心位置上的系统）撕得粉碎，正是那些系统拆解后的文化资料，被受者位置上的主体性民族一块一块地拿来，并且镶嵌进民族文学的新衣，从而使民族文学在方法和材料两个方面都最大限度地获得更新和充实。

无论以何种方式进行民族文学的跨语种交流，在交往时代，民族文学跨越自身的价值层面，即升华到世界文学价值层面，是以选送"大师"为时代行为特征的。换句话说，处于民族交往的背景之下，一个民族的文学成就，有多少能够演绎为世界文学成就，成为各民族文学生活的"公共的财产"，取决于它能够塑造出多少不仅在民族内部声名显赫，而且在其他民族也广为流播的大师。这些大师，恰恰就是特定民族在特定历史阶段的历史影子或文学丰碑。何以自然生存时代转换为民族交往时代以后，世界文学的裁定尺度同时也要由"范本"转换为"大师"？原因非常复杂，不过，以下诸方面最为基本。其一，正如恩格斯说的那样："在意大利、法国、德国都产生了新的文学，即最初的现代文学；英国和西班牙跟着很快进入了自己的古典文学时代。旧的世界的界限被打破了：直到这个时候才真正发现了地球，奠定了以后的世界贸易以及从手工业过渡到工场手工业的基础，而工场手工业则构成现代大工业的起点"，"这是以往人类从来没有经历过的一次最伟大的、进步的变革，是一个需要巨人而且产生了巨人——思维能力、热情和性格方面，在多才多艺和学识渊博方面的巨人的时代。"[1]虽然所指仅是文艺复兴时代，但文艺复兴是欧洲大陆民族交往的高潮，此前乃漫长的铺垫，此后乃交往功能在"共律化"中渐趋平稳，所以实际上适用于整个交往时代。其二，正如马克思表彰车尔尼雪夫斯基所说的那样："弗列罗夫斯基的以及你们的导师车尔尼雪夫斯基的作品，为俄国争得了真正的荣誉，而且证明你们的国家也开始参加到我们这一世纪的共同运动中来了"[2]，所以说民族交往时代的"民族荣誉"具有至关重要的地位，这种荣誉甚至可以看作中世纪"个人荣誉"的延伸。因为交往说到底是利益转换和再分配，在文化上则是民族自我中心意识的扩散和自为，因而民族主义既是判定交往过程中立场和原则的尺度，亦是决定进入交往

---

[1] 恩格斯：《〈自然辩证法〉导言》，《马克思恩格斯选集》第4卷，第261—262页。
[2] 马克思：《国际工人协会总委员会致日内瓦的俄国支部委员会委员》，《马克思恩格斯全集》第16卷，第464页。

过程的起点和目的。其三，正如生物学家勒内·杜布斯（Rene Dubos）所评价的那样："在此外的三个世纪中，科学奋斗的方向所以也是现代生活的总体倾向，已经明显地被乌托邦的创立者们的鼓动所制约着。他们鼓动这样一种观点：人类对自然的研究应当主要是控制和开发而不是了解"①，这实质上也就是另一些科学家所指出的现代科学技术的巫术性的另一种表述它旨在告诉我们，现代科学技术在给我们带来巨大的物质进展的同时，也使我们陷入一种"科学巫术氛围"，即我们进入现代迷信的迷宫。迷信的结果，就是在社会公众的集体无意识里，越来越厚重地积淀起权威崇拜的心理机制。于是，在文学接受者的心理层面滋生出渴望大师和崇拜大师的价值指向，因而也就从逆方向确立了"大师"矗立社会土壤的存在合理性。总之，在民族交往的背景下，各民族都在努力造就自己的文学大师，一些大师则甚至走出民族疆域，成为更广大受众的崇拜对象，他们因此而直接代表着世界文学就像满天的星斗缀成诱人的夜空景观一般，这些星斗从前是范本，如今则是大师。

三

人类危机时代可以从科学至上和技术理性渐趋遭受怀疑算起。交往全面实现以后，中心与边缘、英雄与大众、科学与神话、设定目标与当下事实世界与民族、沙文与殖民，所有这些构成"紧张"的对立极面，矛盾都程度不同地得以消融。意义和真实性问题，成为人们日益反思之后的关注焦点，因而民族文化间的冲突与反弹，也随之而在"现代性"的靡靡谈论之间，最大限度地获得能量释放，整合就从器物层面一直深入到制度层面（东西方纷纷或先或后地进行经济体制改革及政治体制松动）。但是"现代性"本身的矛盾，却在民族整合的人类递进步伐中，暴露得特别突出。人类对自身开始由信任走向怀疑，即怀疑是否确有"灵长"的无限优势，并且依靠这优势，在一种现代化操作过程之后建立起人类幸福家园。

---

① 勒内·杜布斯：《理性的梦想》，转引自威廉·莱斯：《自然的控制》，岳长龄译，重庆出版社1993年版，第12页。

所谓人类危机时代，它的命名意味大致包括如下三个义项：首先，它是指人类从与自然关系的"臣服的适应""自觉的控制"进入到了"对抗的失宠"。世界已处危机四伏的悬崖边缘，人口问题，环境问题，精神物化问题，印刷文化失控问题，土地问题，资源和能源问题……这一系列的问题都存在于与人类面对的当下位置，每个问题都迫使国际性集合组织命名出相对应的"×××纪念日"（如无烟日、艾滋病日、水日），以唤起世界各民族在超越民族利益视野之后，从人类整体利益高度来凝聚"问题意识"的关注。纪念日已经从人类亢奋时期的居功庆典沦落为人类危机时期的无奈相聚，由此足见人类于自然界的位置已失宠至何种地步。其次，它是指人类对自身的"能为"和"所为"愈来愈抱怀疑的态度它不相信其自身胜过不相信任何"他在"事实。理性、真理科学和技术，这些从前人类因独有而引以为骄傲的旗帜，如今全部在日暮黄昏的瑟瑟秋风中摇摇欲坠。相反，那些"本能""偶在性""无意识和潜意识"，倒在20世纪成了麾下信徒云集的大旗。工业化到底是把人类送上天堂还是抛落地狱，人类到底是自觉走向幸福的主体，还是无端滋事的乱众，这些不是问题的问题，都是文化悖论中无法逃避的追问。于是人类一下子从文艺复兴时代的自信和执着滑落到现代困境中的犹疑和恍惚，真可谓"此一时也，彼一时也"再次，它是指人类失去价值尺度和终极性设定，失去对秩序性的信任和连续性的认可，在"to be and not to be"的命题价值掏空之后，价值虚无主义、历史虚无主义、存在虚无主义就是文化进展之链上的必然一环。所以当菲利波·托马索·马里内蒂宣告"我们是从意大利向全世界广播我们的宣言……因为我们要消除这个国家的教授、考古学家、导游和恶臭痈疽"[①]的时候，对于他要烧掉图书馆、淹没博物院和画廊，乃至拆毁神圣城市的企图，世界似乎并没有太大的震惊。因为从巴黎到纽约，从布拉格到列宁格勒，似乎这种欲念和意识正广泛地流行着，这意味着这个世界遇到了传统文化视野中的判断的难堪。

因此，人类危机时代背景下的文学，就必然与之相适应地有其独特规定性，并且这些规定性呈现出丰富复杂、万象纷呈的外部表现形态。对

---

① 《F.T.马里内蒂文集》第2卷，见马·布鲁德伯里等编：《现代主义》，胡家峦等译，上海外语教育出版社1992年版，第218页。

此，我们同样给予如下四种统辖：首先是话题从"世界"走向"内心"，这只要比较普鲁斯特和巴尔扎克的小说创作，就能分辨得很明晰。尽管都致力于状写巴黎上流社会，巴尔扎克总在揭示这个世界的本质，而普鲁斯特则总在揭示人的内心状态。尽管现代主义和后现代主义的旗帜下，流派众多，有一点基本上是共同的，那就是致力于人类心理秘密（显意识抑或潜意识）的澄明，因而文本中到处可见人类的忧郁、焦躁、苦闷、压抑恍惚、孤独、畏惧、恐慌，因而也就有"意识流""精神分析""神话主义""心理现实主义"等文艺思潮。其次是价值从"承诺"走向"游戏"。文学的价值承诺性，从中国的儒家诗教和古希腊的亚里士多德诗学始，就一直作为文学的根本特性而存在。无论西方的"卡塔西斯"还是东方的伦仁诲教，文学从来都在代表真理或者上帝说话，所以才被认为是"经国之大业，不朽之盛事"，属于严肃性的精神行为，作家也因此而被喻为"灵魂的工程师"。但是在"上帝死了"之后，这种承诺便被认为颇有历史唐·吉诃德的味道，承诺本身在终极追问遇到困境的情况下，已经无法自我确证其真实性和合理性。于是文学就成了游戏定位的语言之为。其三是叙事方式从"清晰"走向"模糊"。在传统文本里，读者透过情节结构的张弛隐伏，寻找到故事的主线和副线，并由此而牵缕出作者设计人物（主人公或者配角）的性格，这种性格的确定性足以使其明晰到"典型"的位置（即"这一个"），最终就会从文本指向接受者，给出态度鲜明的善恶美丑分界的价值判断事实。但是在现代文本里，时间和空间的破碎，名称的非性格化与性格的非情节化，旨趣的非理性与语言的非确定性，一切都模糊和扑朔迷离起来，使阅读只能去感受而不能去思考，语义模糊、场景模糊、人物关系模糊、作品主旨模糊，这些特征对于现代乃至作为现代延伸的后现代文体来说，似乎都已成为理应如此的规定。其四是情绪从"乐观"走向"悲观"。在民族交往时代里，每个民族的文学言说，普遍洋溢着对世界理解和把握的兴趣，言说本身总在追求着某种人类普遍精神，而且追求者完全相信这些普遍精神从根本上与人类幸福共同着生命。

　　清晰地观照过人类危机时代的精神背景和文学呈现出来的总体特征以后，回过头来讨论这一时代民族文学与世界文学的关系，则用"叠合性重构"这一中心词来加以概括比较切合。"叠合性"乃是世界"共律化"的产物，因为在所谓危机时代里，公共利益空间拓展到明显大于民族利益狭隙空间的程度。这并不是说民族利益本体已经消解，同时也并不认为民族冲突（特别是文化冲突）从此就被共律化的潮流所淹没和遮蔽"叠合性"的意味实质上在于，无论处于自觉状态还是非自觉状态，民族由自身利益出发所作出的理解和考虑，往往与其他民族的理解和考虑叠合到一起（一种当下性的不约而同）。这已经不像交往时代那样，民族与民族的精神连接总是构成极明显的因果关系，而且因果关系的建构必须是有条件的，或者伴之以利益分割的直接冲突。一个民族的当下之思，同时就是另一民族的当下之思，或者在一系列的民族之间产生强烈的精神连动反应，从而使整体性的人类精神思潮（当然包括文学思潮）时时席卷而来，这是叠合性景观的第一层。"叠合性"的意味进一步还在于，处于人类危机时代的背景之下，各民族文学智慧基本上都趋于整合倾向，即尽管民族文学的言说欲望和叙事方式仍然以民族生存和民族精神意识传统为起点，但它同时又无法逃脱现代社会人类生存处境和现代性世界思潮的当下语境压力，因各民族的思维结构（方式和机制）都极大地受到世界文化氛围的"涵化"，所以具有非常明显的融通和一致。这种融通与一致，从根本上有别于自然生存时代各民族文学"话题"与"文本"的集合，同时亦有别于民族交往时代各民族文学"话语"与"说者"的影响。对这个时代而言，各民族文学的"谈资""谈趣"都在"闲谈"的共同定位中，抛入"烦"忧和"畏"惧的现代性世界情境，它们的智慧系统乃至智慧的苍白，都在整合的力量形成之后去各自面对自己的生存之"穷"，这是叠合性景观的第二层。"叠合性"的意味需要补充的还有：语言学的革命性进展，使得不同语种使用的词（包括日常用语和文学用语），日渐褪去民族文化的个性色彩。因而在风格学意义上消解了文本阅读的民族限制（在交往时代这种限制纯粹依靠无力的翻译来予以解决）也就是说，各民族文学的话语，这些话语承受的深重民族文化背景和极其个性化的"说法"，都在世界文化的冲击下被现代性话语所颠覆和扼制，以致我们无法像从前那么容易地从话语色彩本身证明戈尔丁的《蝇王》属于英格兰，而约瑟夫·赫勒的《第二十二条军规》必属美利坚，或者证明加缪的《鼠疫》属于法兰西，而施特劳斯的《威胁的理论》必属德意志，这可以说是叠合性景观的第三层。

但是在人类危机时代里，民族文学要想以辐射姿态去获取世界文学存在品格，叠合只是必要条件而非主要条件，突破性更主要地集中在"重构"。所谓"重构",包括两方面内涵:一方面指民族文学在现代语境下,必须对自身的传统实行超越性的重构,即它除了在民族生存范围内继续绵亘其文学传统外,还必须重新构想出本民族独特智慧产物的"话题"和"话语"。这些话题和话语不仅在民族文化圈内富有生存展开的兴趣和情绪,而且还能在世界文化圈内富有话语权力,从而能在更广阔的背景中建立起"言说"和"倾听"的人际结构。另一方面指民族文学在世界文学背景下较大程度地实现其"叠合性"之后,必须对自身的传统及这种传统的现代形态进行全面的反观,审视其在何种程度上达到"共律化",同时又在何种程度上保持着"个体化",由此而重新构建民族的现代个体形态,以及它与别的民族乃至设定世界整体间的文化依存关系,因而"度"在这一过程中无疑是一个非此即彼的关键。显然,人类危机时代民族文学与世界文学的关系,其跨越性价值实现,完全以"叠合性重构"为调节杠杆,能否或者怎样去实现这种重构,决定着民族文学如何演绎为自身的现代形态以及怎样去获取世界文学价值。它们的显形标志,已经非"范本"和"大师"所能指代,而冠以"主潮"似乎更为贴切。这意味着特定民族文学的世界性切入,即成为世界各民族读者的"公共的财产",必然要不仅与世界性的思潮话语氛围密不可分,而且还能在这种氛围中获得主导性的话语权力,就像拉美的魔幻现实主义能在现代世界尽显风流那样。

(原载《北京师范大学学报(社会科学版)》1997年第2期)

希腊花朵与阿拉伯土壤
——论民族精神个体性对文学母题选择的制约

按照既定的历史文化见解，人类各民族既有起点的自然状态同一，亦有终点的社会状态逼近，无论黑格尔抽象的历史逻辑进程还是圣西门想象的社会递进脉络，都证实着这样一种既悲观又乐观的共同命运。

历史的物质运动抑或精神运动，都将吻合于这一逻辑进程。所以文学艺术，尽管从一开始就在自然威压面前表现出世界各民族的共同姿态，但随着地域生存环境和民族血缘政治的原初差异日益扩大，每一个民族就在经验积淀过程中形成审美的精神个体性（当然，民族内部还存在着更加细微的差别）。艺术理论家沃尔夫林说："有一种日耳曼的想象力，它当然通过了从塑形到图绘的刺激作出反应，它应用的不是线条而是线条组成的网，不是被确定的单个形体而是形体的运动。"[1]这虽然更多是从外部形态的形式范畴去立论，但形式与内容总是相辅相成互为依托，民族的文学母题取向同样富于明显的个性特征。

研究文学可以从不同的位置切入，由此而将总体文学放到不同建构分析框架中去，如欧洲文学为日耳曼语系文学、拉丁语系文学和斯拉夫语系文学，就是从文字符号作为艺术表现媒体的角度去予以切分的。但既有的研究往往疏忽了内容方面的努力，总有一天会有人从母题倾向的立足点来整体观照人类文学的发展进程。韦勒克说："恰恰就是'文学的民族性'以及各个民族对这个总的文学进程所作出的独特贡献，应当被理解为比较文学的核心问题。"[2]显然，韦勒克关注着文学的内蕴意趣及其民族发生结构。

事实上，很多民族从起源阶段开始，其生存内容就有比较大的差距，

---

[1] H.沃尔夫林：《艺术风格学》，潘耀昌译，辽宁人民出版社1987年版，第264页。
[2] 韦勒克、沃伦合著：《文学理论》，刘象愚等译，三联书店1984年版，第47页。

而生存差距体现在文学作品中，就是母题选择或母体表现的倾向性。我们知道，任何一个民族，在其祖先刚刚从自然状态的动物群体中剥落出来的时候，首先面临着母体异化后的直接敌对，所以生存问题必然是一切民族原初文学的表现的核心内容。但是，由于生存从一开始就显示出了民族或者更早的氏族间完全不同的具体情境和具体状况，所以围绕生存问题而展开的各民族文学，或者选择了彼此不同的特定生存内蕴的文学母题，或者即使表现相同或相近的文学母题而深度和广度却相差甚远。存在于克里特、爱琴海各岛、大陆希腊和小亚细亚西部的"克里特·迈锡尼社会"，根据著名考古发掘学家谢里曼的数十年辛勤工作，证明其为发达的城邦文化，并认为"特洛耶有七个历史时代，七个'城'。按照他的意见，头两个是荷马前的（特洛耶Ⅰ）和荷马所说的（特洛耶Ⅱ），以后出现了Ⅲ—Ⅴ层，彼此无多大区别，发现的东西很贫乏，……第七个城属于希腊、罗马新伊里翁存在的时代。"① 这个城邦文化背景孕育产生了后来的希腊神话，《伊利亚特》从一开始就把我们带到城邦文化冲突的事件中去。庞大的阿该亚军队驻在特洛耶城已经9年，希腊各个部落和城市的统帅、国王带领自己的军队航行到特洛耶海岸亦有不少岁月。这儿还有伟大的阿该亚英雄阿喀琉斯，巴达国王墨涅拉俄斯，"狡猾的"多石之岛国王奥德赛，萨拉米国王的儿子"伟大的埃阿斯"，阿耳戈斯国王狄俄墨得斯，富有作战经验的老将涅斯托耳，以及别的许多首领们。全部争执在于"不和女神厄利斯"为了对诸神报复而抛下一只所谓"给最美丽者"的金苹果，由此而诱引赫拉、雅典娜、阿佛洛狄忒三个女神为争得美丽者桂冠而战，并将这一神战移位人间，形成以海伦被劫为战争纽结的故事核心。这个故事起初只是行吟诗人传唱的单个作品，后来则牵连而为连环套，粘着附加，生发出无数大故事中的小故事，乃至故事连着故事。而且在后来兴盛的希腊罗马戏剧中，一再面目翻新地得到戏剧家们的舞台创造。当然，《伊利亚特》故事的文化缘起问题，争论还比较大，吉尔伯特·默雷就认为："诗中的主人公是来自伊奥利斯地区的塞萨利的阿喀琉斯。首要的国王是阿伽门农。他是伊奥利斯地区库墨国王之始祖。其他英雄人物来自希腊北部和中部，来自克里特岛和里西亚。只有纳斯特一人是爱奥尼亚人，他在《伊里

---

① 兹拉特科夫斯卡雅：《欧洲文化的起源》，三联书店1984年版，第29页，第79页。

昂记》史诗情节中并不是个重要的角色"，所以他断定"这些英雄人物都是从北希腊被迫南下到伯罗奔尼撒半岛来的"①。

这个分歧不管存在与否，都对我们的讨论没有更多实质性的影响，因为"爱琴世界所有地区许多居民点、河流、山脉、岛屿的名称，以及一些别的词语，其后缀和语尾是希腊语和其他印度欧罗巴语本来所没有的。属于这类名称的如哥林斯、萨钦图斯、梯伦等，都有后缀——nth，或如拉里萨、赫尔莫那萨、哈里卡纳苏等，都有后缀——ss。这些名称显然保存于上古希腊的地名中，那时居民说的语言不属于印度欧罗巴语系。此外应当补充，古希腊人自认为希腊和群岛的上古居民不是希腊人，并把这些古代居民称为皮拉斯吉人，卡里亚人或勒列吉人"②。因此我们这样推论，今天我们所说的希腊神话的民族文化背景，其地域土壤明显具有如下几种限定：其一，人群的主体部分经历过地域迁徙和文化撞击，这个过程从一开始就带有文化移动和文化突变的性质，所以随着时间的后移，他们很容易跨进商业文明的更高梯级；其二，由于这些原始氏族生活在海滨或者靠近海洋的陆地，生存需要和人类本能的征服欲望，迫使航海业的出现和逐步发展。而航海和征服，又使内陆地区的人群更加向温和湿润的海洋靠近，由此而产生战争状态的大移民，"'大移民'把北方的英雄人物都吸引到伯罗奔尼撒来，同时从伊纳克斯流域一股希腊移民的洪流，与从萨塞利一股移民的洪流，在亚洲汇合，后者给我们提供了他们的英雄故事，前者使人回忆起梯伦和迈锡尼巨大的城堡和豪华的物质财富"③。其三，最终他们就在典型的地中海气候的笼盖下，建筑起有利于商业和文化推进的城邦，城邦无论从哪种角度看都是文化的凝聚，并且能够在酵变增值之后，重新产生巨大的外向辐射力。希腊文化毫无疑问只能根植于这块特别肥沃的土壤，争夺美丽权力的生存竞争故事，虽然内在地汇拢了氏族社会或者说古希腊社会的全部矛盾，而且《伊利亚特》在理解人类生存状况时，同时流露出了非常浓厚的命运意识，但从最根本的意义上说，带有人生娱乐享受

---

① 吉尔伯特·默雷：《古希腊文学史》，孙席珍等译，上海译文出版社1988年版，第28—29页，第32页。
② 兹拉特科夫斯卡雅：《欧洲文化的起源》，三联书店1984年版，第29页，第79页。
③ 吉尔伯特·默雷：《古希腊文学史》，孙席珍等译，上海译文出版社1988年版，第28—29页，第32页。

的消闲意味，所以这样的史诗可以形象地比喻为贵族式的精神消费。马克思在《〈政治经济学批判〉导言》里说："为什么历史上的人类童年，在它发展得最完美的地方，不该作为永不复返的阶段而显示出永久的魅力呢？有粗野的儿童，有早熟的儿童。古代民族中许多是属于这一类的。古希腊人是正常的儿童。"①

把希腊社会称为"发展得最完美的地方"，把希腊民族看作是"正常的儿童"，这在很大程度上与希腊的社会经济发展和优越的地域自然条件分不开。正因为古希腊具备这样一种文化背景，所以希腊神话中普遍存在着对于英雄母题的表现取向，即在原始的生存窘迫中，希腊人在自然的敌对面前无疑要更加潇洒一些，因而才不厌其烦地塑造出大批的英雄，如脚蹬飞行鞋头戴隐身帽的柏修斯，力大无比兢兢业业完成12件苦差事的海格立斯，背负大地之母而立于不败之地的巨人安泰，被称为"雅典的海格立斯"的提修斯，绰号"铁床匪"忒毒异常的普罗克拉斯提斯，所有这些文学作品中的人物形象，都应该看作是英雄意识的典型表现。不错，"任何神话都是用想象和借助想象以征服自然力，支配自然力，把自然力加以形象化，因为，随着这些自然力之实际上被支配，神话也就消失了"②，但民族的想象力总是与民族的生存状况和生存水准联系在一起的，希腊人之所以热衷于创造征服过程中的英雄形象和英雄故事，就在于他们总有一种胜利的信念，一种乐观的感觉，他们在繁荣的城邦里被酒和女人的诱惑怂恿惯了，而盎格鲁·撒克逊人不管如何地憎恨自然和向往强盛，都不可能有那么发达那么超逸的想象，因为他们不拥有升华状态的那些发泄不完的过剩精力。古希腊人的这种状态，后来在沉掩了漫长的中世纪以后，又最早在佛罗伦萨的土地上兴旺，而且又有了巨大的历史超越。佛罗伦萨的公众庆典总是显示出辉煌和奢华，由政府举办的一般庆典约需花费6000佛罗琳，即使个人举行庆典时，也尽量标榜和炫耀自己的财富和能力。1406年和1509年，佛罗伦萨攻占比萨之后，全城居民涌入街道狂欢不止，不分富人和贫者，甚至乞丐都在欣喜若狂的行列③。以公众庆典和仪式为重要内容的社会生活环境，对人道主义者和艺术家必然产生较大的潜在压力，

---

① 《马克思恩格斯选集》第2卷，第114页，第113页。
② 同上。
③ F.Schevill, History or Florence, New York, p.467.

迫使它不得不以最有效的形式表现出公众情绪状态中的精神指向，一旦他们不能与社会环境的人文整体素质相吻合，也就无法继续作为艺术家而存在，"因为风俗习惯与时代精神对于群众和对于艺术家是相同的；艺术家不是孤立的人。我们隔了几世纪只听到艺术家的声音；但传到我们耳边来的响亮声音之中，还能辨别出群众的复杂而无穷无尽的歌声……因为有了这一片和声，艺术家才成其为伟大"①。正是在这种热烈的都市文化气氛中，佛罗伦萨人完全沉浸到对古典辉煌的复兴和向往境界，以至我们在佛罗伦萨大教堂的圆顶上，能看到罗马万神庙的踪迹，在米开朗基罗的《利达》中，能找到与古罗马浮雕的酷似，甚至在拉斐尔的《美惠三女神》中，完全可以窥测出与庞贝壁画的雷同②。希腊繁荣的冲击波，居然能隔世震撼佛罗伦萨，足见其经济文化内力是何等深厚，由此也就不难理解希腊神话崇尚英雄母题。

并非所有的民族都能够像希腊人那样摆脱原始时期的生存困顿，摆脱的过程本身，必然呈现出民族生存的特殊局面和个性文化特征。所以，虽然任何一个民族在它的原始时期，其文学母题指向几乎都围绕着生存问题而展开，却正是在这一点上，又把各民族文学的内蕴区别开来，即所谓共性规定中的个性展开。我们只要分析一下阿拉伯的历史和文学，就会有更加明晰的学理参照。

地跨欧亚大陆的阿拉伯民族，作为闪族的血裔后代，长期生活在离沙漠不远的地方，或者就在沙漠之中。闪族的氏族历史分化很复杂，也很富有传奇色彩。他们的每一支，都有自己值得炫耀的历史，其中阿拉伯人在征战迁移时分时合中，产生了一系列伟大的民族英雄，出现过卓越的时代，也就是早期神权族体的赛伯尹王国和米奈王国，而且也有自己的语言体系和建立在此之上的文学活动："就名词的构造法、动词的活用法、人身代名词和词汇等方面来说，南方的阿拉伯语同阿卡德语（亚述——巴比伦语）和埃塞俄比亚语（阿比西尼亚语）之间有某些渊源。但这种语言有不规则的复数式，这是北方的阿拉伯语的特性。阿卡德语、南方的阿拉伯语和埃塞俄比亚语，在某些方面，是闪族语言较古的形式。自也门文化衰落

---

① 丹纳：《艺术哲学》，人民文学出版社1963年版，第6页。
② E.Wind, Pagan Mythies in the Renaissance, New York.

以后，南方的阿拉伯语，实际上已消灭了，北方的阿拉伯语遂取而代之。北方的文学集会，如乌卡兹集市（Suqukaz），多神教徒每年一次的克而白（Kabah）朝觐，以及同麦加间商业的关系，这三件事曾加速了这个代替过程"[①]。但是北方的阿拉伯人长期处于游牧的状态，逐水草绿洲而居，虽然不若吉普赛人那样为漂泊而漂泊，但其生存的艰难，无论较之华夏农业文化形态，还是较之希腊的城邦文化形态，都更缺乏安全感、稳定感，所以，一般的游牧民族，一方面比较缺乏民族文化的核心态凝聚，一方面个体的性格个性也往往表现得更加充分。譬如阿拉伯民族的贝杜因人，普遍具备一种忍耐和挣扎的禀性，所以才能在生物稀罕的环境里生存下去。劫掠本是偷鸡盗狗之举，但是，沙漠生活的经济状况和社会状况，却已经把劫掠上升到一种民族风俗的地位了，伍麦叶王朝早期的诗人顾托密的诗写道：

> 我们以劫掠为职业，
> 劫掠我们的敌人和邻居。
> 倘若无人可供我们劫掠，
> 我们就劫掠自己的兄弟[②]。

这足以佐证他们的生存局促，处于这样一种挣扎的状态，一般说来出现丰富想象力和辉煌英雄母题的可能性比较小。马克思曾经在给他的次女劳拉的一封信中，引叙了这样一个阿拉伯寓言：

> 有一个船夫准备好在激流的河水中驾驶小船，上面坐着想渡到河对岸去的哲学家。于是发生了下面的对话：
> 哲学家：船夫，你懂得历史吗？
> 船夫：不懂。
> 哲学家：那你就失去了一半生命。
> 哲学家又问：你研究过数学吗？

[①] 希提：《阿拉伯通史》（上），马坚译，商务印书馆1979年版，第59页。
[②] Abu-Tammam, Asharal—— Hamasahed, Fretag（Bonn1828），p.171.

船夫：没有。

哲学家：那你就失去了一半以上的生命。

哲学家刚刚说完了这句话，风就把小船吹翻了，哲学家和船夫两人都落入水中，于是，

船夫喊道：你会游泳吗？

哲学家：不会。

船夫：那你就失去了你的整个生命。[1]

这个寓言暗示我们，阿拉伯人不像希腊人那样，既富于浪漫的想象又擅长抽象的逻辑思辨，他们更具备实践——理性精神，即在自然关系和社会关系的展开中，有效的操作本身就蕴含了丰富的思想底蕴。古代阿拉伯文学保存下来的不多，原因是游牧文化一般更难保存流传先祖的踪迹，传说中有些被称为聪明的男人和女人，如艾克赛木·伊本·赛伊菲，哈吉卜·伊本·左拉赖，胡斯的女人吉德等。阿拉伯文化从一开始就有丰富的文学活动，尤其是诗歌，更被喻为"阿拉比亚人公共的注册薄"。从著名的《悬诗》来看，贝杜因人乃至整个阿拉伯人，只是因各部落血缘习俗而趋向精神一致，并没有自觉的一致性宗教信仰，所以文学作品中浓厚地流露出对自然物的崇拜，"即使在神灵的概念形成之后，树木、水井、山洞、石头等自然物，仍然是圣洁的，因为这些自然物构成了媒介，崇拜者要通过它们才能与神灵发生直接的联系"[2]。阿拉伯起源文学阶段的这种自然崇拜母题，无疑是由这个民族的原始生存状况伸延而来的，一旦作为一种民族文学的母题传统，不管未来的生存状况将在多大程度上发生程度不同的改变，总会显示出一种自觉不自觉的价值选择倾向，在另外的时空位置上以另外的形态表现出来。到了穆罕默德的时代，产生了至少影响全世界无数伊斯兰教徒精神生活和物质生活的《古兰经》。我们知道，《古兰经》创造出一个最高意志者真主，先在且全知全能，有99种美名和99种德性，实际上，"在《古兰经》的教义学体系中，穆罕默德只是一个凡人，他唯一的奇迹是《古兰经》的'伊耳查兹'（绝妙性），但无论在传说里、民间

---

[1] 《马克思恩格斯全集》第35卷，第304页。

[2] 希提：《阿拉伯通史》（上），马坚译，商务印书馆1979年版，第113页，第150页。

故事里、大众的信仰里,他都被赋予一种超凡的灵气。他的宗教是极端讲实际的,充分地反映了这个宗教的创始人具有重实践、讲效率的精神"[1]。不论将《古兰经》视作宗教经典还是作为文学经典来看待,都可以见出其自然崇拜的血脉,伊斯兰教从来没有严格的行会制度和神秘化的精神气氛,更多地与人们的现实生存空间联接在一起,道理就在这里。到了10世纪中叶,阿拉伯文学出现了由哲海什雅里写成初稿的《海扎尔·艾佛萨纳》,后人称为《一千零一夜》,虽然那些独立成篇的故事,有些取材于阿拉伯,有些则取材于其他的东方民族或西方民族,但所有故事实际上都已经阿拉伯精神化了,拜物观渗透在每个故事的字里行间。千百年来,阿拉伯诗歌始终带有沙漠气息,阿拉伯文学的自然崇拜宗教化色彩亦十分明显,甚至开罗、大马士革和巴格达的现代诗人,到今天仍然在抒情短歌中用野牛的眼睛来譬喻情人的眼睛,而他们竟然不以此为荒谬,足见其民族文学母题选择倾向的根深蒂固。

从这样一些现象层面来考察的目的,在于表明任何一个民族都有自己的生存空间,因而也就有相对独立的生存文化,建立在此大背景之上的民族文学,也就必然在文学母题的选择上体现着自身的倾向性。对于特定的民族而言,它的文学当然会关涉到一系列的文学母题,甚至人类的所有母题都可以在具体民族文学里找到它的拓展和开掘,所不同的只是题材处理和素材遴选见出明晰的差别而已。但是,由于民族生存状况不可能达到人类整体同一,所以各民族文学也就必然有与自身生存关联最密切的一些母题,这些母题相对于其他母题来说,在该民族文学中表现得更为丰富、更为深刻、更为淋漓尽致,因而其实际文学成就也就相应地显得更为突出。H·沃尔夫林在研究文艺思潮时,通常喜欢从单个作品和整个思潮作品中寻找主要的母题,那意味着还存在次要的母题,他认为主要母题作为作品的高潮,使古典文艺作品特别是像巴洛克风格的作品获得了巨大的审美价值,并且辩证地认为"主要的母题当然最突出,然而不是为了使次要的形象失去其生存的空间。构造的要素也是被这样处理的,以致它必须会引起人们一定的注意。……但是对现代的趣味来说,主要母题的观念也缺乏实

---

[1] 希提:《阿拉伯通史》(上),马坚译,商务印书馆1979年版,第113页,第150页。

际事件的特征"①。

虽然沃尔夫林是就单个作品而论,而且其所使用的母题概念与我们这里使用的母题概念也还不尽相同,但却完全可以延伸到对民族文学的母题分析中来。而且,这一辩证的分析,可以导引我们得出两点结论。其一,对现代文学趣味和文学状况而言,民族文学的母题倾向逐渐走向模糊并且最终将会消失。一方面,民族生存空间呈现为拓展的态势,每一个民族都在自己的文明递进中,不断地创造物质财富和精神财富,不断地充实自己和武装自己,不断地占有对象世界,因而也就不断地占有民族自身,因为"全部所谓世界史不外是人通过人的劳动的诞生,是自然界对人说来的生成,所以,在他那里有着关于自己依靠自己本身的诞生、关于自己的产生过程的显而易见的、无可辩驳的证明"②。这也就是说,民族只有在持续性的自我丰富和完善的过程中才能真正得以文化繁衍。繁衍的蕴含愈丰富,进程愈长,精神重心与物质重心的转移也就越多,文化母题的倾向逐渐淡化便带有历史的必然逻辑意味。另一方面,近代航海业发达起来以后,各地域各民族间的关系逐渐得以联络,19世纪工业革命的强大推进,使人类跨越地域空间的交通工具有了长足的进展,商业贸易越来越带有世界市场性质,东西方乃至世界各方面的文化,都在互相吸收、互相影响、互相渗透,民族生存方式在精神和物质方面的封闭性、狭隘性也就在这种潮势中得以不同程度的消解,民族生存成为世界生存的有机部分,世界生存的深度和广度都已到达一个较高的共时性水准,这样,民族母题倾向自然而然地退到文学舞台的后面,这是一个被世界文学和各民族之间的有效传播和译转得以切实证明了的。其二,现代并非彻底摆脱过去的孤立现代,民族仍然存在,而且在这个世界上,民族的生存状况也还存在着严重的发展不平衡性,譬如南太平洋岛屿上的一些原始民族,北非一些尚处发展困境的古老民族,都还不可能像发达民族那样从事自己的文学创造,他们思考和想象的空间,必然围绕着这些民族的现实困惑和现实抗争而展开。其实,即使目前的发达民族,尽管其政治经济文化发展水准相对说来要高出一筹,毕竟还没有达到忽视民族利益即可以把民族利益放到绝对与人类整

---

① H·沃尔夫林:《艺术风格学》,潘耀昌译,辽宁人民出版社1987年版,第184页。
② 马克思:《一八四四年经济学——哲学手稿》,人民出版社1979年版,第84页。

体同一天平的崇高境界,他们依然生活在该民族文明的历史惯性之中,所以受其传统母题倾向的影响,必然是不可避免的事情。或者即使从传统倾向中有了转移,也依然会有新的倾向自觉不自觉地形成,这还是由其生存发展状况所制约决定的。当然,不排斥他们的情形已经有了历史性的大改观,并且这种改观将或先或后地降落到一个民族的民族文学之中,那是一个美好的理想。

(原载《暨南学报(哲学社会科学)》1995年第2期)

桐城地域文化爬梳

（一）自桐城派出，举"义理、考据、辞章"绦缨，撰《文章薪火》《饮光先生文集》而立鼻祖滥觞，山是而海内外声名大振，代有才人绵亘不绝。其实，桐城文派只是一种显赫，而桐城文化，作为地域文化的一种代表，则具有更为幽深的历史延续，更为深层的背景依托。文章派别的辉煌，从派别本身难以求取终极答案，按照怀特的理解，应该着手于分析文化的个性类型，因为"人创造了文化，因而文化与作为一个种类的人势必存在着密切的关联"[①]，所以"人们可能推测，结构上的多样性伴有机能上的多样性，这样，便有理由假设，在人类不同种族间存在着某些天生的心理差异"[②]。因此，桐城地域文化，应为桐城文派产生的地母，从而引起研究家们的认真注意。

于中国文化史的纵横经纬之上，存在着无数个性鲜明的地域文化，从事过细的分析，必定既有趣味又有价值，桐城文化便是典型的一例。《桐城县志略》云："桐城西北环山，民厚而朴，代有学者；东南滨水，民秀而文，历出闻人，风俗质素"[③]。西北东南之城，辖今桐城枞阳两县，绵及潜（潜山）、怀（怀宁）、太（太湖）、宿（宿松）、望（望江）、宜（安庆），风云拢合，文脉线缕。进士及第，宰相家传，自古男女恋眷学堂，山歌间唱能出一方之声，"在小小的一县范围之内，文儒硕辅多达千百位，人文盛况绵历数百年，这在世界上恐怕也不多见"[④]。断论未必得妥，而桐城文化的蔚为大观，则又断不可疑。

桐城文化，理应视为中古以后萌芽兴起、而于近代勃然繁茂、至现

[①] 怀特：《文化科学——人和文明的研究》曹锦涛等译，浙江人民出版社1988年版。
[②] 同上。
[③] 《桐城县志略·礼俗篇》民国二十五年本。
[④] 毛伯舟：《马其昶〈桐城耆旧传〉点注后记》黄山书社1990年版。

当代仍有延及的地域文化。桐城文化缘起，当以唐至德二年（757年）改同安县为桐城县为时间标志，距今已有1220余年，先前的枞阳置县于汉武帝元封五年（前106年），不仅因为有置有废，更因为时舒州文化得楚文化之末梢而一直兴盛不衰，所以虽然对后来的桐城文化，有前递后进的渊源关系，然从地域文化学的研究原则出发，当不应视为桐城文化的研究范畴。以《诗》之"维桑与梓，必恭敬止"为标识的马其昶，承伯祖通判公马树华《龙眠识略》遗愿，作《桐城耆旧传》，《自序》云："先生曰：'……今方欲传信后世，奈何先生不自信也？夫著述者之行远与否，亦视其文好丑耳。徇俗以败吾意，无为也！'自是遂翻然改图，事皆有征，词必己出。"[1] 著作文章写到这个份上，格调与真诚当犹为可以信赖，而《桐城耆旧传》以《王太原候传弟》开篇领衔，为该记载乡邑先贤的最早人物，活动时间在元惠宗（1341—1370年）至正年间，曾与陈友谅有战事往来，由此可见，桐城文化有辉煌史按的人物，基本上是明以后的事情，换句话说，是明清两代的辉煌地域文化也。

明清两代，皖有徽州文化与桐城文化，都是继起称雄的地域文化，而中古以前十分发达的亳州文化、舒州文化、寿文化等，这时都渐趋衰落。日本学者西村真次，治文化力主移动论思想，以为一地有一地的文化兴奋期，长期处于兴奋状态，则几乎是不可想象的事情，此说未尝没有道理。桐、徽虽然同时脱颖，差异却是晓然可拾。依桐城论，大抵属典型的儒学价值文化，纲举"学而优则仕"，重官而抑商，甚至于写文章也是"明道义，维风俗，以诏世者。君子之志，而辞足以尽其志者，君子之文也"[2]，所以桐城一地，无论镇乡，读书进取功名之风盛而不减，至今升学高考位列一省榜首。即使在"男尊女卑"的时代，女子读书识字，也是流行的乡俗。书载霍山吴竹如曰："自其祖东安先生（錄）客于吾邑，及考信泉先生（正潮）犹未归，故公母叶太夫人为桐城人。公幼时四书皆太夫人所授"[3] 此一记载，足见女学之不凡。又有书载："清券阁号称女师。恭人受学久，习礼能文，以致书法、图画皆酷肖"，马其昶曰："余读恭人《训子说》，所

---

[1] 马其昶：《桐城耆旧传·自序三》。
[2] 姚鼐：《复汪进士辉祖书》。
[3] 姚永朴：《旧闻随笔》。

自述诚有足悲者。历艰苦险阻以竟夫志事，安在必以身殉者之为当乎？"①孙恭人作《训子说》，除了"以竟夫志"之贞烈可作镜台外，其学识阅历，也是不可等闲视之的事情。而徽州文化，因刺激于沿海商业文明的潮流，崇商心态毕竟占有相当的文化心理比重，所以是一种更加逼近现代文明的地域文化，此处省略详论。

（二）方宗诚《桐城文录序》曰："桐城文学之兴，自唐曹孟徵。宋李伯时兄弟，以诗词翰墨，名播千载。及明三百年，科第、仕宦、名臣、循吏、忠节、儒林，彪炳史志者，不可胜书。然是时风气初开，人心醇古朴茂，士之以文名者，大都尚经济，矜气节，穷理博物，而于文则未尽雅驯，以复于古"②曹孟徵，舒州（今安徽潜山县）人，唐昭宗光化间进士，授校书郎，而李公麟伯时，亦为舒州舒城（今安徽舒城县）人，是北宋时期的画家与书法家，二者皆非桐城子民，然戴钧衡与方宗诚辑编八十三家文的《桐城文录》时，竟以为先祖，个中必有另外一层消息，即桐城文化从发生学的角度观之，当有文化移动与时间迁递辐射的渊源关系。

两汉时间，凡潜山、桐城、舒城，均隶庐江府，《孔雀东南飞》产生的时代背景，为名臣刘馥到任前后，所谓"数年中恩化大行，百姓乐其政，流民越江山而归者以万数。于是集诸生立学校，广屯田，兴治芍陂、七门、吴塘诸竭，以溉稻田，官民有畜"③，这意味着潜、桐至此已入农业文化的稳定时代，又根据《楚辞地理考》的证说，舒城于楚文化昌盛之时，尽得末梢之利，而且及至今日，桐城方言中，保留楚声及韵调的地方也很常见，所以桐城文化在明以后渐入巅蜂，并非外来文化的撞击与刺激感的结果，亦非桐城一地土生土长的尤物，乃是此前优秀文化的地域积淀，久而久之便有茂然之势。

在农业之疆，凡地域文化，亏损荣华都是积淀和生发的结果。透过《孔雀东南飞》文本，略窥一二，便知潜山于汉时已成完善的亚细亚羊圈，耕耘纺织，婚丧嫁娶，一律体现为发达的农业文化形态。潜山县境内的天柱山，桐城县境内的浮山，虽然皆有佛教文化游弋和徘徊的踪影，三祖寺也孑立于野人寨边，但由于农业文化的过于厚重，它们其实都已受淹没，只不过

---

① 马其昶：《桐城耆旧传·孙恭人传第六》。
② 方宗诚：《桐城文录序》。
③ 《三国志·刘馥传》。

是文化移动的活化石而已，虽然不乏人入佛，遁空，削发，那都是不得已而为之，甚至于故意做作，即如宗师方以智，也同样难脱此中嫌疑。

而农业文化乃正统的中国政治文化，凡数千年中国之政治军事经济，都是农民意识的胸襟，象桐城这样一个山川静寂、交通滞远的封闭地域，形成厚重垒积状农业文化的必然性，更在情理之中。所以尽管闹到《南山集》案的惨酷程度，戴名世郁愤于监狱之中，而桐城人幻想鹿鸣之宴的欲望，却是毫不动摇地根植在禾稼之土。方苞25岁时，作《高素侯（裔）寿序》，姜宸英竟赞曰："此人，吾辈当让之出一头地者"[1]。出人头地，无论庶众，都作着欲念之梦，于桐城几近乡风民俗，且流行古今。凡教子、赠友、训下、妻勉，都莫不称道诗书，言则功名，科考的设置，对于唯有出仕一条发迹之路的近现代桐城乡裔来说，更为儒学崇尚政治的传统文化在本地域形成风气，起了推波助澜的作用。桐城人道及桐城，最是张英，其实张英做宰相，也是胆小怕事得很，上赐言"张英终始敬慎，有古大臣风"[2]，换一面说，其人唯怕丢了乌纱，而终不敢有所思想，有所作为。马其昶《张文端公传弟七十九》载："久之，上益器重。每巡幸，辄以公从。一时典诰之文，多出公手。迁翰林学士。乞假归，筑室龙眠山中"，衣锦还乡，修路造房，这固然是中国农民的共有文化习性，而于桐城，则更为典型更为势盛。

逢年过节，它乡外府，只要有些出息，不管雨雪晴霜，都要千里迢迢，披星而归故里。若是某家某户，无奈人才匮乏，某人某时，无奈文疏势弱，也要找些借口，曰某亲某邻某乡故某旧识某族胞，如此等等，为有能耐且关系甚密，满足些虚荣，制造些虚幻，求取心理平衡的慰藉。当然更有真诚的层次，如果有人将要出仕入学，或者偶然发迹而归，满村满庄的人，一概地喜气洋洋，请客送礼，馈赠蛋肉，中间必有一种文化之根的连接。1985年我们参加桐城派国际学术讨论会，欢颜竟至遍洒乡县，乡土的自豪，乡土的热情，感动得我们往往不知所措，连香港中文大学的杨钟基先生和日本庆应大学的佐藤一郎教授，也对此种地域文化风貌兴趣斐然。

---

[1] 全祖望：《神道碑》。
[2] 马其昶：《桐城耆旧传》。

（三）桐城文化之价值人生，重入世，取功名，所以桐城人议事处世，皆以圆熟为标准，而言语道论，则以得体为法度。榜嘉庆十三年进士的姚莹，任过平和、龙溪、台湾知县，后又任台湾道加按察使、广西按察使等职，所作《东槎纪略》和《康輶纪行》，虽述记西藏、台湾的海外风情、塞外人俗，也一律的以桐城的山川形势人情物理为价值评估的潜在标准，为政宁庸而图平和。所以，就桐城文化的理论图腾而言，贴近中庸而绳之程朱。

方苞立"学行继程、朱之后，文章在韩、欧之间"①的志向，姚鼐则夸夸其谈说"程、朱犹吾父师也"②。当代学者王气中先生说："桐城派文家立身多比较的耿介恬退，不那么追求势利；为文多比较的疏淡清真，能自见其性格"③，后半句是对的，前半句则似可存疑。其实在桐城文化这样一种土壤上，因圆熟而取中庸是有历史之必然意味，文章写得婉转清通也自有特色，然谓之无势利，则恰好抵逆，岂不知无势利之势利乃最大的势利，追求现世保险系数的桐城人，做人做得妙不可言，又岂会若邳下文化之阮籍嵇康，坦坦荡荡碰碰撞撞丢掉新被拱破絮呢？程、朱核心，"存天理，去人欲"，所谓"天理存则人欲亡，人欲胜则天理灭"④，且"所谓天理，复是何物？仁义礼智信岂不是天理？君臣父子兄弟夫妇朋友岂不是天理？"⑤其实所谓程朱理学，有贵族的程朱理学，也有庶民百姓的程朱理学，因角度和层次的不同而迥异，就桐城文化而言，更侧重于后者。所谓庶民百姓的程朱理学，沉湎于俗世的生存境况和生存秩序，属于圆熟憨实型的哲学形态，于现世的政治经济文化，总作为既然的肯定前提来认识，甚至于往往带有崇拜的文化心态。对于庶民百姓来说，理学不必关涉贵族们需要思考的终极性哲学命题和治世道理，而更在于寻找一个温柔的亚细亚羊圈。

桐城自古交通闭塞，至今依然，虽合安公路蛇滑而过，但在快车嫌慢的20世纪末，还是没有解决文化回流移动的根本性症结。然而龙眠河源远流长，狭山川平原，人杰地灵而土壤肥沃，耕耘纺织，豢养垒筑，皆优

---

① 方苞：《再与刘拙修书》。
② 姚鼐：《再复简斋书》。
③ 王气中：《桐城派在中国文学史上的地位和作用》，见《桐城派研究论文集》，安徽人民出版社1963年版。
④ 《朱子语类》卷十三。
⑤ 《朱子文集》卷五十九。

惠于自给自足的小农经济体系。小农经济，更大程度上受制于自然地理，若毗邻江河，文化必然趋于发散，难以凝聚为稳定形态的个性地域文化，在输入与输出两方面，都有更大的流变性。若在古隩，山势险恶而地疏人稀，结茅而居不知世界之大，难以完成文化积累和伸延的历史重荷，所以距此不远的岳西太湖，都不得文化恢宏的天机。桐城真可谓得天地人三顺，苍天赐福，华夏江山改朝换代争权夺利杀得死去活来，已是几千年的春秋，而这弹丸桐城，竟从未遭遇毁灭性的战事，有偏隅之安就有偏隅的自我满足。地域宏运，水溉良田而养育一代又一代子民，生活富裕，往往有桑梓蚕缠之乐，恰如台湾籍桐城后裔张漱菡女士诗词冥冥遥想的那般，所以桐城文化能在先楚文化末梢余脉之中，得天机而求发展，于悠深的积淀过程中，建筑起厚实的地域文化。当然，天机地理受载于人力，人在文化选择中，终究处于决定的位置。桐城人氏，都是农业家族，虽然历史上同样有亘古年长的迁徙，毕竟大多族居长久，这种农业家族定居的历史，使人民安分，血缘文化深厚发达，必然在延续的过程中，产生辉煌品格的完满农业文化。站在今天的审视点，农业文化在人类文化线上，属于滞后的文化形态，但农业文化在中国历史上经历了最为漫长的过程，其辉煌和完满的伟大，同样不可以低估。桐城家族，若方、张、朱、姚，繁衍均在百数十代，休养生息，村庄血缘维系，宗堂份辈严密，这样一种格局，极有利于一种稳定地域文化的形成。

（四）地域文化体系稳定生成以后，民俗便相适应地与之伴随。就某种意义上说，文化表现在地域的民俗层面，最能体现出个性文化的背景特征。

美国学者露丝·本尼迪克特，考察地域文化时，总是从习俗层切入。如她在研究地域宗教文化的差异时，就精辟地阐述说："相反，这些风俗都按它们分属这个或那个往往相互之间差异甚微的宗教而被看成是对立的东西。在这边，被当作是神谕的真理和虔诚的信徒，当作是启示和上帝的，在那边就成了道德邪恶和无稽之谈，成了诅咒和恶魔"[①]。这个思路，很有掘深的前景，因为对于真实地生活着的庶民们来说，不可能将所有的文化倾向，都自觉地用理性的形式表述出来，但这并不意味着他们没有个性鲜明的选择。桐城的百姓，在千百年的挣扎过程中，潜移默化地养成了自己

---

① 露丝·本民迪克特:《文化模式》王炜等译，三联书店1988年版。

的日常生活风格,并且在一段时间内极具稳定性,方苞《左忠毅公逸事》载:"史公治兵,往来桐城,必躬造左公第,候太公、太母起居,拜夫人于堂上。"[①] 此等作为,除了恭孝之外,还有桐城民俗的一层。桐城乡间,从前于晨清日落之后,爷祖抽旱烟危襟堂上,媳儿子孙沏茶侍候,一日而不可没,穷富都摆出这个架势。直至今日,大年初一之际,一村之中,依然不记恩仇,按辈份大小,串门过户,说些丰年长寿的吉利话,给老者作深揖以代跪叩。至于一家之中,风雨霜雪不可逆阻,嫁出去的女儿,携酒肉糕糖返至堂前,尽现世之恭奉之孝,受新文化浸染者也只得入乡随俗。其实这个习惯,就是程、朱理学,就是孔孟之道,就是百姓们行为中蕴含的高深的传统精神结构。

在桐城,若老者瞑目而古,必有隆重的乡葬。乡葬的仪式,一般由道士主持完成。桐城 道士往往不入道观,葬仪时着道袍进入角色,仪式之后,御袍归田,便又是辛勤耕耘的农夫。整个丧葬过程中,虽然亲属必要真诚地痛哭,但却未必哭者都出于悲痛,这就是陪哭者一千人众的存在。我曾参加过几次这样的葬仪活动,发现所有的哭者,都在道士的支配下,极协调地配合着,吻合着仪仗的节奏。所以哭实际上超越于悲痛和恐惧,而更接近于缅怀意义上的死亡崇拜,即所有这些陪伴死亡的生者的表现,都是一种形式化了的精神渲染。渲染的程度,因死者家庭的贫富程度而定,一般以七为计算单位,谓之"做七"。做七的时候,整个村庄,无论亲疏,都沉浸在一种严圣而肃穆的世俗化的死亡崇拜的宗教感气氛之中。

既然由道士主持做七,自然就是道教为生死观。道士的诵经,偏偏不是玄之又玄的《道德经》,而多为俗世仁伦的劝告,包括对生者的训诫和对死者的祝福。桐城人对于死亡之后的境界,以道教为描绘的框架,所谓死后成鬼,抑或成仙,皆以死者的修行造化为根据。在桐城的宗教倾向中,道士管鬼魂,神仙则为至善的向往角色,所以和尚的地位基本上就不存在。在民间传说中,有许多关于道士的神奇化的故事情节,而和尚则往往被描画为有暗淫之举的风流秃头儿。这个民俗细节,非常值得注意,因为佛教在比较早的时候,就在这一带徘徊,浮山和天柱山都有历史铭刻,

---

① 王凯符:《桐城派文选》安徽人民出版社(1984)。

竟然都淹没在民众的文化选择倾向中,不能说没有文化学意义的某种道理存在。我个人猜测,佛文化适合于山水形态的农业文化,道文化适合于田园形态的农业文化。前者为一种闲适的宗教,解脱的是心灵的痛苦,是人与社会、人与自然宇宙精神关系不可调和之后的产物,故负重而取名山,天下名山,尽在佛寺烛光映照之中。而后者则为困顿的宗教,旨在缓解现世生存的窘迫,直接调解物质匮乏劳作疲惫的现实矛盾,所以道士们就生活在民众百姓中间,甚至于往往只是一种临时性的文化符号,维系在房前屋后的土地之上。

与生死态度相平行,桐城文化中的享乐态度也有个性。儿孙满常,膝下之欢,当然为整个华夏文化之通性,但桐城人在享受这些内容的时候,又有不可忽视的风俗细节。喜丧节年,亲朋好友团聚,并不三炒四盘,而是置一泥瓦制成的"水火炉"于桌面的中间,燃起木炭,架上容积很小的铁锅,尔后便在大杂炖中开怀畅饮。这种所谓水火炉子的宴饮习惯,显然不若四川火锅、北京涮肉来得闻名,但吃起来亦极有滋味,在远离都市的桐城乡下,总能烘托出农家色彩的特有的热烈。如果说水火炉子架在冬季,那或许是抵御寒冷的迫不得已的措施,但在炎热的酷夏,乡间请酒情形亦然,这就不能不从文化形式的意义上加以理解。从地域文化学的角度看,水火炉子大约表现了两种文化意味,其一在于大团圆的祈祷因素,即意味着某种形式化的消极愿望普遍存在,之所以为消极愿望,在于农业化了的儒学精神,渗透在地域文化的过程中,连进取和一点点冒险狂妄的因素也不复存在了;其二在于农业满足的欢乐,即意味着农业文化的最大特征,在于地域文化本身缺乏移动和辐射的活力,它的更新和突进机制均明显不足,这就是桐城式的自我欣赏和自我满足。桐城人有桐城人自己的幸福观和享乐观。

(五)桐城文化,作为一种地域文化,在丧葬、婚娶、宴饮、衣饰、农耕方式、居住习惯、政治价值观念和道德价值观念、经济意识、宗教意识等无数方面,都有值得考察、值得研究的地方,凡此种种,皆为地域文化个性的内容。

作为地域文化的相对稳定结构,桐城文化海内外闻名,则因为桐城文派的脱颖,否则便不会有今天的情形。桐城一地,独得文学机杼,刘声木《桐城文学撰述考》,列作者238人,收书2370余种,虽未尽得珍藏,足可见桐城文学之蔚为大观①。桐城文人,诗写到妙处的自是不少,但较之文章来,便逊色得远,是以桐城文学以文章胜。

刘声木云:"自有明中叶,昆山归太仆以《史记》之文法,扶宋儒之义理,空绝依傍,独抒怀抱,情真语挚,感人至深,我朝桐城方侍郎继之,研究程朱学术,至为渊粹"②。看来,桐城文学渊自先古,而源于昆山,即在文章格局和精神方面,与昆山归有光有着一定的联系。《渊源考》评归氏语云:"归有光生当'前后七子'焰炽之时,独不标榜门户,以一老儒毅然与之抗。日久沦定,共推为三百年冠冕。研习之众,流传之广,与'唐宋八家'相埒。曾国藩平日论文颇睥睨一切,独谓有光与方苞文为真六经之裔"③。此前,方孝标,戴名世大多得春秋精神,《史记》笔墨,所谓"桐城方孝标……著《钝斋文集·滇黔纪闻》,极多悖逆语,戴名世见而喜之,所著《南山集》多采录孝标所纪事"④,透露的就是个中因循的痕迹。归、方与方、戴,殊途而同归,文章精神融而贯合,自此桐城文章便标识一家,抗衡海内,此后,刘大櫆和姚鼐力拔称雄,文坛由此而声势显赫,姚鼐游教各地,弟子门人甚众,其中如梅曾亮、管同、方东树、姚莹、刘开等,无不为成就斐然的高足。鸦片战争以后,西洋文化汹涌而入,东西文化交流撞击,由沿海地带而推进到内地,各种地域文化渐渐解体。曾国藩的文章虽然写得有声有色,但毕竟时势已去。陈独秀说:"归、方、刘、姚之文,或希荣誉墓,或无病而呻……摇头摆尾,说来说去,不知说些什么"⑤,这就过于浮躁了一些,因为在曾国藩之前,桐城文章确实精神骨气,气象万千,所以林纾说:"后生小子,胡敢妄辟桐城,然论文不能不取法乎上,须知桐城之文不弱也;以柔筋脆骨者效之,则弱矣"⑥,这个牢骚,发得还算中肯。一般说来,曾国藩之后,如四大弟子张裕钊、吴汝纶、黎庶昌、薛福成,再如刘容、郭嵩焘、郭崑焘、李元度、钱泰吉、孙衣言、吴敏树、吴嘉宾、方宗诚、汪士铎等,演而蜕变为湘乡派,东施效颦,尽失桐城文章精神,刻意求取文法据理,没有了自然和真诚,导致很多人的反

---

① 笔者正妄撰《桐城派文学史》,尝试流派文学史,每每为桐城派文学的浩荡所折服。
② 刘声木:《桐城文学渊源考·补遗序》。
③ 刘声木:《桐城文学渊源考·归有光》。
④ 《鲒埼亭集》外编卷二十二。
⑤ 陈独秀:《文学革命论》。
⑥ 林纾:《春觉斋论文》。

感,尤其导致新文化推进者们的愤怒,就是必然的事情。

桐城文章,纲领为"义理、考据、辞章",使文章因素具备得比较全面,在八股文泛滥的时代,有一个明确的努力方向,而且敢于以地域文化冲击流行文化,又有那样大的文章成就,无论如何,是应该给予肯定和重视的,其实所谓义理、考据、辞章得兼的所为,旨在一个根本的道理,就是要有精神,所谓"行文之道,神为主,气辅之","气随神转,神浑则气灏,神远则气逸,神伟则气高,神变则气奇,神深则气静,故神为气之主"[①]。汉语文章,自《尚书》《左传》始,都追求精神义气,这是一种较高的审美层次,德国黑格尔认为文学作品,应该追求完整性品格,保持理念的充分显现,从而使作品本身显得"生气灌注",无疑与中国文章传统的审美追求是相一致的。文章之旨,因时空而异,文尊之法,因人而别,各种文章流别,都必有自身存在合理性和闪光的地方,所以我们不必一概地具以优劣。就桐城文章而言,作为特定地域文化的显性表现,有一个发生发展和走向衰微的历史过程,不可作断一论,对其中的某一阶段,倒是可以给予格调品质等诸方面的品识。

桐城文章主流,从内容的方面言,真诚实在,未必那么恢宏,也未必那么指点江山激扬文字,而是就一事写一事,娓娓地道来,每每让读者倾心,所以实际上很耐读。如戴名世《鸟说》,言语不多,竟是暗藏锋镝,耐人咀嚼。又如梅曾亮之《观渔》,状写入者与出者的细节,也竟是世事悲欢,春秋潮动,读起来是很有些味道的。从形式的方面言,自然清通,不动辄典故晦涩,不绕来绕去云里雾里,就如农家舍后的清溪流水,缓缓地流淌,读来很上口,也很容易进入角色。桐城文章诸家,写过不少的游记文章,名篇若戴名世《数峰亭记》、方苞《游雁荡记》、刘大櫆《游大慧寺纪》、姚鼐的《登泰山记》和《游媚笔泉记》、管同《宝山记游》、吴敏树《君山月夜泛舟记》等,都言简笔灵,文洁意清,凡婉转、迂迴、递进、排列以及写景、状物、吐意,都自然,虽也都是"登山则情满于山,观海则意溢于海",但整个的格局都不显得特别的拔俗和突兀,菜园子气比较浓,属于清通恬淡的文章写法。方望溪《答程夔州书》说:"散体文惟记难撰结。论辩书疏,有所言之事;志传表状,则行谊显;惟记无质干可

---

① 刘大櫆:《论文偶记》。

立，徒具工筑兴作之程期，殿观楼台之位置，雷同铺序，使览者厌倦，甚无谓也。故昌黎作记，多缘情事为波澜；永叔、介甫，则别求义理以寓襟袍。柳子厚惟记山水，刻雕众形，能移人之情；至监察使四门助教，武功县丞厅壁诸记，则皆世俗人语言意思，援古证今，指事措语，每题皆有见成文字一篇，不假思索"①。这段话，天机尽泄，桐城文家求取清通诚实、自然常俗的渴望之心，一股脑儿都说白了。

窃以为，桐城人作文，亦如桐城人做人过日子，完整得很，耿介而又暗藏虚荣得很，因而也就婉然掩其锋剑而讨人喜欢，这是龙眠山下茅舍里养出来的子民，于过着安逸日子想着光宗耀祖的情势下写出来的露白文字。桐城派文学潮流，浩浩荡荡直落三两百年，其中不乏刻意摹写的它乡外府之客，可惜得其形体，而失其精气。精神血气，地域文化的孕育，所谓一方水土，一方生人，没有这个沉着厚重的乡土底力，辉煌拔颖自然也就不复存在。

呜呼，小小桐城，竟能文溢四海之内，得三百年举世瞩目之宠，满足数千达官闻人硕儒学的虚荣，昭昭然，灿灿然，其蔚为大观之状，人杰地灵之势，至今令人折服。县区文化，植根地域，其繁富，其深奥，其个中真委延传中发挥，奈何短简尺牍所能涵盖？西域微风，它乡客雨，环宇合一的人类命运，使我桐城文明终于淹没。然而，历史光辉，藏于地底依旧灼灼其华，其精神血气，更能励后裔奋进，促乡人振作，我桐城子民，岂敢坐视文脉缑断？

（原载《东南文化》1991年第2期）

---

① 引自王气中：《桐城派在中国文学史上的地位和作用》。

"互阐指令系统"与比较神话学

若将比较神话学划入比较文学范围，这意味着它不得不在操作方法上，要么取平行研究的指向，要么取影响研究的指向。但是，原始神话（primary myth）发生在地域人种的隔膜状态，那么，所谓"相信因果关系的解释，相信只要把一部作品的动机、主题、人物、环境、情节等等追溯到另一部时间更早的作品，就可以说明问题"，[①] 显然就有力不从心之感。而我们像奥尔德里奇（O.Aldridge）那样，认为"比较文学是探讨作品的类同和对比，是指研究没有任何关联的作品的文本、结构、情调、观念等方面的相似性"，[②] 那我们就立刻会发现，比较神话学有所作为的空间将极其狭隘，原因是除了文本有限之外，几乎各民族原始神话之间的"同"抑或"异"，都显得非常纯粹和彰明，强权地站在比较文学的感觉良好位置上，特别地一一诉说一遍，往往会有画蛇添足之嫌。如此我们将面临这样的选择，一方面我们无法逃离"平行研究"和"影响研究"的既定框框，因为这些框框在很大程度上重合着世界存在方式的一些基本结构；另一方面我们选取其中任何一种都无法达到把握对象的目的，因为原始神话是一个比较特殊的对象。因此我们不得不寻求某种新的操作系统，这个系统既涵括着所谓"影响研究""平行研究"的一切有效规则和编码，同时又因定位在新的学术层面和审视视野上，而确立出一整套新的规则和编码，尽管这些规则和编码表面看来具有与前者的相似性，然而操作指令和系统目标却是迥然不同的。就我个人而言，倾向于选择一种姑且称为"互阐指令系统"的操作方法，这当然纯粹是我个人研究比较神话的一种个别性方式。

[①] 韦勒克：《比较文学的危机》，沈于译，见《比较文学译文集》，北京大学出版社1982年版，第24页。

[②] Owen Aldridge: *Preface to Comparatiue Literature: Matter and Method*, University of Illinois Press, 1969.p.5.

互阐指令系统承认最基本的事实，即在考古学尚未提供充足的证据，以证明苏美尔人是在接受埃及人的"影响"之后，才开始思考世界怎样存在着之前，埃及创世神话和苏美尔创世神话应是绝对独立的精神存在。实际上也就是说，处在相同时间尺度的所有原始民族，其原始神话的发生背景和历史张力，均是彼此缺乏力学牵引的内闭型精神孕育。之所以"原始人尚未将自身与周围环境（自然的和社会的）分离开来，此其一；再则，原始思维还没有同情感的、激奋——运动的范畴截然分开，尚具有逻辑弥漫性和浑融性。凡此种种，势必导致对所处自然环境之幼稚的人格化，进而导致呈现于神话的那种全面人格化，导致施之于自然客体和文化（社会）客体的广泛的'隐喻'"，[①]一个很重要的因由，便是无法形成民族间的交谈，缺乏交谈实质上延缓了建构"命名语境"和"思辨语境"的人类文明进展，这使得包括希腊民族（尽管马克思毫不犹豫地将其称赞为"发育得正常的儿童"）在内的一切古老民族，都经历了漫长得令人"望洋向若而叹"的内悟阶段。没有交谈氛围的内闭之"悟"是艰难而痛苦的，一切在交谈语境中变得恍然大悟的细微纠缠，在内悟时代将是"剪不断，理还乱"的千千结。他们生活在那种"民食果蓏蜯蛤，腥臊恶臭，而伤害腹胃，民多疾病"[②]的物质绝望中，生活在那种"民人但知其母而不知其父，能覆前而不能覆后，卧之法法，起之吁吁，"[③]的生存孤独中，看那宇宙当然就"天地未形，冯冯翼翼，洞洞漏漏，故曰太昭。道始于虚廓，虚廓生宇宙，宇宙生气。气有涯垠，清阳者薄靡而为天，重浊者凝滞而为地。清妙之合专易，重浊之凝竭难，故天先成而地后定。天地之袭精为阴阳，阴阳之专精为四时，四时之散精为万物。积阳之热气生火，火气之精者为日。积阴之寒气为水，水气之精者为月。日月之淫为精者为星辰。天受日月星辰，地受水潦尘埃"，[④]由此而困惑于"有始者，有未始有有始者，有未始有夫未始有有始者。有有者，有无者，有未始有有无者，有未始有夫未始有有无者"，[⑤]无疑都是缺乏交谈之历史情境下的穷悟，得来是极不容易的。

---

① C.A.托卡列夫：《神话与神话学》，魏庆征译，见《世界各民族神话大观》，国际文化出版公司1993年版，第6页。
② 《韩非子·五蠹》。
③ 《白虎通·号篇》。
④ 《淮南子·天文训》。
⑤ 《庄子·齐物论》。

神话的内闭发生，使得各民族神话间的分离无法在滞后位置予以还原态弥合，这在客观上廓寥了人类文明的起始空间，却给我们今天的整体性观照把握带来极大的不便，从这个角度出发，无论把"影响研究"本身宽泛到何等虚化的地步，都无法觅寻到彼此联接间既真实又必然的脉络。

互阐指令系统同样承认各民族神话间的"彼此仿佛"，并且如"平行研究"姿态一般，从那些"仿佛"中找出一系列可以言说的话题来。在希腊神话中，伊大卡岛国王奥德赛和珀涅罗珀的独生子特里曼珠（Telemakhos），在雅典娜的帮助下，找到了远征十年未归的父亲，面对向母亲珀涅罗珀求婚的一百多位勇士，无所畏惧地在牧猪人优玛士家里商定了将其杀绝的计划。在这个行动中，他一再排除母亲的干扰，并强硬地告诫她："请你回到内室里去，做你自己的事情吧，纺纱织布，把奴婢们好好管教。说话是男人们的事，特别是我；因为我是这个家的主人。"[①]显然，特里曼珠的故事反映了社会过渡期间女性位置的变化，"这种新的家庭形式的最严酷的例子，我们在希腊人中间可以看到。正如马克思所指出的，神话中的女神的地位表明，在更早的时期妇女还享有比较自由和比较受尊敬的地位，但是到了英雄时代，我们就看到妇女已经由于男子的统治和女奴隶的竞争而降低了。只要读一下《奥德赛》，就可以看到特里曼珠是怎样打断他母亲的话并迫使她缄默"。[②]这种转型状态的"缄默"，同样可以在中国先古神话里窥测到蛛丝马迹。《山海经》里说："大荒之中，有山名曰不句，海水北入焉。有系昆之山者，有共工之台，射者不敢北乡。有人衣青衣，名曰黄帝女魃。蚩尤作兵伐黄帝，黄帝乃令应龙攻之冀州之野。应龙畜水，蚩尤请风伯雨师，纵大风雨。黄帝乃下天女曰魃，雨止，遂杀蚩尤。魃不得复上，所居不雨。"[③]我认为，"不得复上"与"缄默"一样，都是妇女地位低垂之后的产物，这可以从关于女娲的叙说中寻到价值参照。《淮南子·览冥训》载："往古之时，四极废，九州裂，天不兼覆，地不周载，火滥炎而不灭，水浩洋而不息。猛兽食颛民，鸷鸟攫老弱。于是女娲炼五色石以补苍天，断鳌足以立四极，杀黑龙以济冀州，积芦灰以

---

　　① 《奥德赛》第一卷，见戈宝权:《〈马克思恩格斯选集〉中的希腊罗马神话典故》，三联书店1978年版，第175页。
　　② 恩格斯:《家庭、私有制和国家的起源》，见《马克思恩格斯选集》第四卷，第58页。
　　③ 《山海经·大荒北经》。

止淫水。"①由女娲到女魃，尽管都在兢兢业业地做着辅抚大地的事业，然而其历史内涵和社会价值地位却是迥然而异的，这就是历史的印迹。由历史印迹的"仿佛"中，我们当然可以归纳出希腊神话与中国神话之间的某些相同点抑或离异点，而且这种归纳和分析的结果，从历史整合的观点看问题，既有明晰对象的历史意味，亦有牵引当下文学活动的现实意义。然而这就隐伏一些危机，这些危机最终影响到比较神话学的生命力和社会诱导功能的有效发挥，甚至会单调和贫乏到无人问津或望而却步的尴尬境遇。危机之一，就原生神话而非继生神话而言，文化同质选择的可能性微乎其微，可比性的客观状态迫使比较文学摈弃自信乐观的态度。尽管荣格认为，"原始意象即原型——无论是神怪，是人，还是一个过程——都总是在历史进程中反复出现的一个形象，在创造性幻想得到自由表现的地方，也会见到这种形象。因此，它基本上是神话的形象"②。尽管这种观念后来为原型批评和主题学研究所忠实袭用，尽管当代中国文艺学家们几乎毫不怀疑这一类的识见完全可以用来框范中国神话和中国文学，但是一旦进入实际操作环节即进入材料甄别阶段的时候，一系列棘手的问题就遍布于研究对象的表层和深层。西方批评家从希腊神话中抽象出覆盖西洋文学数千年流变的重要范畴"奥狄浦斯情结"，这对希腊神话或是西洋文学传统来说当然是一个天才的归纳，但是如果我们真的"平行移位"到中国神话和中国文学中来，蛋里挖骨地从三皇五帝的虚幻历史中发掘奥狄浦斯式的情绪、情结、情境，那将会是令人失望的，在东方诸神献身于"禅让"③的伦仁道义氛围中，奥狄浦斯式的本能几乎没有任何存在的理由。在很多现象层面的问题上，不同民族的神话间也往往难以在所谓"平行"位置上笼络到一块，对一些民族而言，"神话往往产生于这些巫师降神时唱的歌曲，这样说并非不合逻辑。因为'道'反映的现实，正是我们早先解释为神话基

---

① 又《太平御览》卷七八引《风俗通》："俗说，天地开辟，未有人民，女娲抟黄土作人。剧务，力不暇供，乃引XG絙于泥中，举以为人。"屈原《楚辞·天问》："女娲有体，孰制匠之？"王逸注："传言女娲人头蛇身，一日七十化。"参《淮南子·说林训》："黄帝生阴阳，上骈生耳目，桑林生臂手：此女娲所以七十化也。"高诱注："黄帝，古天神也，始造人之时，化生阴阳。"

② 荣格：《论分析心理学与诗的关系》，见亚当斯编：《自柏拉图以来的批评理论》，第811页。

③ 《史记·五帝本纪》："尧知子丹朱不肖，不足授天下，于是乃权授舜。授舜，则天下得其利而丹朱病；授丹朱，则天下病而丹朱得其利。尧曰：'终不以天下之病而利一人'，而卒授舜以天下。尧崩，三年之丧毕，舜让辟丹朱于南河之南。"

本形态的东西,即'太初有道'(见《新约全书·约翰福音》1:1——译者)。巫师降神及由此而唱歌,从其根本意义上说,比其他任何宗教活动都更加类似于神话创造过程的缩影。这里有一个原因,那就是巫师降神的活动向我们表明了是谁首先把'道'用语言表达出来的"。① 显然,中国神话既不"首先",亦不"主要"由这些行吟诗人唱颂出来,而是由史官或皇帝身边的大臣以文相记载,所谓"伊尹名阿衡。阿衡欲干汤而无由,乃为有莘氏媵臣,负鼎俎,以滋味说汤,至于王道。或曰,伊尹处士,汤使人聘迎之,五反,然后肯往从汤,言素王及九主之事。汤举任以国政。伊尹去汤适夏。既丑有夏,复归于亳。入自北门,遇女鸠、女房,作《女鸠》、《女房》",②其中就透露了先民们"作"的消息,是怎样地大异于异域。今人所见的中国神话,除《天问》等为数不多的文本之外,其他如《尚书》《国策》《左传》《庄子》《礼记》《山海经》《淮南子》《三五历纪》等等,便都是肇始于文史之笔。仅这一点,就使得我们无法简单地将中国与异域神话作类比通观,否则就将伤害中国神话的"真韵"和"原味"。又譬如"杂婚"的神话表现,虽然尧把二女赐给舜做妻子,所谓"于是尧妻之二女,观其德于二女。舜饬下二女于妫汭,如妇礼",③但这种现象与希腊神话中既是爱神又是美神的阿芙罗狄蒂故事,根本不能放在同一个话题之内,不能强加给"德"为至上的中国神的身上以乱伦的证据,因为"摩尔根所说的杂婚制,是指与个体婚制并存的男子和未婚妇女在婚姻之外发生的性交关系,这种性交关系……阿尔明尼亚的阿娜伊蒂斯庙、科林斯的阿芙罗狄蒂庙的庙奴,以及印度神庙中的宗教舞女……都是最初的娼妓"。④ 倘若在"德女"与"娼妓"之间,仅仅因为杂婚形式而归拢于平行研究的主题视野之内,那么牵强附会的程度,就等于把水火不相容的两极硬硬地揉成所谓的"水—火结构",这样的差强,每每发生在平行研究的比较文学实践中,此乃其危机之二。此外还有其他诸种危机,惜不能一一述及。

总而言之,在比较神话学僵硬地引入"平行研究"和"影响研究"中,都存在着横亘在研究者面前的学术鸿沟。但是,互阐研究并不因此而

---

① 戴维·利明:《神话学》,李培茱等译,上海人民出版社1990年版,第125页。
② 《史记·殷本纪》。
③ 《史记·五帝本纪》。
④ 恩格斯:《家庭、私有制和国家的起源》,见《马克思恩格斯选集》第四卷,第62页。

成为其方法论上的对立，而乃取一种超越和别出机杼的姿态，它在承认平行研究和影响研究的基本事实的前提下，努力寻找切入比较神话研究的更有效的科学分析系统，而且这个系统将最大限度地吸纳前两个系统的工作能量。"互阐法"的系统特质，初步可以概括出如下两点：第一，方法论选择。对"平行法"而言，方法取材料求主题的双边集合，比较的两种文学背景，均等地把材料陈列在那里，然后在材料堆里寻找彼此间的"仿佛"之外，并由这"仿佛"触点，生发升华出研究者因此而联想到的思辨性主题。主题在这里可以泛称人类文化现象或世界文学规律，它是由双边集合引申出来的发现，研究者一旦有了这种发现之后，似乎也就逼近了某一文学真谛一步。对"影响法"而言，方法取材料、求材料的指向切入，往往材料的一方被供奉在中心话语的历史区域，然后在发散中沿着纵向延伸的线索，艰难地寻找边缘话语中的精神反应（spirital responsibility），这种称作"因果"或者"因缘"的指向切入，往往触摸到人类文化跨语种移动的脉络，并且最终在实证的材料事实面前有效地把异域文化背景之下的不同文学牵连起来，"牵连"对研究者来说具有至高无上的操作兴趣，并且足以证明研究者由材料到材料的发掘功力。但是对"互阐法"而言，方法则取材料证问题的本位求解。问题是研究者在神话之外的更大背景上携带过来的，本民族神话材料成为其解答民族文化源流中特定问题的原始线索，为了跨越内闭之悟所不可克服的失衡、失真或者失却参照系，又必须将他民族的神话材料拿来引以为证，在相去殊远的历史经验事实中求取差异面的互相阐释，并且最终获得对民族神话个性发生和民族问题特定内蕴的成熟解答。这里有两点值得注意的地方，一是研究者是作为问题切入比较神话研究之中，俨然数学里的方程体系，为了给未知数一个已知呈示的终结，先行设定另一未知数的定位状态，这在比较神话的互阐研究里，就是把研究者带入过程时的问题设定。叶舒宪先生考察中国之"世界空间构成"观念，寻找三分世界的原始哲学意味，并进而在神话中归类出三分世界的动物象征系统，切分出龙、凤和鲲鹏的初民哲学意味中的界限，但是他在本土资料证据明显不足的情况下，却在希伯来神话里找到了阐释的空间，这大抵就是问题设定的互阐思路，只可惜材料工作做得还逊老一辈神话学家一筹，所以那结论和描述就都略嫌粗糙，然而其思路，却是一个典型的例证。[1]二是研究者的本位意识应该比较充分，即我们在进行比较神话研究中，并非单纯要从材料中归列出一些条理来，而是要立足于本民族精神文化建设的立场，在比较中达到对本民族神话的真实认识和清醒反观，在互阐中获得对自身话题的充分谈论和成熟答案，而不是拿异域的教条来阉割中国神话的血肉，在一种极端殖民心态下持褒持贬，甚至极端到怀疑中国原始神话的生存价值。钟敬文先生在《与爱伯哈特博士谈中国神话》一文里就批评过这种倾向，"中国的过去，因为种种的关系，在比较古老的一些文献上，仅保存了若干断片的、简略的神话和传说。一些欧洲的和东方的学者，由此便形成了一个共同的见解，认为中国文化史上没有产生过像古代希腊、罗马或北欧等那种比较有体系的或情节完整的神话和传说。这种见解的正确性，我觉得是颇可怀疑的。中国比较古老的文献上所保存的神话和传说，有着过于缺略或破碎之嫌，这是不容否认的事实。但因此断定中华民族的文化史上，必不会产生比较有体系的或情节完整的神话和传说，那光就论理上讲，也不是很通顺的吧。何况在事实上，更有着足以摇撼这'见解'的证据呢？"[2]我们的比较神话研究，当思此中耿耿劝诫。第二，目的论选择。无论是"平行法""影响法"，还是所谓中国学派的"阐发法"，尽管他们在操作方法上各有千秋，按照自身的逻辑法则绵延其不同民族文学间的联接线索，但有一点却是共同追求的，那就是目的论层面对异域文化间的同质文化求取，文学认同模式即是同质求取目的比较文学操作形态。德国学者霍斯特·吕迪格在《比较文学的内容、研究方法和目的》文中写道："事实上至少在欧洲各国文学之间存在一种内在的联系，这是数百年来通过古代修辞理论和圣经语言建立起来的联系。这就可以证明，按种族特征来说明某个时代的特点是不行的，因为一个作家不管是用德语、法语、意大利语、英语或是俄语来写作，只要他是以浪漫主义时代的精神来写作，他就是一个浪漫主义者。"[3]这显然可以看作某种欧洲文学一体化的比较姿态，其实，这种姿态同样拓展至世界文学范围，人们同样认为"比较文学可以被看成是连接国别文学和总体文学的桥

---

[1] 参阅叶舒宪：《中国神话哲学》，中国社会科学出版社1992年版，第48—58页。
[2] 转引自马昌仪编：《中国神话学文论选萃》（上），中国广播电视出版社1994年版，第187页。
[3] 张隆溪编：《比较文学译文集》，北京大学出版社1982年版，第19页。

梁。总体文学研究是文学研究的最高目标,因为它研究的问题是文学作品的一些最普遍、最根本的问题。总体文学的研究方法是从世界文学史(即国别文学总和的历史)中提取出若干有代表性和倾向性的因素(例如:古典主义、浪漫主义、巴洛克艺术风格、黑色幽默[black humour]等)来进行比较和综合研究,或从世界文学史中提取关于文艺作品类型的理论(theorie des genres),以便制订出总体文学类型的理论和规律"。[1]毫无疑问,同质目的取向具有极大的理论价值,它植根于现代世界民族交流融合渗透的生存土壤之上,其对人类文明整体突进和世界文学普遍性接受,均将裨益不浅。然而一旦走向唯同质的比较文学轨迹,文学的牺牲和淹没,损失同样会不可估量。因为这种标尺衡定的结果,在凸现世界文学主潮状态的帷幕之下,就会使各民族文学独特言说的生动繁富及个体性创造发挥得以程度不同地遮蔽,从这个意义上说,就会在扩张世界文学空间的旗帜之下,适得其反地萎缩了世界文学的生存空间。更何况对原始神话来说,主潮状态和沟通状态都是值得怀疑的事情,各民族神话间的同质点在文学现象层面极为有限,于此种情形下,同质目的追求的前景似乎就并不怎么乐观。即使"阐发法"的"利用西方有系统的文学批评来阐发中国文学及中国文学理论",[2]也还是建构在同质目的论的基础之上,甚至带有更为明显的殖民主义色彩。可以想象,中西神话属于完全没有直接文化瓜葛的神话系统,硬拿西方神话及其相应的理论系统来阐发或解剖中国的神话,人为刀俎,我为鱼肉,那么中国文学的独立存在性何处才有着落?所以,互阐法或者说互阐指令系统,作为比较神话学的基本方法和策略路线,从一开始就在不排斥同质目的论的前提下,以一种积极的学术姿态追求异质目的论。对异质神话观而言,地域文化发生与语言异质发生具有同样的意味,所谓"语言将人类自心智之神话创造阶段带到逻辑思考与事实概念的阶段",[3]应该进一步严密到语言在不同民族文化中有其属质的确定性,语言的跨文化转换、跨语种翻译事实上是难以做到的,因此各民族语言创造的神话无疑带有极为深刻的民族精神个体性。个性语言和个性神话,不管

---

[1] 李赋宁:《什么是比较文学》,见《国外文学》1983年第3期,第24页。
[2] 古添洪:《中西比较文学:范畴、方法、精神的初探》,见《中外文学》(台湾)第七卷,第11期,第89页。
[3] F.Cassirer: *Language and Myth* CN.Y.Dover - Publication Inc 1964,pp.viii.

散布在世界的哪一个地域，均等地成为人类大家庭的共同财富，并且因其财富的多寡而确立其在这个大家庭中的存在位置。每一种个性都有其独特言说方式和独特智慧。譬如在中国神话中，昆仑山是渲染得较为充分的。《穆天子传》："天子升于昆仑之丘，以观黄帝之宫。"《庄子·天地》："黄帝游乎赤水之北，登昆仑之丘而南望。"《山海经·西次三经》："昆仑之丘，是实惟帝之下都，神陆吾司之。其神状虎身而九尾，人面而虎爪。是神也，司天之九部，及帝之囿时。……有鸟焉，其名曰鹑鸟，是司帝之百服。"《山海经·海内西经》："海内昆仑之虚，在西北，帝之下都。昆仑之虚，方八百里，高万仞。上有木禾，长五寻，大五围。面有九井，以玉为槛。面有九门，门有开明兽守之。百神之所在。在八隅之岩，赤水之际，非仁羿莫能上冈之岩。……昆仑南渊深三百仞。开明兽身大类虎而九首，皆人面，东向立昆仑上。开明西有凤皇鸾鸟，皆戴蛇践蛇，膺有赤蛇。开明北有视肉、珠树、文玉树、至于琪树、不死树。凤皇鸾鸟皆戴瞂。又有离朱、木禾、柏树、甘水、圣木曼兑，一曰梃木牙交。开明东有巫彭、巫抵、巫阳、巫履、巫凡、巫相，夹窫窳之尸，皆操不死药以拒之。窫窳者，蛇身人面，贰负臣所杀也。服常树，其上有三头人，伺琅玕树。开明南有树鸟，六首；蛟、蝮蛇、虫、豹、鸟秩树，于表池树木，诵鸟、鹞、视肉。"《史记·大宛传》引《禹本纪》："昆仑其高二千五百余里，日月相避隐为光明也。其上有醴泉、瑶池。"《楚辞·天问》："昆仑县圃，其尻安在？增城九重，其高几里？四方之门，其谁从焉？西北辟启，何气通焉？"《淮南子·坠形训》："禹乃以息土填洪水，以为名山。据昆仑虚以下地，中有增城九重，其高万一千里百一十四步二尺六寸。上有木禾，其修五寻。珠树、玉树、璇树、不死树在其西，沙棠、琅玕在其东，绛树在其南，碧树、瑶树在其北。旁有四百四十门，门间四里，里间九纯，纯丈五尺。旁有九井，玉横维其西北之隅。北门开以内不周之风。倾宫、旋室、县圃、凉风、樊桐在昆仑阊阖之中，是其疏圃。疏圃之池，浸之黄水，黄水三周复其原，是谓丹水，饮之不死。"凡此种种，足以表明昆仑构想之辉煌堂丽完整，不让奥林匹斯山分毫，但如果我们拿欧洲人对于奥林匹斯山的判断来比附或者阐发东方式的"昆仑"智慧，除了扼其血脉蚀其筋骨之外，只怕不会有别的结果。所以我们运用互阐，消解中心话语地带，建构比较神话秩序的均衡原则和对等律度，在个性持异的相互参照互为阐释中求取神话研究的民族学术利益和世界学术利益。总之,异质目的观将贯穿于我的比较神话研究始终,并且不与同质观产生任何学理意义上的对立。

(原载《中国比较文学》1997年第3期)

"境界"与"卡塔西斯"

——中西文学审美观念非恒值态实证互阐

一

中西审美观念,终极意义上统一于人本,体质人类学的既有成果表明,种属差异延及地域人种差异,但类存在的自然品格,只有形式分野而无内容分野。文化人类学的见解虽然扑朔迷离得多,但对人的类本质的界定,同样排除区域文化因素,摩尔根写《古代社会》和马克思写《一八四四年经济学——哲学手稿》,都以极限位置的类同质为讨论的前提。更多的文化史家,在田野研究中致力于族属特征和个案差异,丰富和深化其对人类文化演变进程的把握。表面看来,彼此有较大的方法论抵牾,但是,只要我们仔细分析泰勒、普列汉诺夫或者露丝·本尼遗克特的研究,就不难发现实证方法满足了殊相价值目标,而思辨方法的共相价值目标,恰恰以前者为其实现的基石。正是殊相与共相的有机统一互为约束,才最终构建了人类文化研究的完整学理体系。斯宾塞说:"社会进化如伺其他进化一样,不是直线而是曲折分化向前发展的。各启不同的产物使其本来面目发生了一系列新变化。遍及全球的人类已发现了具有各种特点的环境,每一种社会生活所处的环境,部分决定于新环境的影响,部分决定于原先的社会生活;因此众多的群体总要不断地变更(时多时少),于是出现了社会的种类"。[①] 这至少包括我们可以截取的三种理解:(一)文化的逻辑先在一致,(二)文化的时间历史变异,(三)文化的地域附着与人类附着。正是理解的前提诱导,才使学术信念得以确立和稳固,才使审美

[①] 转引自托马斯·哈定:《文化与进化》,韩建军等译,浙江人民出版社1987年版,第19—20页。

观念的比较研究成为可能。

可能与现实进展之间，还有遥远的实证距离和密匝的思辨区分。人们容易在田野考察和现象罗列的过程中，找出盎格鲁·撒克逊人与库比特人之间美偶像意识的自然差异，或者找出希腊神系与罗马神系的普遍雷同。问题在于，差异与一致并非分离的孤立存在状态，而是所有个体精神现象的双重特质。比较必须在独立的完整个体之间进行，个体只能是时空网络中的纽结性存在，因而要使比较得以有效进行，便只能是精神现象间的互阐，而非数学意义上的矩阵布网，后者至多能够发挥研究中的资料累积价值，即满足形式逻辑的充分律。互阐并非在对等关系中寻找差异量或一致量，更非概念内蕴或话语表述间的时空转译与意义移位，而是探讨精神现象的普遍发生（逻辑同步）和发生过程中的地域理解关系（历史变形），使人类不同地域的审美事实形成网络式的机理一体的花环。互阐是肯定可以实现的，20世纪人文科学的突进，为下一世纪的人类精神现象研究提供了极为便利的条件，譬诸弗雷泽的人类学，荣格的分析心理学，卡西尔的象征形式哲学等等，都是互阐成为现实的理论确证。

操作总是在条件系统中进行，自然科学如此，人文科学同样如此。进行中西审美观念的比较研究，在互阐中达到对世界的完整理解，首先必须遵循一系列的操作规则，这里暂且例举其中的几条：（一）文化主潮规则。中西本来就不是直接对应的空间比较范畴，而且"西"本身则尤其含糊不清，更何况中西之间的闪族文化移动的复杂历史脉络，所以日本学者西村真次撰《文化移动论》的时候，便力避"东西""中西""印欧"这一类牵扯，而是落实到具体地域文化板块上。但是我们是在中国学术背景之下讨论问题，所以仍然沿用惯例，但同时又给予必要的限制，即所讨论的审美观念，普遍发生于限定的地域，具有源远流长的深刻历史影响，谓之主潮精神文化现象，并且在话题双方具有恒值地位。（二）历史渐开规则。互阐的双方，都不能限制制在历史截面位置，而是将观念的全部历史进程，作为一个相对完整独立的比较单位，而与对方发生比较操作关系，所以体现为操作过程中的语词超越，与传统的"words for words"模式具有本质差异意味，或许可以表述为"meaning for meaning"模式。（三）概念语义限制规则。概念的不确定，历来都制约话语秩序和对话质量，语义哲学的兴起，更给虚无阐释观以方法论和价值论的支持，所以人文话题的讨论，先须进行概念的语义限制,切断其外延的无限绵亘,遏制内涵的替换变异。

我们在这里选取"境界"与"卡塔西斯"来给予尝试性互阐,但是熟悉中西文论背景者都知道,"境界"与"卡塔西斯"之间,无论是身后的文化背景还是各自形成的具体历史进程,无论是与创造主体的关系还是与接受主体的关系,无论是范畴归类还是功能发散,彼此间都是云遮雾障。我们没有理由也无法做到让所有的互阐都在直接对位的平面上进行,同样也不能使所有的比较研究均处于恒值状态,所以文学审美观念的比较,更大程度上是非恒值互阐研究,操作层面则体现为在差异间寻找一致,因而也可以说是一种逆比较。这情形仿佛是比较神话学家埃德温·贝尔德所说的:"新一代思想家力图冲破客观意识的藩篱(这是个艰巨任务,因为神话已把我们牢牢抓住),以便再次与我们周围久被抛弃的勃勃生气合为一体。为达此目的,神话创造者们力求把古老的神话置于相互联系之中,并使它们成为对新神话有所助益的构架在此风气中,基督和犹太教结合起来,佛陀和印度教也结合起来了"。①

二

"境界"既是一个审美范畴,又远远超出审美范畴的价值蕴涵与意义阈限,在中国文艺学说史上,王国维站在中西文化交流的跨文化位置,完成了"境界"理论的集大成使命。王国维说:"文学之事,其内足以摅己,而外足以感人者,意与境二者而已。上焉者意与境浑,其次或以境胜,或以意胜。苟缺其一,不足以言文学……文学之工与不工,亦视其意境之有无,与其深浅而已。自夫人不能观古人之所观,而徒学古人之所作,于是始有伪文学。学者便之,相尚以辞,相习以模拟,遂不知意境之为何物,岂不悲哉!苟持此以观古今人之词,则其得失,可得而言焉",②因而最明确地标榜,"词以境界为最上。有境界则自成高格,自有名句"。③《人间词话》讨论"境界",并非完全如传统理解的仅是诗评标准,它与历来的

---

① 埃德温·贝尔德:《神话学》,李培茱等译,上海人民出版社1990年版,第152页。
② 王国维:《人间词话》。
③ 同上。

所谓"诗品"和"别裁"之类的追求旨趣存在明显的区别，前者更倾向于揭示艺术的审美表现力，尤其是表现力的最充分状态。贺拉斯很早就有相同的诗梦，认为"一首诗歌的产生和创作原是要使人心旷神怡，但是它若是功亏一篑，不能臻于最上乘，那便等于一败涂地"。[1] 席勒则在其《素朴的诗和感伤的诗》中，阐述他对所谓"最上乘"的理解，"无非是尽可能完善地表现人性……一方面，在自然的素朴状态中，由于人的全部能力作为一个和谐的统一体发生作用，结果，人的全部天性就在现实的本身中表现出来，诗人的任务必然是尽可能完善地摹仿现实。反之，在文明状态中，由于人的天性这种和谐的竞争只不过是一个观念，诗人的任务就必然是把现实提高到理想，或者是表现理想"。[2] 这个理解，与王国维的"意"与"境"的统一，具有一定程度的相似。歌德的看法则更为明晰，他认识到"艺术家对于自然有着双重关系：他既是自然的主宰，又是自然的奴隶。他是自然的奴隶，因为他必须用人世的材料来工作，才能使人了解，他也是自然的主宰，因为他使这些人世的材料服从他的较高的意旨，为这较高的意旨服务"。[3] 这种主客体交融为一的状态，刘勰有更为形象的描述："文之思也，其神远矣。故寂然凝虑，思接千载；悄焉动容，视通万里；吟咏之间，吐纳珠玉之声；眉睫之前，卷舒风云之色；其思理之致乎！故思理为妙，神与物游……夫神思方运，万涂竞萌，规矩虚位，刻镂无形，登山财情满于山，观海则意溢于海"。[4] 刘勰的思路，叶燮议论得更具体，也更细微，"游览诗切不可作应酬山水语。如一幅画图，名手各各自有笔法，不可错杂；又名山五岳，亦各各自有性情气象，不可移换。作诗者以此二种心法，默契神会，又须步步不可忘我是游山人，然后山水之性情气象、种种状貌、变态影响，皆从我目所见、耳所听、足所履而出，是之谓游览。且天地之生是山水也，其幽远奇险，天地亦不能自剖其妙，自有此人之耳目手足一历之，而山水之妙始泄；如此方无愧于游览，无愧乎游览之诗"。[5]

---

[1] 贺拉斯：《诗艺》，见伍蠡甫编：《西方文论选》（上），上海译文出版社 1979 年版，第 115 页。
[2] 伍蠡甫编：《西方文论选》，上海译文出版社 1979 年版，第 490 页。
[3] 同上，第 474 页。
[4] 刘勰：《文心雕龙·神思》。
[5] 叶燮：《原诗·外篇下》。

综上所引，足见"境界"这种审美表现范畴，涵括以下几种深刻的矛盾统一：其一是主体与客体的矛盾统一，恰如袁宏道举例阐述的，"文长既已不得志于有司，遂乃放浪曲蘖，姿情山水，起齐、鲁、燕、赵之地，穷览朔漠，其所见山奔海立，沙起云行，风鸣树偃，幽谷大都，人物鱼鸟，一切可惊可愕之状，一一皆达之于诗。其胸中又有勃然不可磨灭之气，英雄失路托足无门之悲；故其为诗，如嗔如笑，如水鸣峡，如种出土，如寡妇之夜哭，羁人之寒起，虽体格时有卑者，然匠心独出，有王者气，非彼巾帼而事人者所敢望也"。[1] 所以康德说，"美的艺术是一种意境，它只对自己具有合目的性，并且，虽然没有目的，它仍然具有促进心灵诸力的胸冶以达到社会性的传达作用"。[2] 其二是感性与理性的矛盾统一，既能真实而充分地反映客观对象世界的形态神韵，使其满足审美主体的感官接受契机，又能于潜移默化中深蕴人类内涵，使外部世界状况程度不同地成为"人的无机的身体"。普洛丁说："艺术并不只是摹仿由肉眼可见的东西，而是要回溯到自然所造成它的道理"。[3] 而这个道理无疑必须由人来统辖，维柯说："人心所理解的东西没有不是先已由感官得到印象的。人心在它所感觉到的东西之中见出一种不是感官所能包括的东西时，就是在用理智"。[4] 更为成熟的艺术理论则将此表述为：(一)"自然——心智关系"，明屠尔诺说"这门艺术要尽一切努力去摹仿自然，它能接近自然，也就摹仿得愈好"。[5] 马佐尼则认为："诗人所要求的诗的逼真在性质上是这样的：它是由诗人们凭自己的意愿来虚构的，所以诗的构成必然要靠配合意志来形成概念的能力"。[6] 显然，一些理论家偏执于自然，另一些理论家倾向于诗人的心智，但是最终却是二者的有机联系。(二)"真实性——创造性关系"，爱伦·坡说："我以出于内心的那样深切的敬意，来对待真，但是我却要多少限制一下，真在给予印象时所采用的种种方式。我宁愿在应用它

---

[1] 袁宏道：《徐文长传》。
[2] 伍蠡甫：《西方文论选》(下)，上海译文出版社1979年版，第408页。
[3] 普洛丁：《九部书》，转引自朱光潜：《西方美学史》(上)，第119页。
[4] 维柯：《诗的智慧》序论，转引自朱光潜：《西方美学史》(上)，第333页。
[5] 明晨尔诺：《诗的艺术》，朱光潜译，见《世界文学》1961年8月号。
[6] 马佐尼：《神曲的辩护》朱光潜译，见《世界文学》1961年9月号。

们时加以限制"。① 其三是美与审美的矛盾统一。狄德罗说:"我把凡是本身就含有某种因素,可以在我们理解中唤醒'关系'这个观念的性质,都叫作外在于我的美,凡是唤醒这个观念的性质,都叫作关系到我的美。② 关系到我的美其实就是审美,美是物境,是世界之景,审美是心境,是情感之景,所以美与审美的关系,在中国诗学传统中,总是具体化为关于情景关系的话题。王夫之说:"关景者情,自与情相为珀芥也。情景虽有在心在物之分,而景生情,情生景,哀乐之触,荣悴之迎,互藏其宅"。③ 实际上中国诗学从一开始就极力关注这一点,《诗大序》便说:"情动于中,而形于言。言之不足,故嗟叹之;嗟叹之不足,故永歌之;永歌之不足,不知手之舞之,足之蹈之也"。它虽然侧重于发生学方面,但其中已深蕴后来的"情—景"关系讨论的内涵。

　　王国维拈出"境界"二字,意义并非标新一个概念,而是整合出一个较为完整的理论命题。表面看来它是诸如"兴趣""神韵"等概念范畴的线性延伸,实则吸纳了中国诗学理论传统中某一精神流派的精华,既是纵向的递进升华,亦是横向的完善拓展。境界理论的滥觞,可以上溯至原始诗教的"言志""缘情"的认识区分。《尚书·尧典》谓"诗言志",④ 钟嵘《诗品序》谓"气之动物,物之感人,故遥荡性情,形诸舞咏……动天地,感鬼神,莫近于诗"。⑤ 孔颖达说,"在己为情,情动为志,情、志一也"。⑥ 情与志统一于创作主体,蕴涵作为诗的原始驱动力的主体精神世界,当然无可争议。但是,"诗者志之所之也"和"情动于中而形于言",就不仅仅是表述上的章句之别,而有其表述内容侧重点和着眼点的实质性差异。"缘情"较之"言志",浓于情绪(emotion)而淡于思想(thought),厚顾创作个体的瞬息时空发生而简议其一般思想抒发,话题指向不同是显而易见的。"缘情"说对于诗本性中审美中介特质的朴素触感,开凿了诗学思索的一种价值讨论源头,刘勰谈论"神思"那种"寂然凝虑,思接千载;

---

① 爱伦·坡:《诗的原理》,见伍蠡甫:《西方文论选》(下),上海译文出版社1979年版,第498页。
② 狄德罗:《论美》,转引自朱光潜:《西方美学史》(上),第275页。
③ 王夫之:《诗绎》。
④ 孙星衍:《尚书今古文注疏》。
⑤ 何文焕:《历代诗话》。
⑥ 孔颖达:《左传昭公二十五年正义》。

悄焉动容，视通万里；吟咏之间，吐纳珠玉之声；眉睫之前，卷舒风云之色"①的情绪状态，不仅是创作心理写照，而且是审美实现的形象述说。神思创造神韵，神韵乃文学作品的一种价值形态，严沧浪描述为"诗者，吟咏情性也。盛唐诗人惟在兴趣，羚羊挂角，无迹可求。故其妙处莹彻玲珑，不可凑泊，如空中之音，相中之色，水中之月，镜中之象，言有尽而意无穷"。② 正如司空图所说，"盖绝句之作，本于极，此外千变万状，不知所以神而自神也，岂容易哉？合足下之诗，时辈固有难色，倘复以全美为工，即知味外之旨矣。"③ 王士禛选诗评诗，明确以"神韵"为标尺："故尝著论，以为唐有诗，不必建安、黄初也；元和以后有诗，不必神龙、开元也；北宋有诗，不必李、杜、高、岑也"，④"'神韵'二字，予向论诗，首为学人拈出，不知先见于此"。⑤ 袁枚说，"自《三百篇》至今日，凡诗之传者，都是性灵，不关堆垛，惟李义山诗稍多典故，然皆甩才情驱使，不专砌填也"。⑥ 他以为标举性灵便已经脱离了由"神思"至"神韵"、一路发展而来的脉络，实则与沈德潜、翁方纲他们一样，只是在持异的旗帜下多做了些充实和补纳的工作，道及根本，并不存在任何对立的因素。王国维处于经典时代即将结束、世界文化大范围移动的历史位置，又有把握了西洋哲学方法利器的优势，以整体观照的姿态，沿着既有的发展脉络一路吸收传统诗学精华，在这个基础上整合出境界理论，无疑具有历史必然的逻辑意味。

总起来看，"境界"作为一种有其独立完整品格的理论学说，价值重心在于揭橥了审美状态，以及文学审美实现的最佳文本形态，集中体现了中国传统诗学的审美理想。王国维认为，"大家之作，其言情也必沁人心脾，其写景也必豁人耳目。其辞脱口而出，无矫揉妆束之态。以其所见者真，所知者深也。诗词皆然。持此以衡古今之作者，可无大误矣"。⑦ 此即不仅要求作者以"悟"入，以"神"统，而且更须达到效果的"沁"、

---

① 范文澜注：《文心雕龙》卷六。
② 严羽：《沧浪诗话·诗辩》。
③ 司空图：《与李生论诗书》，《四部丛刊》影旧钞本《司空表圣文集》卷二。
④ 王士禛：《禺津草堂诗集序》。
⑤ 王士禛：《池北偶谈》。
⑥ 袁枚：《随园诗话》卷五。
⑦ 王国维：《人间词话》。

"豁",也就不仅文本"尽得风流",而且使受者"物我两忘"。这才是完整的境界之作,才是境界追求的目的旨趣。所以王国维特地补充提出"隔"与"不隔"的区别,"至云:'谢家池上,江淹浦畔'。则隔矣。白石《翠楼吟》:'此地,宜有词仙,雍素云黄鹤,与君游戏。玉梯凝望久,叹芳草,萋萋千里'。便是不隔。至'酒祓消愁,花消英气',则隔矣,然南宋词虽不隔处,比之前人,自有浅深厚薄之别"。① 其实所谓隔与不隔,关涉受者,主要是一个审美过程中的问题,隔则如杜夫海纳所言:"某些时代、某些文化或某些个人对其他时代、其他文化或其他个人所珍爱的东西之所以无动于衷,如古典主义时代的人们对于田野与山陵,原因是他们没有真正地知觉到这些对象,就像和他们生活在一起并有着非常密切来往的人,知觉不到或者至少不经常知觉到它们那样"。② 不隔则如现代符号学美学所认为的,"作为适当的术语,内在的义子相对于诱导的符号,非本质的义子相对于非诱导的符号"。③ 诗的审美理想就是"不隔",就是"'红杏枝头春意闹',著一'闹'字而境界全出。'云破月来花弄影',著一'弄'字而境界全出矣",④ 就是黑格尔说的"生气灌注",就是康德阐述的"审美的普遍可传达"。就审美传达而言,西方美学中连接境界功能实现并且构成因果统一链的最贴近的概念,就是肇始于亚里士多德的"卡塔西斯"。

三

"卡塔西斯"(katharsis),原为宗教中"净罪礼"的意思,亚里士多德将其引申为"净化"后,成为影响西方文学和美学的重要理论命题。

亚里士多德之前,"净化"是原始奥菲斯教中使用的一个专门术语,语义表征该教的一种重要教仪,它采取祭酒、祛邪、戒欲以及用清水净身的方法,"从五泉中汲水盛入坚实的铜盘来洗净自己"。⑤ 这种 Ophic

---

① 王国维:《人间词话》。
② 米盖尔·杜夫海纳:《美学与哲学》,孙非译,中国社会科学出版社1985版,第34页。
③ R.巴特:《符号学美学》,董学文译,辽宁人民出版社1987年版,第48页。
④ 王国维:《人间词话》。
⑤ 恩培多克勒:《净化篇》,转引自汪子嵩等著:《希腊哲学史》第一卷,人民出版社1988年版,第857页。

Religion,"系北来野人的遗习,信灵魂之轮回,谓灵魂如夏冬的递嬗。此派注重仪式,入教之初,洗罪清心,宛如换去骨骸,以前种种,宛如昨日死,以后种种,譬如今日生;"[1]哲学家恩培多克勒(EmpedocIes)即笃信于此,所撰《净化篇》与其阐发朴素唯物思想的《论自然》迥然不同,认定"有被'争'主宰的宇宙,是恶的宇宙,又有另一个'爱'所主宰的理智的宇宙。爱和争是善和恶两个对立的原则。贯穿于它们之间的是逻各斯,正是按照它,事物被'争'分割开来,又被爱结合在一起,成为和谐的'一'"。[2]所以《净化篇》里所说的净化手段,除了奥菲斯教用净水洗身这种教仪外,还有(一)禁忌吃肉和吃豆类、月桂;(二)戒绝邪恶;(三)知识净化。显然在包括恩培多克勒在内的前亚里士多德时代,净化的主要内蕴限制在宗教精神范畴或者道德感化层面。

亚里士多德《诗学》第六章给悲剧下定义:"悲剧是对于一个严肃、完整、有一定长度的行动的摹仿;它的媒介是语言,具有各种悦耳之音,分别在剧的各部分使用;摹仿方式是借人物的动作来表达,而不是采用叙述法;借引起怜悯和恐惧来使这种情感得到陶冶",[3]莱辛把这个词译为purification(净化)。理解亚里士多德这一概念,必须联系《诗学》第13章的另外一段话:"第一,不应写好人由顺境转入逆境,因为这只能使人厌恶,不能引起恐惧或怜悯之情;第二,不应写坏人由逆境转入顺境,因为这最违背悲剧的精神——不合悲剧的要求,既不能打动慈善之心,更不能引起怜悯或恐惧之情;第三,不应写'极恶的人由顺境转入逆境,因为这种布局虽然能打动慈善之心,但不能引起怜悯或恐惧之情",[4]正是因为这三个"不应写",才有第17章里被认为有"悲剧的效果"的"俄瑞斯忒斯的疯狂(他因发疯而被逮捕)和净罪礼(他因举行净罪礼而得救)"。[5]由这里,可见亚里士多德的悲剧观念其实很朴素,他把俄瑞斯忒斯特别提出来推崇,可能因为"审判一幕相当庄严,奥瑞斯忒斯被复仇女

---

[1] 丘镇英:《西洋哲学史》,北京师范大学出版社1986年版,第19页。
[2] 希波吕托:《驳众异端》第7卷第31章第3节;参见格思里:《希腊哲学史》第2卷,第260页。
[3] 亚里士多德:《诗学》,罗念生译,人民文学出版社1982年版,第19页。
[4] 同上,37—38页。
[5] 同上,59页。

神控告，阿波罗起而为他辩护，最后由于雅典娜的干预得以赦免"。① 而这个赦免结局表明了作者严厉谴责"君临天下"的一统思想，是地地道道的雅典平民精神。由这个线索"沿波讨源"，"净化"意味着精神熏陶和道德感化的成份比较浓重，所以，吉尔伯特和库恩就自信地总结为："亚里士多德认为，心灵的疾病类似身体的疾病。但是，组成人体的某一因素增长到极限的时候，人体就会得病；同样，心灵中某一天然的倾向被过度放纵时，心灵也会得病。"② 心灵得病，"净化"即可治病，梁启超说"小说之支配人道也，复有四种力：一曰熏。熏也者，如入云烟中而为其所烘，如近墨朱处而为其所染……二曰浸。熏以空间言，故其力之大小，存其界之广狭；'浸以时间言，故其力之大小，存其界之长短。浸也者，入而与之俱化者也……三曰刺。刺也者，刺激之义也。熏浸之用利用渐，刺之力利用顿。熏浸之力，在使感受者不觉；刺之力，在使感受者骤觉。刺也者，能入于一刹那顷；忽起异感而不能自制者也……四曰提。前三者之力，自外而灌之使入；提之力，自内而脱之使出，实佛法之最上乘也"。③ 此功能亦如孔颖达所说的"夫诗者……止僻防邪之训"。④ 或效果如《左传》所记："为之歌小雅……直而不倨，曲而不屈，迩而不偪，远而不携，迁而不淫，复而不厌，哀而不愁，乐而不荒，用而不匮，广而不宣，施而不费，取而不贪，处而不底，行而不流，五声和，八风平，节有度，守有序，盛德之所同也"。⑤ 真可谓直趋庄子所谓"乘道德而浮游"，"浮游乎万物之祖，物物而不物于物"⑥的"道德之乡"。理解"净化"还有另一个意义线索，亚里士多德在《政治学》卷八里说："音乐应该学习，并不只是为着一个目的，而是同时为着几个目的，那就是（一）教育，（二）净化（关于'净化'这一词的意义，我们在这里只约略提及，将来在《诗学》里还要详细说明），（三）精神享受，也就是紧张劳动后的安静和休息"。⑦ 鲍列夫阐发分

---

① 吉尔伯特·默雷：《古希腊文学史》，孙席珍等译，上海译文出版社1988年版，第236页。
② 凯·埃·吉尔伯特、赫·库恩合著：《美学史》上卷，上海译文出版社1989年版，第100页。
③ 梁启超：《论小说与群治之关系》。
④ 孔颖达：《十三经注疏毛诗正义序》。
⑤ 《左传·襄公二十九年》。
⑥ 《庄子·山木》。
⑦ 亚里士多德：《政治学》，转引自朱光潜：《西方美学史》（上），人民文学出版社1963年版，第88页。

解的八条中，第八条"从艺术上给人们以净化作用"相当于亚里士多德的（二）和（三）之意义叠加，而亚里士多德的意义（二），应该理解为"道德感化"（受体被动状态）和"感官娱乐"（受体主动状态）之外的第三层意思，即"情感消融"（主客体统一），标志着接受者终于能在特定作品中终结其情感的流浪之旅。《乐记》说音乐作品乃"地气上齐，天气下降，阴阳相摩，天地相荡，鼓之以雷霆，奋之以风雨，动之以四时，暖之以日月，而百化兴焉。如此则乐者天地之和也"。①《荀子》谓之："夫声乐之入人也深，其化人也远"，"其感人深"。②诗与乐同源，功能叠合处在于"感"，"感"就是"净化"，就是情感消融，所以历来诗论家往往注视诗学的这一面。元结称"诗"与"乐"一样，可以"化金石以尽之"，"可以上感于上，下化于下"③白居易则自有体验之言："知我者以为诗仙，不知我者以为诗魔。何则？劳心灵，役声气，连朝接夕，不自知其苦，非魔而何？偶同人当美景，或花时宴罢，或月夜酒酣，一咏一吟，不知老之将至。虽骖鸾鹤，游蓬瀛者之适，无以加于此焉。又非仙而何？微之微之！此吾所以与足下外形骸、脱踪迹、傲轩鼎、轻人寰者，又以此也"。④"诗仙"状态抑或"诗魔"状态，对文学接受者而言均体现为"恰情"状态，即感性的生命介入，主客体间情绪通道连接为一或者心理同构意义的"Feeling"对位与"Emotion"谐振。菲力浦·劳顿讨论阅读东方文学作品的接受过程时说："艺术作品提供了某种经验，通过它们某种东西可以直接被人们理解，在理解它们的刹那间，欣赏者们全然忘却了自己的存在，并且突然理解了那些在日常利害关系中所无法理解的东西"。⑤这实质上就是科林伍德所限定"一个艺术家，只要他以某种方式成功地感动了观众，他就是一个艺术"⑥的逻辑前提。当新古典主义者意识到"诗人情绪的自然倾泄并非作诗的起始之态，但诗人须在自己心中孕育情绪，以此展开其最大限度感染

---

① 《礼记·乐记》。
② 《荀子·乐论》。
③ 元结：《系乐府序》。
④ 白居易：《与元九书》。
⑤ 菲力浦·劳顿：《生存的哲学》，胡建华等译，湖南人民出版社1988年版，第388页。
⑥ 罗宾·乔治·科林伍德：《艺术原理》，王至元等译，中国社会科学出版社1985年版，第306页。

读者"[1]这一点时，他们就完整地还原到了亚里士多德《诗学》本来语义位置。因此"净化"的意旨主要包括两个"核心成份"，一是"感化"（道德清洗），二是"感动"（情感慰藉）。这个传统影响至后来的历史，或取其一，或取其二，或二者兼取，牵牵缕缕且绵绵远远，因此而形成净化学说的历史延伸，以及这种学说的理论功能发散和实践功能浸润。

四

"境界"和"卡塔西斯"的交汇点在"情感实现"，是两种文化背景下对于审美实现的不同重心选择，其目的旨趣在终极价值意义上却是殊途而同归的。

中国诗学，自孔子诗教倡"辞达而已矣"[2]始，就是一个表现论的深刻话题。方孝孺《与舒君书》说："文者，辞达而已矣。然辞岂易达哉！六经、孔、孟，道明而辞达者也。自汉以来，二千年中，作者虽有之，求其辞达，盖已少见，况知道乎！夫所谓道者，如决江河而注之海，不劳而力，顺流直趋，终焉万里；势之所触，裂山转石，衰襄陵荡礐，鼓之如雷霆，蒸之如烟云，登之如太空，攒之如绮口，回旋曲折，抑扬喷伏，而不见艰难辛苦之态，必至于极而后止，此其所以为达也"，[3]足见辞达话题完完全全就是一个文学的审美表现话题。王充讨论"艺增"，刘勰讨论"情采"，位置和见解虽然不同，话题却只有一个。晚唐以后，司空图把这个问题突出出来，把审美实现集中地凝缩到文学审美表现力，并且牵引着后来的严沧浪、王士祯、况周颐者流，一直到王国维，构成表现力学说的鲜明历史发散线。稍加理缕，便不难发现其暗含的一种倾向，那就是文学本体话题的单纯化指向；道德功能实现和审美功能实现的混杂状态，经过历史的渐进切分之后，日益成为文学作品理想存在形态单纯化的晶体状态，这也就是境界理论富有与西方对话的生命力之所在。与此仿佛，西方诗学之自亚里士多德倡"净化"一说，亦是把文学的审美实现话题展开到了极

---

[1] M.H. Abrams, *The Mirror and the Lamp*, Oxford University Press, 1953, p.72.
[2] 《论语·卫灵公》。
[3] 《四部丛刊》影印本《逊志斋集》卷十一。

致。"卡塔西斯"起初只是一个静态的概念表述,但是到了浪漫主义诗学那里,便已经彻底地演化为一个动态情感功能的表现论陈述,即由存在判断转型为存在形态判断,在后来的批评家眼里,文学愈来愈成为"一种力量,它能够按照人类情感状态来创造场景:它非常适合这种情感,简直就是这种情感的象征性体现,并以一种除了现实以外任何事物也无法超越的力量去唤起情感"。[1] 当近代西方有人说"用艺术形式表现情感的唯一途径是发现一个'客观对应物';换言之发现构成那种特殊情感的一组客体,一个情境,一连串事件,这样,一旦有了归源于感觉经验的外部事实,情感便立即唤起了"[2] 这段话的时候,"卡塔西斯"和"境界"的内在维系与外在对接,可以说几乎呼之欲出了。

这样,我们就可以在对接位置上获得互阐。(一)"卡塔西斯"的存在必须以作品的文本境界实现为其最基本前提。卡塔西斯的核心部分是融情,即情绪的宁静关怀和情致的超然忘返。克罗齐率意"直觉",立普斯笃信"移情",弗洛伊德诡论"梦结",一直到康斯坦茨学派张扬"介入",彼此都有新的体系新的观照点和叙述方式,但是它们仍旧暗含着深刻的卡塔西斯在其中。因为文艺学的思辨抽象无论演进到何种纯粹分析的哲学胡同,都无法剔除文学的感性生成特质和情感实现特质,只不过人们觉得传统概念已经过于陈旧和缺乏现代言语弹性罢了。既然由传统伸延至现代,卡塔西斯的追求欲望始终或隐或显地存在,那么这就要求文学作品提供特定功能发生的文本前提,而且这里所谓文本应当包括 1.语言;2.结构;3.意蕴;4.表现方式与表现状态,而不像形式主义批评理解的那么僵硬和狭窄。贺拉斯说:"如果你希望观众赞赏,并且一直坐到终场升幕,直到唱歌人喊鼓掌,那你必须(在创作的时候)注意不同年龄的习性,给不同的性格和年龄者以恰如其分的修饰"。[3] 黑格尔说:"如果情况是这样,就有必要通过诗的想象去制造新的隐喻。这种创造的主要工作首先在于用可供感性观照的方式,把一个较高领域中的现象、活动和情况转移到较低领域的内容上去,用这较高领域中的形象和图景去把较低领域中的意义表达

---

[1] Menry Hallam, Introduction to the Literature of Europe in the Fifteenth, Sixteenth, and Seventeenth Centuries, New York, 1880, p.270.
[2] Cbarles Lamb, On the Tragedies of Shakespeare, 1811, p.102.
[3] 贺拉斯:《诗艺》,《西方文论选》(上),上海译文出版社 1979 年版,第 105 页。

现来"。①拉潘在《关于亚里士多德的思考》中说:"诗歌中某些东西是不可言语的,它们仿佛宗教的玄秘。其所潜在的韵味,其所觉察不清的魅力,以及一切神秘的力量,都因此而注入心中"。②S.阿瑞提说:"我们在一个简短的诗句里仅可以发现一种隐喻,但在高超、精炼的艺术作品里就有不止一种隐喻"。③这些古典抑或现代的讨论,均未超出亚里士多德"隐喻"和"摹仿"的经典性话题,即"人对于摹仿的作品总是感到快感"和"善于使用隐喻字表示有天才,因为要想出一个好的隐喻字,须能看出事物的相似之点"。④在西方文艺学说史上,关于文本创作之理想状态的探讨,始终围绕着 imitation 和 metaphor 这两个中心概念而展开,其苍白和乏味当是显而易见的,这较之中国文艺学说史绵延开来的境界阐说,以及关于文本构成理论的丰富成果,实在是不可企及的事情。王逸《楚辞章句序》:"屈原之词,诚博远矣。自终没以来,名儒博达之士,著造词赋,莫不拟其仪表,祖式其模范,取其要妙。窃其华藻。所谓金相玉质,百世无匹,名垂至极,永不刊灭者矣",⑤此乃境界的个案范型说。司空图《二十四诗品》列"雄浑""冲淡""纤秾""沈著""高古""典雅""洗炼""劲健""绮丽""自然""含蓄""豪放""精神""缜密""疏野""清奇""委曲""实境""悲慨""形容""超诣""飘逸""旷达""流动",虽不无芜杂和纠缠之处,却不失为体系性的境界形态说。皎然《诗式》:"又云:不要苦思,苦思则丧自然之质。此亦不然。夫不入虎穴,焉得虎子。取境之时,须至难至险,始见奇句。成篇之后,观其气貌,有似等闲,不思而得,此高手也。有时意静神王,佳句纵横,若不可遏,宛如神助"。⑥这亦不妨看作境界的遣词造句之说。总之,关于文本的境界营构,中国古典文艺学说中,讨论何止千条百条,此处信手拈来数例,只是为了证明中学足可以弥补西方文艺学中此种苍白和单调的不足。(二)"境界"的功能发散最集中地实现为卡塔西斯。境界的核心部分是情境等一,言意玲珑,即给读者创造了一个忘情和心灵感应的诱导空间。作者在文本创作过程中已经充分地体验

---

① 黑格尔:《美学》第 2 卷,朱光潜译,商务印书馆 1986 年版,第 129 页。
② M.H. Abrams, *The Mirror and the Lamp*, Oxford University Press, p.194.
③ Silvano Arieti, *Creativity: the Magic Synthesis*, Basic Books, 1976, p.71.
④ 亚里士多德:《诗学》,罗念生译,人民文学出版社 1982 版,PP.11, 81。
⑤ 《四部丛刊》影印翻宋本《楚辞》卷一。
⑥ 《十万卷楼丛书》本《诗式》。

过一回，按照康德"普遍可传达"原理，将会再一次调动读者的身心投入并由此而能够获得更加充分的情绪宁静关怀和情致超然忘返。宗白华说："于是，人我之界不严，有时以他人之喜为喜，以他人之悲为悲。看见他人的痛苦，如同身受。这时候，小我的范围解放，入于社会大我之圈，和全人类的情况感觉一致颤动"。[1]胡震亨谓读李白杜甫"骤如骇耳，索之易穷，意格精深，始若无奇，绎之难尽"。[2]陈子龙说："故凡其欢愉愁怨之致，动于中而不能抑者，类发于诗余。故其所造独工，非后世可及。盖以沈至之恩而出之必浅近，使读之者骤遇如在耳目之表，久诵而得沈永之趣，则用意难也。以儇利之词，而制之实工炼，使篇无累句，句无累字，圆润明密，言如贯珠，则铸词难也。其为体也纤弱，所谓明珠翠羽，尚嫌其重，何况龙鸾？必有鲜妍之姿，而不藉粉泽，则设色难也。其为境也婉媚，虽以警露取妍，实贵含蓄，有余不尽，时在低徊唱叹之际，则命篇难也"。[3]铸词命篇设色，何以概之曰难，其实难就难在表现力的最佳实现，所谓"语不惊人死不休"的最终目的，当然意趣在于"可以兴、可以观、可以群、可以怨"，而兴观群怨的目的，则更是为了与读者大众感情融通，而且自"神韵"话题兴起以后，这种追求就变得愈来愈纯粹化，甚至在生存现实困顿的淡化中时时夹杂浓厚的东方神秘主义色彩，正如托马斯·芒罗所观察到的那样："达到宁静与平和，并最终手空灵的境界中产生顿悟，逃避转世"。[4]这当然就是追求西方文艺学讨论得极为充分的卡塔西斯。正因为上述（一）和（二）两点互阐，所以我们推论出下面合逻辑的互阐。（三）即境界和卡塔西斯，是两种文化背景下对同一思维对象的理性审视，着眼点和出发点虽然不同，但最终却在思维掘进处交汇相遇，构成一个密切关联的环链，由此我们得到一种启示，中西方文艺学说，概念和语词不一样，重心和价值称量不一样，穿透力和历史延伸不一样，思维风格和阐述形态不一样，但是有一点至关重要，那就是中西的智慧指向是一样，精神对象和精神能力并不存在人种和地域的根本差别，即如安索尼·巴尔尼特所言："生物学只有一个种族，人类从来就是完整的整体，就智慧而言，

---

[1] 宗白华：《艺术生活》，载《少年中国》第2卷第7期，1920年1月15日出版。
[2] 胡震亨：《唐音统签·癸签》。
[3] 陈子龙：《王介入诗余·序》。
[4] Thomas Munro, *Oriental Aesthetic*, The Press of Western Reserve University, 1965, p.2.

其共通处远胜于差异处"。① 人类智慧的终极关联,是境界与卡塔西斯共同的自然本质基石,同时也就是我们沿着智慧层面把握中西文艺学精神内在关系和彼此互阐的根本线索。这一理论愿望事实上早已有作家们的呼喊在先,赫尔德说:"现在我们的欧洲文学史太狭窄了,这太可惜、太遗憾了!我们应该排除狭隘的民族局限性框框,和全球各民族建立精神商品的自由交换"。② 而我们现在所致力的工作,恰恰就是这种精神商品的自由交换。

（原载《东方丛刊》1995 年第 1 辑）

---

① Athony Barnett, *Race, Culture, and Intelligence*, Contemporary Controversy, p.346.
② 转引自钱念孙:《文学横向发展论》,上海文艺出版社 1989 年版,第 34 页。

农事诗与中国文人之农业心态

中国文学的厚重,已愈来愈为中西研究家所共同首肯,其堂奥之幽深,只需稍加注意,便可于静观默察中得洞天境界之欢欣。譬如农事诗,就是值得研究的文学现象。《诗》之国风,如《七月》《卷耳》诸篇,都以农事题材为取譬,胡承珙《后笺》称:"'七月'诗历言豳民农桑之事,于其毕也,终岁勤动,乃得斗酒相劳,故此飨断为民自饮酒",又《毛诗正义》引《周礼》党正注云:"正齿位者,为民三时务农,将阙于礼,至此农隙而教之尊长养老,见孝弟之道也。"[①]可见在诗经时代,就已经有了成熟的农事诗创作。诗骚以降,至魏晋闲人遁入桑丘之野,文学的农事表现便形成为一种潮流,一种传统,一种追求理想意趣的中国文学境界。我以为,亘古久长的中国文学,文人往往移情于乡间农事,且不分得意失意独善兼善,其中很重要的根由,在于亚细亚的广袤土壤之上,他们作为普通的社会个体,既植根于农业之疆,又努力想挣脱羊圈的羁绊,企盼到宫廷都市里求取功名以达到心理平衡。然而理想与现实的深刻矛盾,恰如儒佛道三种意识在社会思潮中的奇妙混杂,都迫使中国文人终于不得不退处其休养生息的农业本土(物质意义上的退处抑或精神意义上的退处),把理想的天国建构于现实的窘境之上,获得某种超脱和慰藉的意趣,其实也就是自己给自己找些生存下去的滋味,它的结果,客观上为中国文学的审美积淀,增添了不可低估的厚重。

以中国诗史观之,大抵作诗好手都曾涉猎农事,若六朝之陶渊明、谢灵运、沈约、江淹、庾信,若唐之孟浩然、王维、李白、杜甫、储光羲、张藉、王建、刘禹锡、白居易、司空图、陆龟蒙,若五代之韦庄,若宋之王禹偁、梅尧臣、欧阳修、王安石、苏轼、贺铸、陆游、杨万里、范成

---

① 引自黄焯:《毛诗郑笺平议》,上海古籍出版社1985年版,第141页。

大，若金之刘瞻、元好问，若元之耶律楚材、赵孟頫、萨都剌，若明之刘基、高启、于谦、唐寅、吴承恩、纪坤，若清之钱澄之、汪琬、朱彝尊、王士禛、查慎行、纪昀、钱大昕、姚鼐、阮元，如此等等，数不胜数。诚然，那些放情山水或纵论古今的恢宏篇什，往往更能见出激情的袒露和胸臆的直抒，然而这类农事即兴而为，从美学的意义上说，其心理消息的蕴示和艺术审美力的张扬，丝毫不比前者逊色。而纯粹从研究的角度看问题，后者甚至更有价值一些，至少就窥探中国文人的理想图式和生存价值极限而言会是如此。李白作《秋浦歌》："秋浦田舍翁，采鱼水中宿。妻子张白鹇，结罝映深竹"，即便露白，说些家常细事，然探究其情其景，乃至沿波讨源深掘作者所思所想的潜台词，同样耐人咀嚼，旷达而绵远，实在是观之再三仍嫌不足的写意小照，也有怡情，也有怅惘，也有世事苍凉恨人生无遇的意绪，所以，与《梦游天姥吟留别》或者《将进酒》钩 连一系，也没有什么脱节的地方。王士禛为官入蜀，有绝句云"稻熟田家雨又风，枝枝龙爪出林红。数声清磬不知处，山子晚啼黄叶中"，论家甚至不曾闻言，而诗人自己特别的珍惜，笔记加注曰："蜀道有名花龙爪花，色殷红，秋日开林薄间，甚绝，又有虫，其声清越，如击磬然。予壬子初入蜀，曾有绝句"，又引《游宦纪闻》载永福古谶相参证说："山中樵苏习见，不知其为可贵也"。① 以渔洋山人的官运文运，以及力倡"神韵"的态度，既有"二十年来，海内贤知之流，矫枉过正，或乃欲祖宗而祧唐，至于汉魏乐府古选之遗音，荡然无复存者，江河日下，滔滔不返。有识者惧焉"② 的感慨，便可肯定其对诗歌格调境界品性的执着追求，所以联系起来看，文人们自己历来是把农事状物之作视为同等珍重的，而后之学者往往持轻失重，大抵远离了中国文人的实际心态，这种疏漏处，或许正是我们应该细心研究的地方。

　　历来诗家，农事诗往往写得清新自然，感情诚挚，去虚饰，少做作，可谓之自然贴切得体，或曰"不隔"；真切的自然情感流露，与受者的普遍心理需要充分地胶着在一起，所以亲切感人。朱庆余《吴兴新堤》："春堤一望恩无涯，树势还同水势斜，深映菰蒲三十里，暗分功利几千家。淇

---

① 王士禛：《香祖笔记》卷九。
② 王士禛：《鬲津草堂诗集序》。

300

成既不劳人力，境远偏宜隔浪花。若与青山长作固，汀州肯恨柳丝遮？"状写农田水利之便，筑堤围田之利，真切地将农事的物境转化成诗人的心境，既不流露做作的怡悦，亦不显出超然的得意。实现了具体生存空间与理想化的一般生存空间之间的诗意统一。又李群玉《引水行》："一条寒玉走秋泉，引出深萝洞口烟，十里暗流声不断，行人头上过潺湲。"陆龟蒙《和袭美钓侣》："雨后沙虚古岸崩，鱼梁移入乱云层。归时月堕汀州暗，认得妻儿结网灯"。朱真淤《春日田家》："屋后青山门外溪，小桥遥接稻秧畦。人家远近苍烟里，桑柘阴阴戴胜啼。"汪琬《艺圃竹枝歌》："鸂鶒翡翠满沙棱，垂柳垂杨绿几层，好雨忽来新河阔，阿侬准备打鱼罾"。赵进美《冬日田家》："星尽晓色分，日出飞鸟列。高枝残雪压，寒树散微霭。田家门始开，篱落闻犬吠。草际风未定，树杪霞犹在。方见牛羊群，一一远岭背。农夫荷杖立，默念将卒岁。鸟雀鸣阶前，儿女笑窗内，八口饱新粒，未尽完官税。皎皎清溪水，拂石坐相待"。这些农事诗就寓意而论，并不因简而陋，或因朴而俗，相对于中国人的生存空间来说，农家的疾苦与困惑，历来就是各阶层普遍都能感受得到的。农事诗的寻常语句中的悲喜怨颂，都是有所发而不能不发的情绪，而这些情绪，又总携带着浓厚的社会人生或自然宇宙的意蕴。白居易写了那么多关于下层农家的诗歌，刘熙载说他"香山用常得奇，此境殆非易到"。[1] 袁枚也说他"意深词浅，思苦言甘。寥寥千载，此妙谁探？"[2] 总而言之，中国历来的农事诗，大多本是写得有声有色非常耐读的，只是由于历来的中国文人过分地尊崇经史，强调"诗言志"，以致于忽视了农事诗所反映的鲜活的生存方式。

事实上，构成这种格局的原因很简单，那就是多数中国文人都非常贴近农业本土，在精神上与农业有着难以割舍的联系，再加上由于中国实际上一直没有那种完善而稳定状态的欧洲型城市，从氏族血缘与土地的关系来看，还没有过于遥远的隔离，因而表现在思想观念和价值标准方面，本土意识、乡土意识乃至血缘崇拜意识，在传统中国文人的心目中均占据着相当大的比重。从某种意义上说，中国文人在以诗文博取功名的时候，其价值取向一部分是出于个体的考虑，另一部分则完全出于氏族直系血缘的

---

[1] 刘熙载：《艺概》卷二。
[2] 袁枚：《续诗品》。

群体考虑，屈子含冤，当是个性自由的悲剧，然刘向作《九叹》时，开篇便说："伊伯庸之末胄兮，谅皇直之屈原。云余肇祖于高阳兮，惟楚怀之蝉连"，似乎个人的荣辱必然影响到族源的眷亲。难怪桐城派成名人物张英，官位何等显赫，却始终惦念着他的故乡龙眠河，或者换句话说，其为文做官的心理起点，就是想在龙眠河畔垒筑起上耀列祖列宗、下煊子子孙孙的张氏祠堂。

当然，这个问题很复杂，就作家的个体成份而言，我们实际上不可能给定量性极强的逐一分析，但这并不妨碍我们从总体上作层次性的把握。中国文人之贴近农业本土，大抵可以归属于三个大的类别：（一）长期生活在广袤的农村，躬耕劳作，饱尝春华秋实中的艰辛与喜悦，并以文学的方式宣泄出来，这类传统中国文人，往往被压抑在社会的最底层，故而其农事诗的创作，显得很沉重很严肃，甚至表现在语言风格上，也见其朴素与率直。譬如陶渊明，虽曾短暂地做过品不惊人的小官，但从根本上说还是一个富裕的农民。方东树《昭昧詹言》说"陶公说不要富贵是真不要，康乐本以愤惋，而诗中故作恬淡"。沈德潜《古诗源》也说"陶诗合下自然，不可及处，在真在厚。"梁启超更断然表示："古代作家能够在作品中把他的个性活现出来，屈原以后，我便数陶渊明。"① 这些评判，不管结论是否完全妥帖，只要联系其作品实际，也就不难理解了。清末苏州的沈谨学，世务农，本人常为人佣耕，所作《沈四山人诸录》，写农人的喜惊便异常新鲜活脱，如《初夏即事》："家家晒麦趁天晴，枷拍声连笑语声，昨夜东风吹过雨，新秧竟与岸齐平。"又《偷闲》："偷闲隙农务，方知夏日长。独来溪上立，洒面抑风凉。"这类诗语，如果作者对农业没有直接的生命介入，一定不会有那么沉着的切入。遗憾的是，一方面由于教育的限制，一方面由于农作的负重而难以拉开适当的距离，这类农人写农的作家，在中国文学发展史上数量也很有限，倒是有很多的民歌创作在流传过程中，逐渐达到了非常高的艺术境界，却又无法找到作品的撰者，或者本来就没有一个确定的文本撰者。（二）长期生活在中上层社会，属于养尊处优的一类，进时笙歌丝弦灯红酒绿，退时风花雪月田园山水，这类文人，即使写忧怨痛苦，写农事悲乐，也都是观照状态的文学。田园耕作与山水自然，

---

① 梁启超：《陶渊明之文艺及其品格》。

都没有实质性的分别，所以他们的笔下，全是风景的境界。王维写《春中田园作》："屋上春鸠鸣，村边杏花白。持斧伐远杨，荷锄觇泉脉。归燕识故巢，旧人看新历。临觞忽不御，惆怅远行客。"又《渭川田家》："斜光照墟落，穷巷牛羊归。野老念牧童，倚杖候荆扉。雉雊麦苗秀，蚕眠桑叶稀。田父荷锄至，相见语依依。即此羡闲逸，怅然吟式微。"初读折服其造境的新鲜，再三读之，便知其中有隔而且隔之甚远，闻不到诗中醇浓酣沉的农家气息，深入其中，更能洞悉其农诗非农的景语实质。王维是个多才多艺的人，出身豪门，得张九龄荐拔，任右拾遗，累迁监察御史、吏部郎中、给事中等职，尽管40多岁以后亦官亦隐，但《旧唐书》说他"与道友裴迪，浮舟往来，弹琴赋诗"，终与真正的农事有所隔膜。南宋末年的刘克庄，尽管在"国脉微如缕"的岌岌可危中备尝仕途的颠簸，却一直沿着县令、枢密院编修兼权侍右郎官、知州、太府少卿、秘书监、中书舍人的官道走，所以一方面称道杨诚斋的"升年不在箫韶里，只在诸村打稻声"，另一方面又说"放翁，学力也，似杜甫；诚斋，天分也，似李白"。[①]足见其对于现实的负重并没有深刻的体验，所以略有扬李抑杜的成份，其于农事之作，点缀的味道极浓。《宿农家》："初秋风露变，偶出憩庄家。原稼多全穗，陂荷有晚花。疏钟逾涧响，微月转林斜。邻媪头如雪，灯前自绩麻"。一个"憩"字，便把作者的观照心态表现殆尽，而一个"邻"字，则又间接地暴露了彼此间真实生存状态的客观距离。（三）官场失落，于风波陡起后退回到社会底层，或者压根儿只做些底层小官，内心里时时怀抱显达的虚梦，一方面知百姓疾苦，另一方面惧官场倾轧的浑浊而恋自然的清淡，所以于农事贴是贴得很近，却有极强的时间限制，他们的农事诗创作，当视为暂离尘嚣后的泣言与悔语。钱澄之由桂王朝翰林院庶古士归隐，自此一蹶不振，陈农事而泄郁愤，《水夫谣》："爷娘养汝才得力，送汝出门倚门泣。腐肉已充乌鸢饥，家家犹望水夫归"，直言断肠处，而其《催粮行》《获稻词》《捉船行》等，亦是如泣如哀。《田园杂诗之二》："……老农悯我拙，解轭为我耕。教以驾驶法，使我牛肯行。置酒谢老农，原言俟秋成"，与钱诗的整体情绪状态比较，虽略吐轻松，然而那种自惭形孤的落寞之意，竟是云遮雾拢于字里行间。叹也罢，怨也罢，抑或自得

[①] 刘克庄：《后村诗话》卷二。

其乐也罢，必然都是退后一步的文字，所以也就是生命本体的返璞归真。

如上三个层次，或者说三种情境状态，都是农事诗创作的现实生存契机。反过来说，正是因为这样的生存契机，才会有农事诗中中国文人的理想意趣。就传统中国文人而言，无论兼善独善，他们的农事诗中，其理想意趣都集中地体现为农业化的胸怀与襟抱，他们的人生价值观和生存幸福观，都按照农民的心态去把握审度，他们没有而且也无法超越亚细亚生产方式的根本制约。马克思说："典型的古代的历史，这是城市的历史，这是一种城市和乡村不分的统一（在这里，大城市只能看作王公的营垒，看作在经济制度上一种真正的赘疣），在中世纪（日耳曼时代），农村本身是历史的出发点，历史的进一步发展，后来便在城市和乡村对立的形态中进行"。① 中国在明中叶以后，出现了以商业资本积累为铺垫的城镇与市民阶层，但是，由于此后民族矛盾日益加剧，19世纪中叶以后则更由于帝国列强的侵扰，马克思所说的那种"典型的古代的历史"或者说"城市的历史"，在中国并没有完全铺展开来，没有形式独立的历史进程。于是，既有历史的大背景，就只能是一种亚细亚式的农业文化氛围，进士郎中，庶民百姓，都不以主观意志为转移地熏染其中，从这个意义上说，传统中国文人，虽然大多数并非出身农家，亦非躬耕于垄上，但其思想行为和创作实践，在根本价值准则上都只能是农业化的，或者说农民属性的。因此，在他们进行农事诗创作的时候，最深层的精神内涵便都坦露无遗了。我们从农事诗的角度，观照传统文人对于理想生存方式的兴趣，并不是说唯有农事诗才能观照得到，而是指由此切入，便能观照得更加真切更加充分，事实上，即或于登堂入室的那些尔雅之论中，同样也可以窥视到他们的所思所想，只不过没有这么透彻而已。

就农事诗而言，中国传统文人对于理想的追求旨趣，大致可以归结为这样几个方面：（一）追求完满的生存命运。文人作为社会意志的言语传达者，对于自然与社会的不完满，恹恹然地总是有些灰心，因而当他们描绘生存状态时，一般都程度不同洋溢着理想化的热情，这种皆大欢喜的欧文式模式，甚至在他们营构具体农事情境时往往就有所表现。刘禹锡《竹枝词》："谷声猎猎酒醺醺，斫上高山如乱云。自种自收还自足，不知尧

---

① 马克思：《资本主义生产以前各形态》，人民出版社，第15页。

舜是吾君。"杨万里《圩丁词》:"年年圩长集圩丁,不要招呼自要行。万杵一鸣千畚土,大呼高唱总齐声。"萨都剌《常山纪行》:"山溜涓涓山雨晴,村南村北鹁鸪声。行人五月不知倦,喜听农家打麦声。"这类即景小照,状农业殷实,虽然与缺乏自然灾害抵御能力的中国农业社会存在比较大的现实距离,但因其作为理想意念蕴藏于作品之中,所以可说是极为诚挚的情绪。这种情绪,与官运常通、机遇时有以及对皇恩的期待一起,构成了他们的特有心理结构,所以历来的英明统治者,往往能恰到好处地利用文人的虚荣。陈寅恪先生分析曹操求才令,精辟入微:"孟德三令,大旨以为有德者未必有才,有才者或负不仁不孝贪诈之污名,则是明白宣示士大夫自来所遵奉之金科玉律,已完全破产也……然则此三令者,可视为曹魏皇室大政方针之宣言。与之同者,即是曹党,与之异者,即是与曹氏为敌之党派,可以断言矣。"① 施闰章则描述说:"士大夫之患,盖未有甚于重弃其官者,重弃其官,则凡枉屈以取容,无所不至;及其一蹶,则困无所归。余尝见世之洋洋意自得者,体丰而貌盈,问之,曰:'宦达也。未数年,黄项槁颜,羸然衰白,见之几不相识,问之,曰:去位而失势也"。② 褒也罢,贬也罢,兴衰也罢,'皆可见出传统文人对生存方式的完满所作的追求。(二)追求宁静的心理状态。中国文人,儒为经,道为纬,内在的精神往往很复杂。王弼于《老子注》中说:"凡有起于虚,动起于静,故万物虽并动作,卒复归于虚静,是物之极笃也。"这无疑切合于《老子列传》所说的"老子修道德,其学以自隐无名为务。"在庄周,思路更为展开,《庄子·天下篇》:"关尹曰:在己无居,形物自着。其动若水,其静若镜"——这一思想在后来的历史中绵延久远,以至中国文人把宁静、虚静作为一种格调高致的人生境界 来追求,往往暂离身前身后事,管它世间风景人世沧桑,于清淡雅远的境界中,求取生命和谐心理安慰的文化氛围。陶潜《饮酒》:"结庐在人境,而无车马喧。问君何能尔?心远地自偏。采菊东篱下,悠然见南山。山气日夕佳,飞鸟相与还。此中有真意,欲辩已忘言。"顾况《过山农家》:"板桥人渡泉声,茅檐日午鸡鸣。莫嗔焙茶烟暗,却喜晒谷天晴。"读这类句子,仿佛世界上真的存在一个怡然静远

---

① 陈寅恪:《金明馆丛稿初编·〈世说新语·文学类〉钟会撰四本论始毕条后》。
② 闰章:《学余堂集》卷九《袁卓湄五十序》。

的独立空间,仿佛那个空间就是失却平衡之后的最后避难所。何以中国文人无论在顺境还是在逆境都丢弃不掉庄老之学,一个很重要的根源,便是他们不得不努力去营构这样一个避难所,所以诗家写农事的时候,当然认为那块土地比较洁静,比较安宁,远离宫廷纷争和人际间的相互倾轧,因而是文人们的,理想境界。《晋纪总论》:"进仕者以苟得为贵,而鄙居正;当官者以望空为高,而笑勤恪……刘颂屡言治道,传咸改邪正,皆谓之俗吏,其倚仗空旷,依阿无心者,皆名重海内……由是毁誉乱于善恶之实,情匿奔于货欲之涂,选者为人择官,官者为身择利……悠悠风尘,皆奔竞之士,列宦千百,无让贤之举",在这样的背景之下,文人们要去找一个"土地平旷,屋舍俨然,有良田美池桑竹之属,阡陌交通,鸡犬相闻。其中往来耕作,男女衣着悉如外人,黄发垂髫,并怡然自乐"①的理想寓所,就很好理解了。正因为如此,他们无论写心境还是写物境,都总想着构设一种生存的恬淡自然的心理状态。(三)追求审美的价值实现。现实既无望,尽管能在构想的心理自然中强制性地置自身于超逸境地,但人作为现实的个体,总要受到生存困惑的制约,于是审美就成为积极意义的生存空间。就中国文人的农事诗创作而言,不排除每个人都有自己的当时复杂具体情况,但有一点应该是共同的,即将社会生存关系转移到自然生存关系上来。这一方面是因为自然生存 关系是更为原始纯朴的第一需要,另一方面也因为文人们处于社会生存的复合态矛盾焦点位置,命运不可把握,进一步尚须退三步,社会政治文化的滞董,压迫得参与者本身也时时滋生出厌倦的情绪,然而经济地位和儒之尊卑价值观,又决定了他们不可能真实地退处到一个中国农民的本来位置上,所以归根结蒂就形成一种不是农民而又搂着农业文化的格局。这种格局的现象层表现,必是审美关系的展开,文人们在把农事劳作审美化的观照过程中,实现其自悦,甚至他们一切挣扎和抗逆的目的,最终也只是求得个人的生存闲适或隐逸之名,生活在最底层的布衣劳作者与文人之间,无论在理论层面还是在实践层面,本来就没有统一整合的社会基础。小文人羡慕大文人,大文人有汲汲于超越凡俗的生存格调(物质和精神两方面),小文人大文人最终都在忠君这条线上集合到一起,归返自然或者退隐田园,皆是保护色,皆是精神闲适物

---

① 陶潜:《桃花源记》。

质闲适的表现形态，离庶民的位置，还有相当一段距离。这样一种论断，并非意在贬低传统中国文人的历史地位，而是通过对农事诗创作的分析解剖，确证他们曾经在漫长的岁月里，把生存闲适作为人生的出发点和理想境界。传统文人在大量的农事诗中，设计了一个完满自足、纯朴闲逸的诗化"亚细亚羊圈"，他们对古老民族承担责任的善良之心在这里，而与百姓大众历来隔膜的软弱也仍然在这里。

（原载《东方丛刊》1994年第3、4辑）

文学的消闲取向及其道德关涉

新时期文学在经历了"伤痕文学""反思文学""改革文学"等一系列创作潮流之后，在其整体的多元精神取向中，消闲取向变得越来越明显，即相当多的文学作品再也不像先前那般保持一种社会托重的贵族姿态和精英姿态，而是以一种缺席的、飘逸的、放松的、娱乐的或者说当下闲适的追求旨趣来给自己定位，于是在部分文学中就有小说的通俗故事化、散文的日常闲聊化以及诗歌的卡拉OK化等等。在文学消闲取向的设定氛围中，似乎已忘却"前不见古人，后不见来者，念天地之悠悠，独怆然而涕下"的情怀，并且不再愿意时刻忍受着"何意百炼钢，化为绕指柔"的戒律，而是若无其事地念叨着如何在"梦醒时分"的背景下"爱上一个不回家的人"，或者在"潇洒走一回"的心态下变成一只"来自北方的狼"。其实诗歌情绪的卡拉OK化，是与散文的日常闲聊化以及小说的通俗故事化密切勾连的。在消闲取向的散文情绪中，作家们的笔下不是《陋室铭》式的慨叹或《出师表》式的呐喊，而是如家庭主妇偶然相聚间的唠嗑，说些张家长李家短小猫小狗不吃饭之类的闲话，在大大小小的报纸副刊专栏中，往往见到作家们是如何去买菜、如何学电脑、如何选取时装，以及如何在旅游景点巧遇再世的秋香。总而言之，在消闲取向中，文学创作和文学阅读采取了快餐制作的消费的文化生存方式，并且这种生存方式基本上保持持轻的品格而非持重的品格。

在这部分文学作品持轻的消闲生存中，传统的道德载重方式和明显的道德劝惩追求正在改变其存在形态，任何简单地套用以往道德批评的言说方式，实际上都无法构成与消闲文学间的"交谈"关系。但是文学消闲又决非悖离道德生存方式，文学创作和文学阅读永远都会与道德问题或隐或显地联系在一起，问题在于我们如何才能准确把握住文学的消闲生存方式以及这种方式的特有道德关涉。

一、消闲文学的产生背景

很多学者都愿意把消闲文学的历史发生动因,解释为现代性延展的直接产物,即快节奏的生活和多元化的享受需要所使然。其实文学消闲功能的存在,与整个文学史相终始。文学既有"忙"(人类生存之一维)的"负重",也就必有"闲"(人类生存之另一维)的"呈轻",所以既有经过文化贵族精心整理之后的"诗三百",也还有诸如"桃之夭夭""关关雎鸠"这一类的闲适篇什;唯其如此,才会有此后的宋玉、陶渊明、王维一直到20世纪张恨水这绵绵相承一脉的存在合理性。现代有现代的"忙",亦如古代有古代的"忙"一般,所以也就同样可以毫不怀疑现代之"闲"的存在必然性。从这个意义上说,消闲文学也就不仅仅是"快节奏"这样的现代之"忙"所产生的压迫结果,而恰恰应该也是现代之"闲"在文学领域的正常反映,这个道理,既简单又深刻。所以,消闲文学并非我们所处时代的特有产物,而是全部文学史之正常而普遍的现象,只不过不同时代的消闲文学,存在着较大的时代差异而已。这就是所谓"一时代有一时代的玩法",因而我们面对的,实质上也就是当代形态的消闲文学罢了。

消闲文学的产生,首先取决于消除了"以阶级斗争为纲"的极左政治重压,实行改革开放、以经济建设为中心,公众(创作界而与阅读界面)政治生活、经济生活和文化生活的自由度普遍加大。只有写作者获得了自由写作的权利,我们才能看到电视剧《戏说乾隆》或者《宰相刘罗锅》,也才能阅读到所谓"小女人散文"或者所谓小说世界里的"城市游戏",也才能在闲聊叙事里拥抱那些无主题变奏的"新感觉""新体验""新写实"乃至"新都市"等等。总之,创作的语境宽松使文学多元有了可能,因而也就使文学的消闲价值指向同样有了可能。与此同时,更广大范围的社会成员在挣脱了物质生存障碍的羁绊之苦后,也大量地 涌入到文学受众的队伍中来,这不仅使中国文学读者较之从前有了成倍的数量增加,而且也从文学阅读背景上改变了既有的读者结构。这种局面显然是生存宽松的结果,否则他们只能终日困守着苟求活命的原始欲望,文学仿佛永远只是贵族生活或者贵族们的理想生活。但是如今这一切发生了社会位移,刚刚摆脱了贫困和乏味后的大批普通人,迫切地要求着文化消费当然也就包括文学消费,并且他们对于文学的阅读要求,都还定位在与"歌厅卡拉

OK"或"场地拔河取乐"的层面。这是一次新的文学消费热潮。实际上，小说在市民阶层兴起以后的鼎盛繁荣，其情状与当下的境况应该属于相同的事实，所以出现文学的转向，无疑有其内在的逻辑必然性。

消闲文学取向的势不可挡，其次也取决于变化中的社会整体结构和社会集合心态。在计划经济向市场经济、单一政治文化向自由经济文化转型过程中，社会整体结构出现了根本性的转折，它不仅改变了社会各阶层的生存重心和基本隶属范畴，而且离隙了个人对组织、一成员对它成员之间的依赖性，从此消解了那种一转皆转一静皆寂的板块滞结状态。新结构激发了社会的选择契机，而且确保了社会各阶层文化背景离异的合理性，由此而滋生出社会再生产的多元文化张力。在社会整体结构的多元文化情景中，必然会有完全不同的各种文学在场现象，讴歌英雄并非过时，游戏乞丐亦未必就出格，文学可以崇高地把历史还原为"秦皇汉武"或"唐宗宋祖"，亦可以滑稽地把历史渲染为"东邪西毒"或"南帝北丐"，一些人靠《李自成》补充办公室里的进取力量，另一些人也可以靠《唐伯虎》打发到车厢里的旅途无聊，这里实际上已排除了谁对谁错而只存在谁取谁需，意味着我们正面对社会结构的文化分解。社会整体结构的变化，势所必然地带来社会集合心态的变化。人们曾经只是被动而单一地崇拜救星，纯真得近乎麻木地相信崇高的唯一终极价值，甚至普遍认为，只有英雄们的"活着"才是真实的活法或者理想的生存方式，于是人们对于文学的要求，便大体趋于一致地指向某些设定的品格、风格、文格和人格，消闲文学在那种历史情境下就得承受低级趣味和低落情调的指责压力。在王维和孟浩然都被拧着"消极"耳朵的时候，消闲文学的出现当然就不可能。但是后来人们走出了设定的思维模式，意识到卖菜女、挑粪郎、炸油条大叔、放风筝的小哥儿们也都真实地活着，而且他们只有恃仗自己的活法才能活下去，而以往（特别是"文革"期间）那些贵族情绪、"英雄"壮语、"崇高"故事事实上常常靠不住而且有假大空的嫌疑，于是在生存心理上就渐渐形成不同人群的不同想法，这些想法处在各自的自省角度和回眸位置。当这些想法转移为文学心态的时候，也就有了各种阅读层面的归位感。大学生们满腔热情地阅读陈忠实的时候，商人们正喜滋滋地编造关于梁凤仪的神话，而对于农村知识青年们来说，他们更愿意连书籍带录像地接受金庸和梁羽生，与此相对照，大批的城市待业青年，却绝对认为王朔那白描式的世界更加痛快淋漓。人们已经不一定时时都要相信崇高,这就是俗话所说的萝卜白菜各有所爱。我们已经无法规范出标准化的社会文学心态,而所谓"张王之争"的没趣,就在于他们总还想站在不同的利益位置设计出自己的专利标准。

消闲文学的兴起及其市场扩大化,再次则取决于现代大众文化氛围的推波助澜。大众传媒工具的巨大杠杆作用,很大程度上消解了精英文化和贵族文化的神秘性,而且在传媒把大众笼络成为广泛性群体结构的时候,那些居高临下的文化凝聚力和威慑力便立刻显得力不从心。譬如从前的"大作家",从此就失去了一劳永逸的生存优越和文学霸权,大众可以毫不手软地将他们的作品束之高阁,并且自我组织起文学的生产和消费,在传媒工具的作用下自发地调节文化市场和文学行情,由此而有我们所面对的所谓"琼瑶热""金庸热""王朔热""梁凤仪热"乃至美国畅销书作家送来的什么什么热,于是那些谈茶说棋、议商议卖、阿猫阿狗、小花小草也就一股脑儿地涌来。文学市场似乎越来越对严肃派作家不利,尽管他们或则有官方的奖掖,或则从洋人那里泊来了很多新式武器,但就是没有《渴望》《射雕英雄传》《我爱我家》那样火爆狂热的效果。消闲文学的市场扩张,显然因为它们吻合了足球热、NBA热的相同规律,由于拥有了普遍性的文化在场效果,所以也就有其社会传播的热感效应,社会实现的通感效应,社会征服的力感效应。大众传媒与大众文化的互倾一体化,产生了作为第三极力量的社会控制方面,它与另外的两极一样具有调控社会生存机制的支配作用,对此,后期法兰克福学派在批判的位置上给予过深入精辟的分析研究。所以,任何现代社会的精神存在或者物质存在,一旦与此有效地结合到一起,其爆发力可以说无可限量,做惯了贵族或精英的中国作家,如今就遇到了这种爆发力的无情挑战。而引起人们注意的消闲文学的崛起,也恰恰就是在一定程度上借助了这种爆发力,大众文化至少在某些特定的范围内暂时淹没了精英文化或者贵族文化。

二、消闲文学的存在形态

何为消闲文学,给出严格的学理定义或者一一确指出哪些作品就是标准化的消闲文学作品，这不仅显得笨拙而且事实上根本就做不到。但是，讨论问题中须有一个"所指"的边界，那么消闲文学的边界又该如何划定呢？按我们现在的想法，尽管"消闲文学"与"承诺文学"在外部形态上会有无数的叠合处，然而有一点内在的重要差别却是很明白的，那就是价值指向之别。消闲文学的目的在于创造娱乐空间，在于把受众从现实负重中瞬间性地拉扯到一个生存悬置状态，松弛抑或解脱，忘却抑或沉湎。尽管消闲文学的幸福童话给人的满足感几乎经受不了任何时间和事实的考验，但是活得很累的大众百姓还是极愿意那么子虚乌有地幸福一下，体验其瞬间的阅读快感。读《中国十大富豪》或者《香港十大富豪》，除了感受一下发财发得云里雾里的辉煌气氛之外，那些极为粗糙的文字里实在蕴涵不了更多的生存之思或审美之幻；那种感觉犹如读满天飞的"情呀、爱呀"的无严格体裁限定的文字，虽然读者不能从中把握到世界的托重，但那些趣态活现的日常细节以及展现这些细节的流畅文字就足以使人惬意。在消闲文学中，作者和读者其实相当大程度上都是无代价的游戏参与，重要的恰恰也就在这种参与。承诺文学则不同，不管其受雇于浪漫诗学还是批判诗学，都不得不承担世界揭秘的责任和使命。人类之所以能够活下去，或者更进一步地说逐渐活得有所改善，是与人类精神的长期承诺密不可分，当然也就与文学承诺密不可分。如果文学不能对世界有所追问有所承诺，而只是消闲文学状态地成为游戏和把玩的角色，久而久之就会被别的精神方式所替代和驱逐。所以承诺文学与消闲文学一样，都是必不可少的精神生活方式和文学存在形态，彼此在互补中使人类的文学活动丰满和充实起来。

消闲文学的第一类有效生存方式可以表述为"迷幻式"所谓迷幻式的意思是，这类作品无论托古还是写今，无论侠道还是匪道，无论奸情还是恋情，都采取最大限度地与真实状态剥离开来，都可以逃避常规的写作限制而在叙事展开中推进到极致状态，爱得死去活来或者恨得动天地泣鬼神，敌得扑朔迷离或者友得鬼使神差，一切都不受时间地点和条件限制，读来便有如恍如惚如醉如痴之感。譬如写侠道，如那《丐帮演义》或《神丐》之类，把天下的要饭花子都展示得行云流水逍遥有余，仿佛偌大一个中国，尽在一根打狗棒的喜怒哀乐之间，这与19世纪狄更斯笔下的苦难伦敦乞儿们，简直就是天上人间之别。似乎所有的读者都知道这一切乃是不着边际的笔墨，但似乎所有的读者都会读得有滋有味，其中的行侠仗义或者报仇雪恨，不时会使夜卧温床的看客拍枕叫绝。但凡丐、妓、僧、霸，但凡恩、爱、恨、仇，或者但凡忠、义、仁、孝，所有这一切都在消闲文学中获得其最大限度的平民阅读张力，它们虚得总是恰到好处甚至幻得出神入化，因而从文学动力学和读者反应批评的参照系去看待这种文学现象，就有很多令理论和批评非常值得玩味的地方。就成功的迷幻操作作品而言，一般都较好地利用了"距离"和"反差"这两根魅力杠杆。譬如《侠女十三妹》，极度地夸张某种正义性，并且这种正义性表现在作品主人公的临危挺身和义不容辞，由此而使邪恶力量时时受到意外的重击。主人公的超人行为，充分地体现在她对现实可能性的超越，而超越本身的距离，就给作品创造了神秘的幻化空间，所以就有引人入胜的力量。可以设想，类似这样的作品如果写得很实，写得与历史的实际发生很贴近，那么它就无法获得效果，甚至会使平民性日常阅读有味同嚼蜡之感。

消闲文学的第二类有效生存方式可以表述为猎奇式。所谓猎奇式，意思是指作者总是努力扩大作品的原生性，最大限度地减少作者想象性介入的虚幻成分，但同时又尽量选择原生事实中的非常规内容，即那些富有煽动性或者容易引起惊奇感的事件，从而通过作品的猎奇效果去吸引更多的读者。猎奇作品的最突出特点，就是作品本身往往为真实发生过的事实，但这些事实又有曲折离奇或语惊四座的一面，作者只要把这一面给以特别的渲染，就能够在"事实"和"读者心理"之间造成势差。譬如《中国大案实录》，深入公安干警侦查捕获惊心动魄的事件之中，把各种犯罪势力的凶残、冥顽、歹毒和疯狂展现得血肉横飞，把刑侦勇士们的果敢、坚毅、献身和危险同样呈示得触目惊心，准都几乎不敢相信这些情节恰好就发生在自己的身边，但是谁都懂得这是自己身边不可避免的事情。《实录》的受众魅力就在于，它最大限度地调动了人们的生存注意力，使社会的偶发性事实上升到普遍惊奇的聚焦位置，从而获得出奇制胜的文本轰动效应。于是，在不同的题材和体裁领域内，猎奇的笔略操作便日臻出神入化。写伟人则将癖习与嗜好、污点和弱点大肆地着墨，写情人则将误信和偏信、穷恋与死恋发挥到极致，写富人则将机遇和机巧、心辣和手辣夸张得离谱。世界的存在，于是也就淹没在偶然性事态、突兀性情态和超常性状态之中。操作本身带有明显的欲望刺激机制,既能满足受众的好奇心,又能获得其不可动摇的信任,从而能比较长久地维持其特有"阅读期望域"。

消闲文学的第三类有效生存方式可以表述为亲情式。所谓亲情式,是指很大一部分的消闲作品,抛弃通常文本策略中诸如"写作力度""意义""生存诱惑"这样一些操作路线,白描式地状写日常经验中往往视为"芜杂""琐屑"或"没有意义"的细节事实,从而使作品情感最大限度地直接逼近读者的日常情绪,这种故意扩张读者日常性价值的做法,实质上是消闲文学作者的一种讨好方式或最廉价的垂钓手段,这种方式和手段姑且称之为亲情式。譬如现在极为流行的报纸副刊散文,其中就有大量的以日常经验为写作旨趣的即景式作品,这些作品娓娓地道来,语言平实朴素,意义或有或无,讲的都是人们身边日常普遍发生的人和事,既没有什么波澜亦不追求危耸,把人们天天都想说的话通过作品形态比较完整地真实地说了出来,这对于普通人的日常阅读心态来说,也就既没有什么精神负累又觉得非常的贴近,因而也就极大程度地扩张了公众对文学的介入面。不仅散文如此,小说的情形也已渐露端倪,一些作品开始有目的地追求叙述白描化和情节日常化,淡化意义甚至消解终极思索,把笔触伸向栽花、养草、理发、修鞋、炒菜、洗衣,日常经验在小说化的凝聚中得到充分显现和话语交流,这与英雄主义传统的小说情节显然背道而驰。所以,最终也就延伸到影视文学潮流中来,使得一大批演寻常百姓叙日常生活的影视作品火爆起来,像《我爱我家》《男人没烦恼》《京都纪事》《秦淮人家》等,这一类作品的受众面可谓大得惊人,其娱乐价值和消闲功能,远非承诺文学所能企及。事实上,从纯学理的角度看问题,文化亲情乃是文化人类学领域里的一个重要命题。大到民族迁徙或文化移动,小到区域辐射或血缘依粘,皆莫不受文化亲情律的制约和内在影响,它是人类得以群聚得以普遍交流的特有杠杆,甚至可以表述为社会推进的文化激情。消闲文学的亲情操作策略,正是机警地捕捉到了这中间的奥妙消息,因而在自觉地加以发挥的基础上使其得以积极地运用,这使消闲文学对公众社会基础的占领有了必胜的把握。

三、消闲文学的道德关涉

　　从道德判断的尺度出发，对消闲文学进行传统批评意义的价值称量或意义阐发，显然就将出现批评错位，批评错位的结果，不但不能对存在于消闲文学中的某些非正常状态进行规范和调整，而且还将使消闲文学中那些正常状态的东西也因此而有被扼杀的遭遇。为了不致出现这样的被动局面，我们就有必要结合消闲文学的创作实践，就其道德关涉问题展开学理性的讨论，从而使消闲文学能够有一个正确而健康的发展方向。

　　对很多消闲文学作品而言，道德介入乃是隐在的而非显在的，譬如散文《玩电脑的乐趣》，写一个作家关在书房里学会了玩电脑，他因此进入了一个令他十分吃惊的崭新生存世界，在这个世界里的生命体验，就是人离开了纠缠和芜杂，从而建构起一种单纯而圣洁的人机对话关系，于是人机之间唱歌下棋捉迷藏，有时还互相埋怨互相捉弄，于是作家认为他获得了某种至高无上的乐趣。这篇散文写得很实，而且也很真切，其中大量的篇幅都在描述计算机的工作细节和人机交流的具体情状，话题和话语的现实超越性当是不言而喻的。就这样的作品而言，批评家实际上无法恰到好处地说清楚作品意义的消极抑或积极，说清楚作品价值指向的人本主义抑或自然主义，说清楚作品存在方式的悲观抑或乐观情绪，说清楚作品社会影响的正面效应抑或负面效应，总而言之批评家如果单纯围绕道德主题或道德相关话题去作评判，几乎就说不出什么话来，究其根源，就在于作品本身并没有显在的道德关联或道德介入。

　　那么，是否这类作品就与道德问题完全无涉呢，答案当然是否定的。事实上，这牵涉到我们对道德界面作怎样的限定，即到底是限定在一般的伦理结构阈限之内（显在），还是延伸到更广阔意义上的个体生存姿态或人类生存境界（隐在），如果后者能够成立的话，则无论什么样的作品，都必然会存在一个格调雅俗或层次高低的问题，都存在将个体或整体的生命体验带入什么样的生存氛围的导向问题，甚至存在一个自由呈送给读者的审美愉悦空间还是强制输入给消费者以低劣文字垃圾之别的问题，从这些意义上说，广义道德关涉对任何作家任何作品又都是无法回避的写作矛盾。我们曾经分别在报刊上读到过两篇《狗趣》的散文。一篇写主人公如何在心情不好的状态下，恶狠狠地把一只养了多年的狗逐出家门，似乎这样做能把某种人际压抑的东西发泄出来，于是那只狗只好无可奈何地流浪街头。但是后来主人公意外地发现，邻居家晾制的鱼全部被野猫偷吃殆尽，而自己晾制的鱼却完好无损。观察的结果，原来是被驱逐者终究难舍旧情，每日仍然回来义务护院，由此而使作者大为感动和吃惊，在一番自责之后更加怜爱自己的宠物。但是另一篇的作者却对狗的好斗习性备加称道，他发现狗道亦如人道，一切都按弱肉强食的法则进行，而且自己的狼狗极富于挑战性和对异性母犬的引诱，其成功和得意常常令作者感到一种无法形容的骄傲，尽管自己并不能在人世具有同样的勇气和智慧。这两篇作品都是以所养的宠物为写作素材，作者也都没有更多的引申和拔高，均在尽可能真实地把自然物态呈现出来，以供人们消闲欣赏，但是由于作者的写作角度和情绪流露倾向的不同，就导致了两篇作品的不同格调和不同情调，而从消闲的日常心态而言，它们所带来的心境体验就会迥然不同，后者生存境界的庸俗和无聊当是显而易见的，当然，这同样还只是隐在的广义道德关涉。

　　问题在于，就消闲取向的文学作品而言，同样有大量的作品直接介入道德问题，这就把问题提到了显在的遭遇状态，即我们必须给予正面分析和正面回答。譬如琼瑶作品中类别不同的"三角关系""链式关系"或"交叉关系"，就必然地程度不同地牵涉到婚姻伦理与社会责任感问题。又譬如金庸作品中性格各异的英雄、侠客、武士、义僧、顽匪、毒婆，他们之间的争斗和仇杀，其所采取的不同手段和彼此为了不同的目的，就必然会牵涉到这样那样的武林道德和人际道德。实际上，琼瑶和金庸的作品，都具有极为强烈的道德感，他们一般都以传统东方道德体系作为作品展开的价值背景，使其善恶美丑在这个背景上得以展现和称量，所以读他们的作品，总有一种古代回归感，传统眷恋感，且往往爱憎分明，善恶分明，常常使今天的读者在一种缺乏现代道德秩序完整呵护的情形下，为之拍手称快或拍案叫绝。尽管这类作品是消闲的，是远离现实生存的文字娱乐空间，但其道德关涉丝毫没有因此而缈断。因此，问题就又转换为另外一个追问，即在道德关涉无法回避的情况下，我们究竟如何来选择消闲文学的道德取向，或者究竟怎样去判断消闲文学作品的道德关涉状况。按照中国文学传统的思路，一般以"清""浊"作为划分泾渭的尺度和界线，尽管这似乎明显带有东方哲学背景的混沌和朦胧。所谓清浊，意思是指"闲"

有"清闲"和"浊闲"之别,这仿佛围棋桌前的对弈,既可以品茗伴之以尽修身养性之娱,亦可以币钞佐之写作欲念焚烧之乐,尽管都是闲来所为,然而于人生的关联却是彼此不在一辙,这中间就有差之毫厘失之千里的界限。当消闲文学升华到清闲的作品存在品格时,这些作品无论采取什么样的文本写作策略,它都可以给受众带来心性的放松和满足,都能在文本与接受心理之间建构起审美的精神维度,从而也就会有所寄托有所兴奋,同时也有所裨益。与此相反,当消闲文学陷落到浊闲的作品存在品格时,这些作品即使并不曾采取过故意为之的叙述圈套,它都会使受众容易产生暗晦或原始的心态,产生与心性健康相反方向的精神萎缩。浊闲的目的更多在于挑逗和蛊惑,却并不对受众的身心怡然与否和自由放松与否承担任何责任,大体可以看作作者对读者的文化剥削。像《浴缸里的女尸》那一类的作品,尽管能获得火车厢里的瞬间阅读效果,但给读者带来的隐性身心摧残则是无可估量的,至于这中间的学理性阐释,更有待文艺心理学的详尽探讨。在我们看来,于文学的消闲取向中,我们应该提倡清闲价值指向的作品创作方针,而同时大力扼制和拒斥浊闲价值误区的作品创作道路,在这个问题上,既不存在左中右的持疑,亦不存在传统抑或现代的分歧。自由的升华、人性的张扬以及文明的延伸,从来都有主潮文化原则在起着维系和制约作用,所以态度应该旗帜鲜明。

只是问题未必就那么简单,在没有系统地研究之前匆忙作出结论,那将是危险的事情。在消闲文学作品中,我们是否就能很明白地给每一部作品以"清""浊"的消闲品格定位,或者换句话说,如果一部作品既有清的成分又有浊的内容,那么我们又将如何处置?新时期文学显然也遭遇到了这个问题,并且至今仍然感到很棘手,一个最突出的例证,就是风靡一时的"王朔现象"以及对于王朔现象的价值判断和科学分析。在王朔的鼎盛时代,他一口气写下了数十部写作风格和文本思路基本相同的作品,这些作品甚至几乎都有影响,不仅那些日常故事在市民社会的广阔空间广为流传,而且似乎还有一系列精妙绝伦的"说法"成为当下社会的"口头禅",譬如"过把瘾就死""我是流氓我怕谁""玩什么深沉"等等,如果我们耐心地搜集一下,由王朔造句如今在社会上流传的类似"说法"至少有几十条之多,而且它们作为一种"润物细无声"的文化渗透力量,正悄然改变着人们的日常生活信仰和价值观念,所以不管我们如何对其作正面值或负面值的评判，王朔作为一个当代最有影响的作家之一都是不可随意轻视的，在这里，我们将从如下几个方面对其定位：第一，王朔仍然只是一个消闲文学作家，即他的作品追求旨趣主要还在于调动读者的娱乐兴趣，并且试图以老百姓的日常经验为其亲情杠杆，所以也就不存在承诺什么或者走向终极的意义，从美学的角度看问题，王朔作品比较成功地渲染出了称为"滑稽"的审美文化氛围，这种氛围以其强烈的喜剧效果从而获得了大量读者的游戏性参与，譬如其中大量对知识分子和文化人的愚弄性刻划与嘲笑性烘托，就非常能够迎合 20 世纪以来某种反文化的社会扭曲心态，所以单从作品实现的效果看，王朔就不仅是一个艺术定性很突出的消闲文学家，而且还是一个非常成功的消闲文学作家。这一点，今天的文学史和未来的文学史都有一笔无法省略，不管那一笔怎么写以及写多少。第二，王朔的作品带有强烈的道德关涉，正如其明显地淡化政治关涉一样，作者在任意性的谈笑中间一直企图颠覆向来视为神圣的日常伦理信条和生存规范，认为那些信条和规范都是虚假的和煞有介事的稻草人，并且也就在这种颠覆的过程中，程度不同地致力于新日常伦理系统的现实构建，这种构建是通过作品中的人物挣扎和人物命运的轨迹来加以实现的。单就"颠覆性"这一点而论，王朔并没有错，而且通过作品的消闲化扩散获得了巨大的成功，他使受众在文字游戏的娱乐过程中重构平民化的日常生存状态，这种快乐的自杀或他杀方式，实际上已经沉重地打击了由过去阶级斗争为纲的极左路线所造成的道貌岸然和欺世盗名的神秘贵族主义和神秘精英主义，所以王朔作品的日常亲情，对中国人的日常性生存转移，应该说发挥过较明显的促进作用。第三，但是王朔的低文化背景和反文化情绪，使他对人类文明进展的主潮文化持仇恨和敌视的态度，错误地将历史积淀的高文明成果与假文明赝品混为一谈，因而其批判虽有一些符合进步原则，另一些则显然是非进步性的胡搅蛮缠。王朔的问题出在他所恃依的"情绪力量"本身，他在反抗蛮横的"兵文化"以及迂腐的"秀才文化"时，采用的是更为低劣落后的"痞子文化"，这种痞子文化情绪不仅消解了"颠覆"企图的积极意义，而且使社会的文明进展蒙上了更为扑朔迷离的是非难分的阴影，所以他带给社会和文学受众的负面效果同样不可低估，这个责任历史终将难以推诿。王朔现象的出现，对 20 世纪中国历史而言有其必然性，这既是拒斥科学和文明进展的报应，也是破坏秩序和文化进展之链的必然苦果。王朔现象不仅存在于文学领域，而且也存在于我们的学术领域，甚至同样存在于政治、经济和其他社会基础、意识形态的各个界面，即我们总是遭遇到"秀才遇到兵"的难题与窘境。第四，对王朔作品消闲取向的文本策略胜利，要从两个角度去把握。一是王朔的确成功地把握了某些文学审美实现的有效基本规律，尤其在娱乐性功能发挥方而，创造了可资借鉴的艺术经验。二是王朔的作品在设计喜剧性嘲笑氛围时，过分地伸展到整个人类文化的自虐，以牺牲文明的代价来交换文本空间的"滑稽性"，所以从根本上又极大地损伤了文明的利益和文化的存在意义。按照传统形态的清浊之分来判断王朔的作品，很明显就是既有"清"的可爱又有"浊"的可憎，对此不能作简单的"一刀切"或"一口吹"。从某种意义上说，解释王朔的复杂性是与解释中国20世纪社会进展的复杂性紧紧地纠缠在一起的。

总而言之，消闲文学的道德关涉乃是一个非常复杂的问题，这种复杂性既可以由理论层而加以推演，亦可以在实践领域得以佐证。但是不管问题多么复杂，我们都得在理论和实践两个方面去加以正视，并在这种正视中建构起我们判断消闲文学的艺术审美原则和道德关涉尺度，从而确保我们的文学在娱乐性和日常性的生存追求中，保持健康的姿态、正常的心态和大众参与的形态，不然的话，我们最终就将失去优美的消闲文学。

四、消闲文学的社会介入

在一般性地讨论了新时期文学的消闲取向，以及这种取向的道德关涉问题之后，为了使这种讨论落到实处并且使其得以条理化和明晰化，我们必须更进一步地分析消闲文学的社会介入，即现实地讨论其道德影响以及这种影响的社会实现过程。按照既往的笼统表述方式，我们当然可以将消闲文学的道德影响切分为"积极影响"和"消极影响"两个方面。就积极的方面说，消闲文学不仅提供了日常生存所必需的精神食粮，而且通过道德理想的潜在渗透和价值观念的文化洗礼，从而能够大范围地给社会受众的生存内涵和生存格调带来内蕴性的文明驱动能量，通俗地说，就是有益于公民的身心健康和凝聚他们的道德意识。就消极的方面说，由于一些作品严重缺乏道德规范和判断尺度，俗至于"庸"或者俗至于"烂"，过分渲染"反文化""非理性""逆人道"的原始生存方式或现代性的人类异化现实，在强烈地刺激感官诱发兽性和无节制宣泄的过程中，同样给社会受众的负文明增长值和社会机制的道德亲和力，带来严重的危害，这就是所谓的"一分为二"表述法。显然，如果我们沿着这一叙述线索走下去，问题就将极为简单地得以呈现，呈现为平行排列的判断句外加附缀的个案实例。但是这种表述将势必使问题的"原委"在似乎清晰的大而无当中被遮蔽，遮蔽之后，藏着的问题就将转化为更大的存在危机。所以我们必须作更为艰难的选择，即我们不得不有效地回答出，新时期有消闲文学，不管其积极影响也罢抑或消极影响也罢，其社会介入的能量、方式和动态结构到底有哪些，这意味着某些"事实"以及这些事实的过程必须在学理操作中获得澄明，否则就无所谓"研究成果"而只有"写作结果"。我们在这里所作的分析，仅仅只能算作一种努力或者一种回答姿态，系统化的有效理解和完整把握，将有赖于全社会的关注性参与，讨论性参与。

就新时期文学的道德影响而言，其社会介入的一种途径，乃在于一种姑且称为"心性生存场"的建构，这种建构不仅体现为文本努力，而且更体现为文学领域（创作以及接受）的社会氛围转型。心性生存当然只是人类的一种生存方式，这种生存方式曾被中国古代的某些哲学流派推崇到极限位置，上升到"本然"的品格。这当然是哲学家们的通常表述姿态，对我们来说，这里的心性只是人类经验生存的一个层面或者一个侧面，人们通过心性生存的内倾体验方式，极为有效地确立自己的生活真实性和充实感，并且极为有效地排除个体生存的外在纷扰和压迫。消闲文学显然意识到了这一点，于是就有大范围的创作投入，从而对改造当代人的生存观念起到促其转折的作用。张中行现象可以说是有力的佐证，因为对张中行本人来说，他写散文并非始于新时期文学发轫之后，但是其散文之所以在今天赢得社会的青睐，那就是因为其作品的心性取向或者说其内蕴旨趣，与此前的战争烽火和政治动荡难以实现价值叠合，那时似乎更需要匕首和投枪。时至今日，可谓江山社稷旧貌新颜，狂暴抑或狂热的生存方式已与寻常百姓远离，代之而起的是经济的挤迫，于是在一种日常安宁的静态情境明显不足的前提下，这种可供内养之需的心性散文便恰到好处地弥补了不足，所以实质上也就是一种人生建设或人生补充，文学地补充着个体力量及社会能量。

社会介入的另外一种途径，乃在于一种姑且称为"日常秩序链"的连接，这种连接的社会意义在于，由此可以显示出一些规范或者模本，并且在社会接受的动态过程中，演绎成为现实中的秩序或者意识中的秩序，作为强有力的日常维度存在着，在社会均衡的整体运作中起着维纳所看重的"控制"作用。我们知道，当社会处于转型形态中的时候，必然伴随着旧秩序的被摧枯拉朽和新秩序的艰难生长，这个过程就是人类一次次磨难和无所适从的经历，同时也是人类由此进步和日渐成熟的上升阶段。我们如今就处在这样的阶段，很多生活中的规则和理所当然的习惯不复天然地具有其合理性，过去延伸而来的道德"说法"或"伦理"做法，大多在新的生活事实面前失去尊严或受到冲击，于是对我们每个人来说，也就势必会遭遇到一系列的日常"困难"和"冲突"，这些困难和冲突或则表现为判断的无力，或则表现为行为的失范，或则表现为规劝的失语，后现代主义者把这种社会现象称为失去衡定性的"混乱"。不管我们承认不承认，或者在何种意义上承认，混乱都是我们当下的经验事实。这使消闲文学获得一个机遇，一个既可避免"托重"又可在"言轻"中有所作为的机会，于是它把经验形态的日常秩序链，温情地呈送给社会受众，其效果甚至往往比着力道德说教的某些"承诺文学"还要大得多。譬如一大批被批评家命名为"京味文化"的文学作品，大多将胡同里的芝麻小事娓娓道来，是非不大有是非，冲突不大是冲突，于是就有待人接物、迎送赠答以及居家处事过日子的原来旧标准和现在新标准，原来的旧习惯和现在的新时髦，所有这些的合理结果，就是一些日常秩序链能够连接起来，由此我们大家活得就有一些彼此共律的说法和做法，从根本上说来，当然也就是这类消闲文学作品的文化功能在发生作用。

消闲文学还有一种基本的社会介入方式，那就是一种姑且称之为"审美娱乐圈"的文化烘托。在个人的生存需要成分里，娱乐毫无疑问是不可或缺的重要组成部分。娱乐的本质乃是感觉愉悦，是人类感性地得以栖居的基本方式，所以文学艺术的缘起，很大程度上就是娱乐需要使然，这一点，在席勒—斯宾塞的解释结构里有着比较完备的理论叙述。但是在"艺术地把握世界"的观念里，娱乐往往只被看作文学的外向性功能得以实现的附加物，而我们的文学理论和文学创作几十年来又大多没有逃离这种观念的覆盖，所以我们的文学在兢兢业业地恪守着"使命""服务""揭示"这一类的现实承诺职责时，所谓娱乐需求其实就已经流失为一句空泛的宣传，即"娱乐问题"并没有放到文学的本体论位置去给予系统的思考。然而"需要"是不可改变的，如同人必须吃饭穿衣之不可改变一样，因而当港台和海外的大量感觉型娱乐作品涌入之后，这种需要的社会能量就完全爆发出来，甚至构成对承诺文学主潮的强大冲击和挑战。一般说来，那些以感觉娱乐为最高价值目标的域外作品，其艺术满足的对象主要限制在感官刺激的兴奋点上，而在操作过程中又带有极为明显的商业功利目的，并采取了较为有效的商品倾销手段，所以在内部外部条件皆很具备的前提下，便得以在经典文学盘踞数千年的文明古国一夜登陆并成功扩散。中国的作家自然有积极响应者，于是从报刊到杂志，从书店到书摊，到处就都可以看到本土捏制的模仿之作，而且这些仿作同样拥有发行量和接受热情。形成这种局面的最根本原因，就在于我们曾经放弃了这片家园，而这片家园又是我们无法逃离的栖居之所。消闲文学的主流形成之后，作品的文化品格迅速得以提高，在理论和创作两个层面，都努力使审美与娱乐直接得以统一，形成满足感觉文化需要的审美娱乐圈，以确保我们的人性生存完整性。审美当然是感觉的，从鲍姆嘉通一直讲到苏珊·朗格，但问题是"感觉"如何在娱乐文学中由动物本能转化为人类文明，审美恰恰就是这种转化的调节杠杆，所以当新时期文学以"审美娱乐圈"的烘托为价值追求旨趣的时候，它就选择好了一个极为有利的社会介入位置。我们每天都能从报纸副刊专栏里读到这类散文，我们也同样能从通俗文学刊物里读到这样的故事文本和小说文本，甚至我们从电视里也几乎每晚都能与消闲文学的情境共同着娱乐生存，譬如电视台目前正在放映的百集连续片《欢乐家庭》，便是非常典型的审美娱乐之作，一大批这样的作品，正把成千上万的日常性生存需要和感觉需要的中国百姓，带到充满"活性"的审美娱乐圈里，使他们能够因这些作品而"静"下来参与，"净"下去获益，而且显然是与承诺方式具有同等意义的社会介入方式，这在某种程度上就是新时期文学的一种胜利或者说一种成功占领。

五、消闲文学的伦理困境

新时期消闲文学的实际进展,尽管以极有效的社会介入方式确立其道德自律或他律的文化功能,却始终又被迫在伦理困境中纠缠得精疲力竭,这就仿佛贾平凹之遭遇《废都》风波,抑或莫言之面对《丰乳肥臀》的社会诘难,而且事实上也确实有的作品,为了追求"利益"或者"效果",客观上给社会带来了不可低估的道德负面影响,因而也就给消闲文学的形象涂抹上重重的灰暗色彩。总体说来,伦理困境主要表现为如下方面:(一)"性禁区"与"性泛滥"的"边界",(二)"生存放松"与"生存颓废"的"律度",(三)"今古奇观"与"今古荒诞"。这些双边结构关系经常构成文本的内在紧张,而紧张的自我消解,则完全取决于文本边界的"度"。"适度"抑或"过度",直接影响消闲文学作品对社会的道德介入向度,即在价值向度上到底显现积极指向还是消极指向。毫无疑问,相当一部分作品滑入了"过度",因而也就程度不同地造成了新时期文学消闲取向的尴尬乃至困境。

在文化暴力主义极端时代之后,新时期文学最早从人性的麻木走向觉醒,其中一个很重要的标志,就是对"性禁区"的突破。因为在"突破"之前,文学大抵谈性色变或者涉性即亡,所以作品中的人物形象大抵"高大假"或者"假大空",不食人间烟火而且不存七情六欲,于是女英雄没有丈夫,男英雄没有老婆,抑或结婚也不过赠"红宝书"。新时期消闲文学在与其他类型文学一道成功地实现性禁区突破之后,曾经因表现空间的拓展而大大延伸了其艺术再现活力,人们从消闲作品中阅读着人类之爱的美丽与动情,并且在诗意的两性体验中激发着浓重的性情感和性道德,譬如张弦的《挣不断的红丝线》、铁凝的《麦秸垛》,曾经给人们留下多么美好而深刻的记忆。但是后来的一些作品,却单纯为了商业利益或者轰动效应,在消闲作品中为性而性,依靠性经验的极端渲染来创造文本的阅读魅力,如《亮出你的舌苔,或者空空荡荡》《废都》《浴盆里的女尸》《鸳鸯浴》等,就都属于或存在这类情况。由于过度的技术操作,人类正当的性经验因此而由亮丽变得灰暗,由辉煌变得暴烈,由美丽变得丑陋,造成某种程度上的"性泛滥"。在文学的性泛滥过程中,社会无法逃避地受到了伤害,它使一些精神脆弱者模糊了人类生存的道德秩序,淡化了作为文化人的伦理观念意识，严重者则人性扭曲道德沦丧。据司法权威部门对一些青少年管教所的调查，大部分走上犯罪道路的未成年人，都曾直接或间接地导源于他（她）们对性泛滥书刊的无选择阅读，或对性泛滥音像制品的无节制欣赏。很明显，近年来社会受众对消闲文学的指责面愈来愈大，情绪亦越来越激烈，这中间固然有学理性解释不力而导致的误解，但同样不能忽视的是，消闲文学写作中的性泛滥以及对这种泛滥缺乏有效的遏制，也是新时期文学无法推诿的责任之一。

与性泛滥相同步，是一些消闲作品中的"颓废情绪"，这些颓废情绪表现在，把世界和人生在一种似是而非的"参透"中表现得极度绝望，毫无生机，悲观厌世，远离生活，或者干脆是逃避和死亡的隐性崇拜，于是就有某些文本中变味的海德格尔，变调的老庄哲学，变形的周易神秘，或者压根儿变质的德里达精神。本来，在摒弃了极端英雄主义之后，生存放松乃是再自然不过的事情，文学因此也就不必一股脑儿跑去"呐喊"和"情绪亢奋"，生存姿态的多元也就有与之相适应的文学姿态多元，这就是远离中心生存方式的边缘生存合理性。所以也就有享受文学经验的合理性。问题是，人类的基本内容毕竟只能是生存，而且中心生存抑或边缘生存都得追求其生存效果，所以极端的绝望和颓废只能是人类心智的病态产物。生病当然是必不可免的事情，但是长病不起或有病不治就会有生命危险，正是这个最基本的事实告诉我们，文学的沉湎于颓废情绪决非思想的深刻或悟性的成熟，在小说和散文中膨胀那些虚无、死亡唯一合理性、宿命论夸张以及对"活性"和"真实性"拒斥，显然是消闲文学步入隐性陷阱的开始，它与人类精神意识发生史的主潮完全背道而驰。这类作品，散文较之小说更多，其危害不仅消蚀生存者的信心和热情、毅力和胆略、科学精神和人文精神，而且降低生存的境界、品格、色调和现实生活水准，它使生存都从历史的人、文化的人、审美的人，转变为孤独者、盲动者、慢性自杀者。生存颓废的文学作品对中年读者和老年读者似乎伤害更大，因为一切都常常与那些所谓"宗教的深刻性""哲学的深刻性"或者"古代神秘文化的深刻性"粘连在一起，所以更是一种隐性的道德伤害。

此外，在纪实类消闲作品写作中，由"今古奇现"滑入"今古荒诞"，对历史和事实持完全不负责任的态度，为了猎取"阅读性"而损伤人物或事件的合理逻辑，所有这一切，都在某种程度上构成消闲文学道德自律的松懈。譬如写李白，渲染其剑侠奇技尚且不说，甚至有作品大写其诗意的隐秘，结果就有皇帝老婆勾引大诗人的浪漫情节，乃至李白成了床下偷欢的苟合之徒。又譬如写毛泽东，将其写得血肉丰满或妙趣横生，都对领袖的真实性和生命完整性大有裨益，但是有的作品却误入歧途，甚至不惜捏造事实地编造领袖的私生活故事，这样写的结果，固然能够刺激社会受众的猎奇性欲望，并在对读者关注的引诱和调动中实现其"利益"或者"效果"，然而这样的作品显然越过了社会的伦理界限，即它不仅诋毁和损害了毛泽东本人的形象和自尊，而且也欺骗和愚弄了读者大众的阅读良知，所以从根本上说是非伦理的写作行为，其社会影响无疑是值得我们警觉的。

总而言之，一些消闲文学作品由于越过了"度"，结果导致写作行为与社会消闲愿望适得其反的价值方向，从而在广大社会受众中滋生出对消闲文学的某种逆反心态，这实际上意味着，新时期消闲文学尽管得到长足的进展，然而亦遇到了因自律松懈而导致的伦理困境，并在这困境中遭到来自官方和民间两个方向的道德批判。因此我们可以认为，如果消闲文学不能冷静地正视这种批判，不能从"浊闲"的濒危转移到"清闲"的逍遥，那么其未来发展前景将势必会愈来愈黯淡，而我们所期望的，则是消闲文学能够脱离困境。

（原载《新时期文学与道德》，山东教育出版社 1999 年版）

出版后记

《困学居思想文化札记三编》差不多是跨几十年的信手随笔，而且差不多全部都发表在那些报纸的副刊，编为一札实在有点说不过去。

唯一说得过去的理由，是其中某些小豆腐块文章发表时候所给我带来的当时喜悦与激动，其实远超过我现在发表几万字长文而且是核心期刊所给予我的人生慰藉。原因很简单，现在我在发文章的时候，诚惶诚恐。因为我知道我的每一点无知性硬伤或闲扯性无聊，都会给我自己，或者别人，或者知识史的某一丝细得不得再细的谱系末梢，甚或社会现实中经意不经意间的任何一个拐角现场，带来哪怕是飞絮刺目的伤害后果。当知识行为成为社会知识行动之际，知识行为本身就价值超越于一切个体的自身利益唯一性诉求。说白了，你忽悠你自己别人管不着，但你忽悠社会就不行，就是良心大大的坏，就迫使你要有行为逻辑和行为历史的高度自律性。

我未必已经做到或将全部做到高度自律性，但至少现在我意识到了这种高度自律性，是一个合格学者身份准入的最起码条件。

一

从这个意义上说，《困学居思想文化札记三编》说到底不过是某种言说态自恋，也就意味着那些小文章发表的时候，我还没有能力顾及写作行为的社会责任担当，或者说也还没有能力面对知识地图表达有准确知识参照的具体意见。不过是在自恋，在跟自己说话，在为自己的存在，确证某种纯粹外在标志的所谓"存在性表征"。

我不知道自己怎么就不知不觉地走到了现在。我在极力寻找记忆中的线索，或者哪怕是一点点似曾想起的记忆碎片。人在作这样的记忆寻找时，感到很孤独，感到很茫然，感到个体的生命史，如此难以连缀起一个整体的个体。难怪Bob Dylan要写"Blowing in the wind"，难怪他在那些不同国家"国学大师"们不屑一顾的淡淡目光中，或者在那些誉满全球的"纯文学"抑或"终极人性关怀文学"缪斯使者的严厉斥责声中，获得了二零一六年度的诺贝尔文学奖。而且极具反讽意味的是，面对那些淡淡的目光，面对那些严厉的指责，面对那些大师和使者们所持有的几千年来一以贯之的道德无条件优先性，思想无条件优先性，知识无条件优先性，教育机会无条件优先性，这位行走在乡村道路上的当代行走吟者，至今让瑞典皇家学院与其保持失联的神秘状态。

我虽然不懂摇滚，不懂Bob Dylan，甚至也没有完全弄懂真正意义上的时尚文化何以能够时尚，但是我隐隐地觉得这些东西似曾相识，觉得它们或他们栖居在大地上草根间，觉得一切挣扎中奋然朝前行走的所有小人物，都有其使行走得以一直朝前并且奋然的支撑性正能量，当然会觉得我自己一路走来的路上，也是如此这般地与一切无条件优先性抗争着，喘息着我们亿万底层人民疲惫不堪时所夹杂的粗气，并流淌着滴滴洒向黄土的鲁迅先生说过的那种臭汗。

高中毕业时，同班老大姐吴幼青（据说现在工作生活在重庆，一别竟是四十多年未曾谋面）同学，送给我一本《共产党宣言》和一本海因里希·格姆科夫等著的《马克思传》。从那时起，我就崇拜马克思，相信《共产党宣言》所号召的"全世界无产者联合起来"，一定是人类生存演进过程中，社会挤压所爆发出来的合力生成呐喊。

站在历史唯物主义的知识正义立场，我任何时候都不会否认封建思想贵族的存在合法性与曾经先进性，不会否认资产阶级知识精英的存在合法性与曾经先进性。恰恰相反，甚至从未会在知识谱系学的科学框架里，将其思想成果与知识成果，当作路标和地图识别参照物。无论是古希腊的梭伦、苏格拉底、柏拉图、色诺芬或亚里士多德，还是意大利文艺复兴以来的马基雅维里、培根、霍布士、卢梭、边沁、密尔、托克维尔、贡斯当，无论是先秦以前的伊尹、管仲、李耳、孔丘、庄周、孟轲、韩非、荀卿、吕不韦，还是明末清初以来的黄宗羲、顾炎武、王夫之、阎若璩、惠栋、戴震、王念孙，我都以景仰的姿态，跪求他们给我以思想智慧和知识乳汁。但是，另一方面，我所不跪而且不屈地昂首挺胸在他们面前的，是他们利益立场的可怜和可悲，是他们忙着为极少数人出谋划策，采取"民可使由之，不可使知之"或者"trick down"垂直社会结构，来牺牲一代又一代普通百姓经济利益、政治利益和文化利益的行为方式。我从不因为他们是巨人，而放弃对他们满眼只有社会上层少数的懦夫行为给予追诉，并似是而非地给予"局限性"和解。至于偶有当代人还在做着与他们无条件优先性相似的春秋大梦（这种相似的极限情况如前些时候很火的古装跪姿式拜师仪式），我想那将只能是螳螂和小丑的命运。

你能挡得住历史进步社会全面解放的蜀江春水吗？不信你试试？你以为你有什么忽悠来的称号、置换来的利益、炒作出来的虚名、纠结起的既得利益集团，就可以把社会身躯、历史身躯、人民身躯压在你们的身下吗？不信你们试试？

二

文字是知识和思想表现的最重要载体或者说符号形态，至少在大范围视觉文化时代或者说"读图时代"来临以前，情况基本如此。而文字的产生，一定是互约的结果。先是小范围的地缘互约，接着是中等范围地缘间交往沟通的渐变互约过程，而后才是大范围族群最大公约数的集体互约。在这个过程中，当然不乏特殊个体的特殊贡献，尤其整理和编序的贡献，但所有这些，较之族群全体人民的文化符号意义指涉认同，与最终的文字整体态出笼，实在是不可价值比拟的两件事，而且一件事只是另一件事的兼容事态。

这一事态的朴素把握，最好转移至一种几乎能够实现意义全覆盖的象征事态，那就是大地与大树。就其因果制约关系而言，无论大树如何参天，如何伟岸，如何鲜花盛开抑或硕果累累，都无不是根之于大地，是大地孕育了它的一切辉煌。反之，大树的鲜花盛开和硕果累累，又以其不可或缺的辉煌，不仅使大地引以为骄傲，而且也为大地提供生命孕育的确证。当这种因果关系呈现为大地和大树的生命与共时，世界充满了和谐，充满了希望，充满温暖，充满无限创造的激情与力量。

但是就既有的历史而言，大树在它获得大树的虚荣与实利之后，往往会忘却大地的恩情，往往将大地那些干涸中的挣扎，泥泞时的无奈，淹没后的绝望，乃至冰封着的呻吟，看作落后、愚昧、野俗以及不可救药的它者，这个它者，最终成为充分汲取并且大肆粉饰起来的大树们的对象，而且是需要持续不断延伸其"以文化人"历史的顽石渣土。

历史的异化演绎出异化的历史。一切在这一过程中倒下的大树，都是倒在离开大地之源后化为被抛的朽木，而所有不倒的大树，则无不在于它们不仅不弃顽石渣土，而且总以一种感恩的文明姿态，虔诚地守望着生死皆在其中的大地之母。

当然，让大地宽以为慰的终极守护者，是千千万万与大地相依为命的那些禾稼，那些草根，那些藤蔓，那些萍藻，那些"野火烧不尽，春风吹又生"的平凡而又卑微的普通生命。在我的老家，大别山西南的逶迤丘陵，乱石山坡上没有道路，樵夫、耕者、路人，延及牛羊猪犬，一遍又一遍地踩踏与咀嚼，似乎连蒿茅也难以相信有生的希望。但是，短促的冬天之后，冰雪曾经的猖狂不知去向，惊蛰的响雷，震醒山岗和旷野，清明那一缕缕温润的风，拂揉间飘飞丝丝无声的细雨，不经意之间，尽是满圩满畈一望无际的油菜花黄，接踵而至，就是一山又一山与一坡又一坡的杜鹃蕊红。黄得让人似醉非醉，红得使人心旌摇荡。此时此刻，我所沉恋着的大地与生命草根，是共同着生存命运的全部此岸。我站在这样的此岸，是一切编造出来的彼岸所无法诱惑的真实世界。

我知道我自己就像福柯所说的，常常疯了一般地自以为在这个真实世界之外，又往往会以一种居高临下的无条件优先位置，陈述一通既不在此岸又未能在彼岸的晦涩命题。其实晦涩并非命题的致命弱点，亦如大白话同样不能是支撑起命题的必然前置条件。关键在于，一切围绕命题的陈述，必须存在于大地和生命，从而语用为呼唤救赎和解困的诉说，而不是离开大地和泥土的贵族知识狂欢，语旨于自高自优与自娱自乐。

如果愚人节那天，有谁送我一面镜子，我一定能照出自己的犹疑、彷徨和痛苦的变形知识面容。我一定会憎恶这样的面容。这种憎恶，并不意味着放弃对大地建基与精神家园建构和救赎求索，而是憎恶失去任何求索真诚的伪救赎姿态，以及装腔作势里无视大地乃至对大地进行知识欺压和哄骗的所有不可告人。

这意味着我还有真实生存下去的愿望和理由，当然也就获得我把草根人生的幼稚文字编为一集的一点理由，或许这可能根本就不是获得理由的理由。

三

这些小豆腐块能够成集，是我几位学生努力的结果，也是责任编辑邓友女同志的劳动成果。我不知道他们如何从那些绵延几十年的小刊小报上，把这些文章剪辑影印出来，我也不知道邓友女同志，是如何剪辑影印如此缭乱的旧稿，整理得有条有理且有秩有序。总之，我在这先行深深谢过。

拿到较为清晰的书样，是在秋天的某个日子。坐在书籍成堆的困学居里，将《三编》轻放于正在撰写的三卷本《知识谱系学》的文稿之上。一篇篇读来，除了文字稚嫩有时忍不住偷笑外，竟是越读越上瘾，上我自己的瘾，瘾的是这样是草根时代大地哺育成长过程中的我。于是，往事一幕幕，又隐隐约约如在目前。

文化大革命的时候，我还小。与那些从远方来串联发传单的红卫兵宣传队不同，我们所体验的是听课闹革命，其实是听课不闹革命，因为我们不知道什么是革命，更不知道去革谁的命。放牛拾粪之余，就想念几里外的荒凉着的小学，想读书，可是家里没有书，竟然是课本之外就没有一本书。从前的热闹故事，我是从说书人那里道听途说来的，后来上了大学，才知道那些故事和故事里的英雄，来自《三国》，来自《水浒》，来自《七侠五义》，诸如此类。我体验过没有书时的渴望，由此我也就知道几千年封建社会"民可使由之，不可使知之"愚民政策，给代代庶民失去知识机遇与资格所带来的麻木、绝望与罪恶。

我所感到悲哀的是，更多的人在那个时代以及更早的封建传统社会，至少在我那名叫国前屋的祖居，是连我所有的失学之痛也不曾有过的，因为我所经历的不过是我们党和国家所遇到过的短暂的曲折时期，而几千年的封建传统社会，优先着的贵族们给予我们的，深刻地体现为鲁迅先生笔下的那两字："吃人。"吃人的事实我是在书里详细读到的，而短暂曲折老百姓的煎熬却是我亲身经历过，尽管这短暂的煎熬与几千年的"吃人"远远不可同日而语。

曾经居住过八年多时间的那座大别山山村,有近三百户人家。那是我和父亲的祖坟山,父亲带着幼小的我与全家下放回了祖坟山,直至我考上大学。在我儿时的小伙伴里,有一位来往甚密的小伙伴名叫三芽子,一位随父亲要饭从江苏高邮县来的小叫花子,他父亲走后,村里一位无儿无女的好心人收留了他。他没有上过学,他为能在大别山吃山芋吃饱肚子感到很满足。作为他的儿时伙伴,他对我的友谊诉求就是教会他学会写自己的名字。如今我已40年没见到他了,后来我父亲平反离休,再后来全家搬到了县城,而我和两个妹妹又分配到全国各地不同的城市,所以也就不知道三芽子现在会不会写他自己的名字。据说我们村改革开放了以后他回过高邮省亲,据说高邮后来比我们宿松富得多之后他的亲人们接他回去他没去,据说他后来善始善终地披孝跪送他的养母养父回到天堂,到现在,这样的据说也一概如答案飘在风中。

比起三芽子来,我是幸运的,或者说更幸运。三芽子的幸运,是邓小平同志率动发起的改革开放,使他能由饿变饱,然而却只限于物质意义上的饱。而我的幸运则不同,我除了物质意义上的饱还有精神意义上的饱。

四

我把邓小平这个名字深深地镌刻在脑子里,是在四十年前那个秋天的傍晚。也是野菊花笑得开心的日子,开心得那些野蜜蜂,在山谷中吟唱缠飞,惬意的自然和声,在大别山深处久久盘桓。

那位只上两年私塾的生产队会计,从公社里给我带来贴着十七岁奶油小生面孔照片的准考证。我感到不知所措,不知所措之后是茫然地张望旷野和浩空繁荣深心祈祷。我不祈祷金榜题名,那完全没有把握,所以祈祷的只是我的尊严和权力能带给我奋斗下去的勇气。我属于那从来不轻言自己停下来的倔种,而且更不是为了利益可以使用一切手段的聪明人或"城府深"者。所以,这些年,每让自己的博士出国深造或国内走向工作一线,都让书法家李一先生授笔题写离别赠言:"不以私利结盟,不与小人为伍,舍此不足以闻为学之道"。那一夜,一缕明媚的月光,滴落到我的床前，我的泪水在月光下晶莹剔透。

春节刚过，大学录取的通知书送到家中。全公社三百九十三位考生，唯有这样一份录取通知书。通知书到时，一只野狼把我家的小猪叼走，我和村里叔叔伯伯们没命地跑去追赶。我的母亲，一位建国前就参加革命后来很快入党的农村妇女，居然叫我们不要追赶，居然很坦然地让狼把猪叼走。当时我很不理解，到了大学之后才渐渐明白，我的母亲像千千万万的中国母亲一样，甚至像世世代代饱受封建礼教摧残的祥林嫂般的妇女，在她们的生命本体，始终保持着对知识和文明的至高无上的崇拜，只可惜那些帮助宫廷并摇尾乞怜的所谓国学历代遗老，从来都剥夺她们哪怕是这种仅仅是一种崇拜的权利和机会。

我为我的母亲感到骄傲。

我为普天之下一切母亲感到骄傲。

我为最终把这些母亲屈辱的灵魂连同受摧残的肉体一齐化为泥土的大地感到骄傲。

正因为如此，我在读《全唐诗》和新旧唐书的时候，一想起白居易的《长恨歌》、《琵琶行》、《生别离》，就烦他后来与裴度在一起花天酒地唱和的那些圈子里的自以为得意之句，恰如读当宰相的李绅所写下的那些贵族们应酬中的陈词高调，就极其怀念他草根时所写的"春种一粒粟，秋成万颗子。四海无闲田，农夫犹饿死，"或者"锄禾日当午，汗滴禾下土。谁知盘中餐，粒粒皆辛苦。"

送我上大学的早晨，一村的各家各户都来了代表。汽车临时停靠站，离我所在的国前屋有十几里，而且一天只有一班载客的篷车，需要颠行十一个小时，才能走完五百里全程到达合肥，然后去换火车。村子里的人都怕误车就会误了行程，晚了行程就会报不上名，报不上名就没了村里娃能够上的大学。凌晨四点半，他们就和我的家人一起，把我送到十几里外的临时班车停靠站。正月初几的时候，雪还没完全融化，南方的湿冷冻得人嘴唇发乌，浑身哆嗦。我真的想不到，村里的五保户奶奶以八十岁高龄，也来到送行的人群里，还拿来五个煮熟的鸡蛋。

我说："奶奶，您怎么也来了。"

奶奶说："孩子，好好念书吧，你把奶奶没念的也给念了。"

我还想说什么，但是一个字也说不出来。就是孔夫子在世，老子不死，我也得斗胆质问他们：你们有什么权利说"唯上知与下愚不移？"你们又有什么权利说"常使民无知无欲？"你们就不是什么万世景仰的孔子老子，你们对我来说就是十足的孙子。

暑期我回家的时候，奶奶还健在。奶奶问我："孩子，你是大学生，是很大的官吧，有警卫吧？"

我无语。我连给警卫当警卫的机会都没有。只不过在"学而优则仕"的官本位价值导向下，连这样的奶奶也在按这样的社会逻辑，进行最朴素的价值判断。而且奶奶的价值判断不是没事实根据的，多少当初与我一起上大学的人，不都追求"一人得道，鸡犬升天"的虚荣与实利，只可惜他们好景不长罢了，只可惜我的同学里已有好几位因此已经进去了而已。

最可惜的，是我现在可以理直气壮地回答奶奶，而奶奶却在三十多年前去了另一个世界。

奶奶，你那里的普通人民大众，也像我们这里一样，正在真正成为社会存在与个人命运的平等主体吗？

五

在阅读这些记忆碎片的文字过程中，我逐渐连接起一路走来的时间线性，逐渐清晰着那些平凡的日子，那些普通的承诺，那些真诚倾诉，那些没有欲望却饱含梦想的步步前行。

是为出版后记！